O DNA
DA CRIANÇA

DANIELLE DICK, PhD

O DNA DA CRIANÇA

Compreendendo a **natureza singular** da criança para uma parentalidade mais **feliz e eficaz**

Tradução de Tássia Carvalho

Editora Melhoramentos

Dados Internacionais de Catalogação na Publicação (CIP)
(Câmara Brasileira do Livro, SP, Brasil)

Dick, Danielle
  O DNA da criança: compreendendo a natureza singular da criança para uma parentalidade mais feliz e eficaz / Danielle Dick; tradução Tássia Carvalho. – São Paulo: Editora Melhoramentos, 2022.

  Título original: The child code
  ISBN 978-65-5539-365-1

  1. Filhos – Psicologia 2. Pais e filhos – Aspectos psicológicos 3. Parentalidade I. Título.

22-98775 CDD-649.1

Índices para catálogo sistemático:
1. Pais e filhos: Convívio: Educação familiar 649.1

Aline Graziele Benitez – Bibliotecária – CRB-1/3129

Título original: *The Child Code: Understanding Your Child's Unique Nature for Happier, More Effective Parenting*
Copyright © 2021 by Danielle Dick, Ph.D
Esta tradução foi publicada por acordo com Avery, um selo da Random House, uma divisão da Penguin Random House LLC.
Direitos desta edição negociados pela Agência Literária Riff Ltda.

Tradução de © Tássia Carvalho
Preparação de texto: Sandra Pina
Revisão: Sérgio Nascimento e Patrícia Santana
Projeto gráfico: Carla Almeida Freire
Diagramação: Estúdio dS
Capa: João Paulo Putini
Imagem de capa: Shutterstock/LoopAll

Direitos de publicação:
© 2022 Editora Melhoramentos Ltda.
Todos os direitos reservados.

1.ª edição, abril de 2022
ISBN: 978-65-5539-365-1

Atendimento ao consumidor:
Caixa Postal 729 – CEP 01031-970
São Paulo – SP – Brasil
Tel.: (11) 3874-0880
sac@melhoramentos.com.br
www.editoramelhoramentos.com.br

Siga a Editora Melhoramentos nas redes sociais:
 /editoramelhoramentos

Impresso no Brasil

SUMÁRIO

Observações da autora   7

Introdução – Entendendo o DNA da criança   8

PARTE 1 – Tudo o que você precisa saber sobre a ciência do comportamento humano (e nada mais)

1. Inato *versus* adquirido: a ciência está aí   25
2. Coisa complicada: a influência dos genes em nossa vida   44

PARTE 2 – Elementos constitutivos

3. Conhecendo seu filho: as "Três Grandes" dimensões do temperamento   63
4. Extroversão: o fator "Ex"   92
5. Emocionalidade: o fator "Em"   125
6. Esforço de controle: o fator "Ef"   163
7. Além de você e seu filho: predisposições e parcerias   193
8. Preocupação e ação   219
9. Agrupamento de tudo: uma nova abordagem de parentalidade   240

Agradecimentos   246

Leituras recomendadas   249

Notas   251

Para Aidan

OBSERVAÇÕES DA AUTORA

Em um esforço para tornar a pesquisa acessível, precisei simplificar algumas publicações científicas complexas. Colegas acadêmicos com certeza pensarão que exagerei, mas fiz o meu melhor para equilibrar conteúdo e precisão com legibilidade e aplicabilidade. Ao longo do livro, disponibilizo referências científicas selecionadas para aqueles que desejam se aprofundar na bibliografia pesquisada. Também convido parentais a visitarem meu site em danielledick.com para mais informações. No final do livro, sugiro algumas leituras suplementares.

As pesquisas incluídas aqui buscam ajudar os parentais a compreenderem melhor seu filho. Elas se baseiam em elementos usados pelos pesquisadores na avaliação do temperamento e da personalidade, embora não visem fornecer diagnósticos formais. Nenhuma das informações neste livro deve ser vista como um substituto do conselho clínico profissional. A orientação para encontrar um profissional de saúde psíquica está presente no Capítulo 8.

INTRODUÇÃO

ENTENDENDO O DNA DA CRIANÇA

*Antes de me casar, eu tinha seis teorias sobre
como educar os filhos. Agora, tenho seis filhos,
e não me resta nenhuma teoria.*

JOHN WILMOT (1647–1680)

Feche os olhos e imagine seu filho.

Não, não a pessoinha que se recusa a fazer a lição de casa. Ou aquela que fez birra à mesa porque o macarrão era do tipo gravata borboleta e não caracol.

A criança que você imaginou.

Antes de ter filhos.

Provavelmente você idealizou um bebê doce e pacífico aconchegado em seus braços. Uma criança adorável, cabeça jogada para trás de tanto rir enquanto você a empurra em um balanço. Talvez, quando ela crescesse, virasse um atleta famoso ou um orador da turma. Talvez você até tenha sonhado com a formatura na universidade ou com o dia de casamento, uma noiva meio tímida ou um noivo bonitão. Afinal, todos nós imaginávamos quem queríamos que nossos filhos fossem.

No entanto, o cotidiano da parentalidade envolve menos sonhos e mais batalhas diárias. Sapatos que seu filho se recusa a calçar, impedindo você até de vislumbrar a saída para o parque. Mau humor na hora das refeições. Aquela viagem familiar divertida? Quatro horas com seu filho chutando o encosto do seu assento no carro e dizendo que não quer ir.

Por que é tão difícil modelar nossos filhos de modo que se transformem nos seres humanos com os quais sonhamos?

Certamente a questão não se centra na escassez de informações. Existem cursos de parentalidade, blogs, podcasts, revistas, livros e workshops. Existem as ideias de sua sogra sobre como lidar com a disciplina, e ainda as dicas de seu melhor amigo com relação ao sono do bebê. A quantidade esmagadora de informações é desconcertante, mas, ainda pior, muitas delas são conflitantes! Os seres humanos criam filhos há milênios; portanto, como ainda não resolvemos tudo? A questão mais importante para você, parental, diz respeito a como selecionar orientações, muitas vezes contraditórias, para decidir o melhor caminho.

Por que a parentalidade é tão danada de difícil?

Há uma resposta simples para essa pergunta. A razão de a parentalidade ser tão desafiadora está no fato de que todos os conselhos bem-intencionados de pais, amigos e pediatras ignoram um dos maiores fatores que afetam o desenvolvimento da criança: os genes.

Nossas aulas de biologia do ensino médio não nos contaram toda a história. O DNA não traz apenas o código para olhos castanhos ou azuis, para cabelos cacheados ou lisos; ele também traz os códigos para nosso cérebro e nossa visão mais básica da vida. Estabelece o alicerce para nossos temperamentos individuais, nossas tendências naturais e o modo singular da interação de cada um com o mundo. Em virtude da profunda influência da genética no comportamento e no desenvolvimento individual, inexiste o "caminho certo" para os pais. Existe apenas o "jeito certo" de educar cada filho individualmente, e, só por meio da compreensão das tendências geneticamente moldadas da criança, você será capaz de orientá-la para que revele o que ela tem de melhor *e* assim minimizar as batalhas diárias.

O DNA da criança aborda como descobrir o "jeito certo" para o *seu* filho, com base na singular composição genética dele; como reduzir seu estresse parental, ajudando você a, diante de pilhas de informações, descobrir as que de fato importam (e as que não importam). Sou uma cientista que estuda genética e comportamento infantil e, mais importante, sou mãe. Tenho estado nas trincheiras, e meu conhecimento quanto à pesquisa subjacente ao que realmente influencia o comportamento humano salvou minha sanidade. Escrevi O DNA da criança para compartilhar esse conhecimento e também para facilitar sua vida.

A ILUSÃO DO SUPERPARENTAL

Nunca, no curso da história humana, passamos tanto tempo tentando ativamente modelar nossos filhos. E esse alto investimento na parentalidade tem um tremendo custo, com declínio acentuado na felicidade dos casais e taxas crescentes de ansiedade nas crianças, que se sentem pressionadas, na melhor das hipóteses e, na pior, sob constante agressão. Já estão no passado os dias em que nossos filhos exploravam as matas ou vagavam livres pela vizinhança com a única orientação de retornarem para casa antes de escurecer. Hoje, mandar o filho ao parque sem supervisão pode acabar com um policial na porta da sua casa. Para alguns, a simples ideia de crianças fazerem a lição de casa sem supervisão ou um teste padronizado de múltipla escolha sem cursos preparatórios seria negligência.

Temos permitido que o mundo estabeleça um número incrível de demandas aos parentais e as incorporamos: suas decisões são tudo ou nada! Cada ação como parental é importante para que o filho cresça bem socializado e resiliente... ou um tirano miserável! Se você ama sua criança, você vai moldá-la em um adulto de sucesso: o parental da sala de aula, a mãe/treinadora do futebol, o presidente da Associação de Pais e Mestres, o professor da escola dominical (e se você ama *mesmo* seu filho, idealizará que ele seja todas essas coisas).

Vez ou outra, até nós, parentais, criamos dificuldades um para o outro. Confesso que, nesse sentido, sou culpada. Em algum momento, aposto que todos nós já fizemos isto: vimos crianças tendo um ataque no supermercado, correndo selvagens pela igreja, adolescentes arrogantes respondendo aos pais. Olhamos desses filhos para os parentais e *julgamos*. Dizemos a nós mesmos: esse pai precisa controlar melhor o filho! Esses pais precisam [insira seus conselhos de parentalidade favoritos aqui].

Nos primeiros quinze meses de vida do meu filho, eu estava convencida de que já resolvera toda essa coisa de parentalidade. Meu bebê dormia por longos períodos; chorava apenas quando precisava de alguma coisa e se tranquilizava com facilidade. Lembro-me de me perguntar por que as pessoas se queixavam tanto dos apuros vividos com um recém-nascido. Claro, como alguém que adorava dormir, eu achava chato ter de me levantar *uma vez* à noite para alimentá-lo. Mas isso não justificava toda a reclamação que se ouve sobre a privação de sono dos parentais recentes. Eu tinha lido meus livros, participado de cursos sobre parentalidade e meu filho era pura felicidade. O que havia de tão difícil nessa fase?

Naquela época, no entanto, não compreendi que não foi minha espetacular parentalidade a responsável por meu bebê estar feliz e dormir bem. Foi apenas sorte. O que de fato estava impulsionando o comportamento tranquilo do meu filho era *ele mesmo*. Apesar de ser uma cientista que estuda genética e comportamento infantil, fui vítima do mito de que a parentalidade – para o melhor ou para o pior – tem tudo a ver com os parentais. Mera ilusão, sobretudo quando seu filho está indo bem. É fácil levar o crédito; é fácil acreditar que aspectos fantásticos de seu filho refletem o excepcional esforço dos parentais. Mas, e se o seu filho é um algoz insone no meio da noite? Ou se os "terríveis dois", ou seja, a crise dos dois anos da sua filha, começa aos seis meses (e dura até que ela tenha dezesseis)? Você também é o responsável? Será que precisa ler mais livros ou ouvir mais conselhos de sua sogra? Quando o comportamento das crianças é exaustivo, parentais exasperados quase sempre se culpam ou se perguntam o que estão fazendo de errado. Porém, pesquisas sugerem que o comportamento dos filhos é conduzido menos pelos parentais e mais por seu próprio interior.

No início da década de 1930, uma pesquisadora chamada Mary Shirley observou intensamente vinte e cinco crianças durante os primeiros dois anos de vida. Na verdade, ela começou sua pesquisa interessada no desenvolvimento motor e cognitivo infantil; entretanto, ficou mais impressionada com o que denominou "núcleo de personalidade". Com base em suas observações dos bebês no decorrer do tempo, percebeu que as diferenças de personalidade surgiam logo após o nascimento, com os bebês diferindo sistematicamente em coisas como irritabilidade, choro, níveis de atividade e reações a novas pessoas e situações.

E mais, essas diferenças pareciam consistentes em diferentes configurações e ao longo do tempo. Crianças que choravam muito o faziam quer observadas em casa, quer no laboratório infantil. Crianças que eram muito ativas mantinham o mesmo comportamento em casa ou no ambiente desconhecido do laboratório. Mais particularmente, as diferenças observadas no comportamento das crianças não pareciam influenciadas por nada que os parentais (naquela época, sobretudo a mãe) estavam fazendo.

SINGULAR DESDE O INÍCIO

Na realidade, surpreendentemente em grande escala, quando se trata do comportamento da criança, muito é implementado no momento da concepção, quando os genes da mãe se encontram pela primeira vez com os do pai, misturando-se e combinando-se para criar um ser humano pleno e singular. E, como qualquer parental de mais de um filho sabe, cada bebê é diferente desde o primeiro dia. Claro, existem muitas características comuns. Todos os bebês dormem (provavelmente não tanto quanto você gostaria) e fazem cocô (provavelmente mais do que você gostaria), choram e são alimentados. Mas, além disso, cada filho nasce com uma maneira própria de ser criança, com diferenças evidentes desde o começo.

A psicologia do desenvolvimento se refere a essa distinção comportamental como *temperamento*, e ela está incorporada nos genes, aquelas pequenas fitas de informação no núcleo de cada célula, as quais são transmitidas dos pais para os filhos. Isso, no entanto, não significa que você não pode influenciar o comportamento de seu filho, mas sim que precisa perceber que sua influência é limitada, ou seja, qualquer coisa que você faça implicará lidar com as cartas que você tem. Mais importante, se deseja ter alguma esperança de sucesso em influenciar seu filho para um tipo de comportamento e afastá-lo de outro, é absolutamente necessário que considere a constituição genética da criança.

As diferenças genéticas são responsáveis desde muito cedo pelas distintas *reações das crianças* ao mundo (se ficam chateadas ou satisfeitas com as coisas que encontram) e pela *regulação* de suas respostas. Se não querem ervilhas com creme, elas jogam o prato pela sala ou simplesmente fazem uma caretinha enquanto amavelmente (ainda que tristemente) as engolem? Se elas veem um cachorrinho fofo, gritam tanto de empolgação que você precisa parar e brincar com ele? Ou se agacham atrás de sua perna, dominadas pelo medo?

Para os parentais, o que torna o temperamento especialmente importante é a estabilidade.

Em estudos que acompanharam crianças ao longo do tempo, o medo em bebês, avaliado desde os três meses, previu o medo aos sete anos de idade. Reações de raiva em bebês predisseram a raiva em crianças pequenas. Bebês muito sociáveis crescem e viram crianças e adolescentes muito sociáveis. Gêmeos idênticos separados no nascimento e criados por famílias diferentes acabam sendo muito semelhantes. A genética desempenha um papel poderoso na concepção de como nos movemos no mundo.

Como você deve supor, particularidades temperamentais, ainda que estáveis no decorrer da vida, manifestam se de diferentes maneiras conforme as crianças crescem. A expressiva sociabilidade em um bebê aparece como falar com delicadeza e interagir com outras crianças, e sorrir para os adultos; na adolescência, manifesta-se em uma preferência por estar em uma festa e não em casa lendo um livro ou assistindo a um filme com um amigo. A criança medrosa precisa ser persuadida a experimentar novas brincadeiras ou a subir em um balanço; o adolescente medroso precisa ser persuadido a participar do teatro escolar ou de uma excursão.

Meu impulsivo garotinho era o que pulava do topo de árvores altas quando criança e, mais tarde, perguntava-me quando poderia pegar uma motocicleta e beber cerveja (suspiro, ele tinha apenas onze anos). Ele tende a essas preferências naturalmente – seu pai é um piloto de caça. Esse espírito aventureiro e o desejo de correr riscos são intensamente influenciados pela genética!

Portanto, se você tem um filhinho feliz e sociável, talvez sinta que tudo já esteja ajustado; se a situação for inversa, e você tem um filhinho medroso ou irritável, deve estar preocupado.

Não se preocupe. Vale lembrar que particularidades de temperamento não são, por si mesmas, boas ou más. A ideia de ter um bebê feliz, sociável e sorridente soa muito atrativa. E bebês sorridentes e risonhos, receptivos a novas brincadeiras, novas pessoas e novas situações, têm mais probabilidade de se tornarem adolescentes e adultos mais extrovertidos[1], com todas as conotações positivas que associamos à palavra. Entretanto, por um lado, bebês sociáveis e ativos também tendem mais a apresentar posteriormente problemas de controle, mais impulsividade e frustração quando as coisas não saem como eles querem. É mais provável que se envolvam com álcool na adolescência e se engajem em outros comportamentos de risco na companhia dos amigos.

Por outro lado, embora um bebê medroso talvez preocupe os parentais desde o início (às vezes desencadeando até um pouco de constrangimento), tal comportamento se relaciona a menos impulsividade e agressão. Crianças medrosas tendem menos a participar de brigas ou a fazer uma miríade de coisas meio tresloucadas, próprias dos adolescentes, quando se acham na idade para cuidar da própria vida.

---

1 O termo "extrovertido" tem raízes na palavra latina *extra,* que significa "para fora", em comparação com "introversão", do latim *intro,* que significa "para dentro". Esses termos foram introduzidos por Carl Jung, que acreditava que a atenção dos extrovertidos se volta para fora, enquanto a dos introvertidos se volta para dentro. Consequentemente, na literatura científica, extraversão [*extraversion*] é sempre escrita com um "a", embora na imprensa popular seja quase sempre escrita como extroversão [*extroversion*]. Neste livro, usamos a grafia *extraversion.* (N.A.) Em língua portuguesa, também se usa o termo extraversão. A tradução, no entanto, optou pela forma popularmente consagrada: extroversão. (N.T.)

No entanto, ressalta-se que crianças medrosas também apresentam uma tendência mais acentuada à tristeza e à depressão.

Importante: não existe uma disposição "boa" ou uma "ruim". Existem apenas disposições distintas e geneticamente influenciadas, cada qual com seus prós e contras. O nível de facilidade ou as frustrações geradas nos parentais em decorrência de características de temperamentos diferentes também pode se alterar no decorrer dos estágios de desenvolvimento de uma criança. Um filho teimoso pode despertar nos pais o desejo de arrancar os cabelos, mas, quando essas mesmas qualidades o motivarem a se rebelar contra situações de injustiça enquanto jovem adulto, eles vivenciarão o sentimento de orgulho.

Em razão de as características temperamentais não serem apenas estáveis, mas também se relacionarem a diferentes desafios e resultados de vida, é de crucial importância compreender a disposição geneticamente condicionada da *sua criança*. Em outras palavras, inexiste um tipo de parentalidade "tamanho único". Cabe a você assumir a responsabilidade pelo código genético exclusivo de seu filho.

Devemos também reconhecer que a criação de algumas crianças implica mais desafios do que a de outras. Reconhecemos esse simples fato diante da parentalidade de um filho com autismo ou com síndrome de Down. Mas as crianças que nascem com determinadas características disposicionais também se revelam incrivelmente desafiadoras de maneiras inesperadas, que às vezes são bem complicadas para os pais. Compreendendo essa realidade básica, somos capazes de minimizar parte do fardo que esses pais vivenciam, e oferecer um apoio mais consistente aos nossos amigos com filhos desafiadores.

Na medicina atual, os médicos estão trabalhando em terapias individualizadas, elaboradas de acordo com a composição genética de uma pessoa, o que denominam *medicina de precisão* ou, alternativamente, *medicina personalizada*. A ideia se fundamenta no perfil de saúde diferente de cada indivíduo; alguns de nós são mais predispostos ao câncer, outros a doenças cardíacas e outros ainda ao consumo de substâncias ou a problemas de saúde mental. Alguns medicamentos funcionam bem para algumas pessoas, mas podem ser prejudiciais para outras. Por meio da compreensão do código genético único de cada um, os médicos são capazes de descobrir a melhor forma de prevenir problemas e tratá-los caso surjam.

O mesmo princípio se aplica à parentalidade. Nossos filhos diferem em relação aos pontos fortes e fracos naturais. Saber as coisas de que seus filhos provavelmente gostarão, aquelas em que serão bons, aquelas que serão desafiadoras, e as que podem colocá-los em risco, pode ajudá-lo a descobrir em que direção focar esforços como parental, bem como as estratégias de parentalidade que provavelmente serão mais eficazes ou prejudiciais. O que funcionou para o primeiro filho talvez não funcione para o segundo, e o que funciona para o filho de um amigo talvez não funcione para o seu.

Por essa razão detesto o termo *parentalidade*. Pode soar como uma coisa estranha para uma psicóloga do desenvolvimento dizer, mas o problema de chamar de *parentalidade* o que fazemos como parentais sugere que tudo está centrado nos pais. E assim acaba se ignorando o outro fator crítico na equação – a criança! A boa parentalidade se relaciona à criança e aos parentais. Da mesma forma que a medicina está se direcionando a cuidados individualizados, já estamos atrasados em adotar uma abordagem personalizada para a parentalidade.

Admito que demorei um pouco para adotar essa atitude em minha própria parentalidade, sobretudo quanto ao uso do penico. Na escolinha do meu filho, o domínio do penico era um requisito para chegar ao nível da turminha de três anos. No entanto, seu terceiro aniversário chegou e passou, e ele ainda não demonstrava interesse nenhum em ser um "garotão"; parecia perfeitamente satisfeito em se enfiar em fraldas e acompanhar as crianças de dois anos. Meus amigos me diziam: "M&M's! Dê a ele M&M como recompensa por usar o penico". Então, apresentei-lhe esse estímulo e, oh, ele queria os M&M's... mas não estava disposto a usar o penico para ganhá-los. E passamos a travar batalhas regulares sobre por que ele não poderia ganhar M&M's quando sabia que eu os guardava ali mesmo na despensa!

Outra amiga cheia de boas intenções apareceu com um conselho: você tem de encontrar a "métrica" dele; descobrir o que adora e usar isso como recompensa. Para a filha da minha amiga, isso significava escolher o vestido. Usar o penico tinha uma conotação de coisa *fashion*. Sem penico, sem vestido especial. Aparentemente, funcionou como um encanto. Mas, quando tentei implementar essa técnica, ficou evidente que meu filho preferia ir à creche nu a usar o penico.

Depois de semanas de agitação e lágrimas (principalmente minhas), ocorreu-me que meu filho valorizava acima de tudo a *vitória*, o êxito em conseguir o que queria. Treinar o uso do penico havia se transformado em uma competição total de vontades em nossa casa. Como ele sentia que eu tentava forçá-lo, recusava-se com a mesma veemência. Assim que identifiquei essa dinâmica, facilitei a coisa toda. Parei de falar do penico e nossa rotina seguiu em frente. E você sabe o que aconteceu? Depois de algumas semanas (e tenho certeza de que com algum incentivo de alguém da escolinha já cansado de trocar fraldas), meu filho começou sozinho a usar o penico. E assim passou a frequentar a classe pré-escolar dos três anos.

Se ao menos eu tivesse percebido antes e dado mais atenção ao que conhecia sobre a disposição obstinada do meu filho – em especial seu intenso desejo de vencer –, teria nos poupado de muito desalento. Pesquisas sugerem que as crianças mais reativas à punição (esse é definitivamente meu filho) também são mais sensíveis aos requisitos de conformidade dos pais. Em outras palavras, quanto mais você empurra, mais elas empurram de volta. No entanto, pesquisadores descobriram que, quando os parentais recorriam a estratégias que não enfatizavam o poder, havia mais probabilidade de a criança obedecer. Em retrospecto, entendo que me preocupava mais (suspiro!) com o fato de meu filho, depois de passados dois meses do terceiro aniversário, ainda não usar o penico. Isso me levou a uma postura de pressioná-lo e "consertar" o problema, sem recuar para perceber a reação dele. Você pensaria que, como professora universitária, eu poderia me consolar em nunca ter visto uma criança chegar ao campus sem saber usar o penico. Um dia, todas descobrem.

O DNA DO SEU FILHO

Antes de conversarmos mais sobre nosso papel parental, vamos falar primeiro sobre a origem da predisposição genética da criança. Recorde-se das aulas de biologia. Não, não do dia em que dissecou um sapo, mas de quando aprendeu sobre óvulos e espermatozoides e como eles se juntam para formar um zigoto, que então começa a se dividir e crescer até formar um minúsculo ser humano.

O DNA é composto por substâncias químicas, alinhadas como uns e zeros no código do computador, para formar genes, que criam a receita para as proteínas, elementos responsáveis por todos os processos do nosso corpo, desde pressão arterial até comportamento. Cada um de nós consiste em um subconjunto aleatório de 50% de material genético (DNA) de nossa mãe biológica e 50% de material genético (DNA) de nosso pai biológico, que se misturam e combinam para formar uma criança singular. O percentual de 50% que cada uma herda de cada parental é aleatório e diferente, razão pela qual seu filho pode ter algumas características que se assemelham mais a você e algumas mais ao outro parental. Cada combinação de metades aleatórias dos pais é o que torna seu filho diferente de todos os outros seres humanos, incluindo os irmãos biológicos, que também têm as próprias combinações singulares de subconjuntos 50/50 do DNA dos parentais.

Irmãos são quase sempre mais semelhantes entre si do que duas pessoas selecionadas aleatoriamente, pois os subconjuntos de variantes genéticas que herdaram vieram do mesmo conjunto genético, ou seja, irmãos compartilham, em média, 50% de seu material genético. No entanto, como o genoma humano consiste em 3 bilhões de unidades de DNA, sobra bastante espaço para diferentes combinações, mesmo entre filhos dos mesmos parentais biológicos! E com 7,6 bilhões de pessoas hoje no planeta, o número de variações é assustador. Dependendo da combinação única de variantes genéticas dos seus filhos, eles podem parecer um minivocê, ou deixá-lo imaginando se houve um problema no hospital!

Entretanto, além de talvez fazer um teste genético durante a gravidez para ter certeza de que tudo está correndo bem, a maioria de nós não se preocupa muito com a genética. Há enxoval do bebê para comprar, um quartinho para decorar e um zilhão de escolhas para fazer envolvendo berços, cadeirinhas para transporte e carrinhos.

E também, óbvio, cursos de parentalidade, que são muito comuns em outros países. A maioria dos obstetras não agenda uma consulta inicial para confirmar a gravidez antes de seis a oito semanas, mas, em países como os Estados Unidos, é comum encontrar sites sobre o assunto recomendando que você inicie "cursos preparatórios" com nove semanas: parto, amamentação, cuidados com o recém-nascido e até cursos para irmãos mais velhos. No segundo trimestre de gestação, surgem aulas de ioga pré-natal, de planejamento do parto e de educação para o parto (que aparentemente diferem das de preparação). Até eu, como professora universitária, acho um exagero de cursos!

Admito que participei de muitas aulas sobre parentalidade e, no mínimo, acabei me sentindo mais preparada. Tornei-me mestre em *swaddle*[2]; meu filho passou a maior parte do primeiro ano de vida enroladinho mais apertado do que um burrito na Chipotle. E fiz uma extensa lista de lições de casa sobre praticamente todas as decisões importantes e secundárias relacionadas ao meu pacote de alegria que estava chegando.

Contudo, todos esses cursos e tomada de decisões com a finalidade de preparar você para seu pequenino criam a ilusão de controle, exatamente o ponto em que o "mito da parentalidade" começa. Os livros sobre dormir, alimentar e tranquilizar o choro dos bebês sugerem que, se você fizer a lição de casa, saberá como agir e obedecer a uma programação. Aprenda como fazer, implemente com eficácia e *voilà*! Bebê feliz e saudável! E depois vêm as fases de engatinhar, andar, dentição, treinamento do penico – um suprimento infinito de informações sobre como cuidar da criança durante todas as etapas de desenvolvimento. Em algum ponto entre o momento de concepção e

---

2 Técnica para "embrulhar" o bebê em um cueiro. (N.T.)

o nascimento do bebê, esquecemos tudo referente à biologia: o modo como as crianças navegam pela vida é uma função do que está codificado nos genes.

Avalie o que está acontecendo enquanto você participa de todos aqueles cursos de parentalidade. O bebê está crescendo e desenvolvendo-se *basicamente sem a sua direção*, norteado pelo código genético: braços, pernas, dedos das mãos e dos pés, órgãos internos, cérebro, tudo sem qualquer input consciente de nenhum dos parentais. Mesmo sendo um processo natural nos focarmos nas coisas que somos capazes de controlar, como a escolha do berço e da cadeirinha de carro, é crucial lembrarmos que, enquanto estamos decorando o quarto e aprendendo a embrulhar o bebê, tudo de fato relevante relacionado ao desenvolvimento da criança está acontecendo em grande parte sem o input parental. Está codificado no DNA do nosso filho.

Isso não significa que o ambiente promovido por você não seja importante. Sequências de DNA extraídas no laboratório não geram espontaneamente seres humanos. O pequeno código de DNA precisa de você, a quem cabe fazer muito para ajudá-lo: boa nutrição pré-natal, estilo de vida saudável e baixos níveis de estresse são elementos importantes para um feto em desenvolvimento. Em contrapartida, a exposição a drogas e toxinas ambientais pode desencadear efeitos adversos graves no desenvolvimento fetal. É claro que, no papel de parental, você deseja fornecer o melhor ambiente possível para o desenvolvimento do seu bebê. Como mãe, alimenta-se de maneira saudável, toma vitaminas, pratica atividades físicas. Se você é o companheiro, pode propiciar um ambiente afetuoso, de apoio e sem estresse à sua parceira grávida.

Durante a gestação, percebemos que há apenas um tanto que podemos fazer sob nosso controle. O bebê cresce e nos maravilhamos com isso. No entanto, quando o bebê aparece (com desculpas a todas as minhas amigas mães que me lembram de que o processo de parto envolve um pouco mais do que aparecer), de alguma forma esquecemos que o desenvolvimento da criança também é norteado por fatores genéticos, que nós precisamos levar em conta enquanto parentais.

A CRIAÇÃO E A ADAPTAÇÃO À NATUREZA DA CRIANÇA

Depois de centenas de anos de debate envolvendo "inato/adquirido" (natureza *vs.* criação), hoje sabemos que os termos formavam uma falsa dicotomia. Não é uma questão de "ou/ou", mas de "ambos/e" – um entrelaçamento de influências, com a genética e o ambiente desempenhando um papel em praticamente todos os resultados comportamentais. O problema para os parentais está no fato de o foco permanecer na parte da criação, e o lado da natureza na equação não receber uma atenção adequada. Em vez disso, acabamos nos estressando em níveis sem precedentes, supervalorizando o engajamento, quando na verdade precisamos de um engajamento *mais inteligente.*

Esse desafio (e oportunidade) foi resumido muito bem por E. O. Wilson, biólogo evolucionista, que afirmou que os genes colocam uma coleira na influência ambiental, mas muito longa. Em outras palavras, genética não implica destino, que significa a inação dos pais, mas também não deve ser desconsiderada. Crianças não são lousas em branco preenchidas por parentais bem-intencionados. Ao reconhecer quem seu filho de fato é – o código singular com o qual ele nasceu –, você deve usar sua influência de maneiras que ressoem nas tendências naturais dele, para ajudá-lo no melhor desenvolvimento possível da própria individualidade.

COMO USAR ESTE LIVRO

A primeira parte de O *DNA da criança* trata de aspectos científicos subjacentes à nova abordagem da parentalidade. O Capítulo 1 apresenta a pesquisa que mudou nosso entendimento daquilo que causa o comportamento humano e revelou a ampla influência da genética (e os limites da parentalidade) no comportamento das crianças. (Se você não se preocupa muito com a pesquisa e se dispõe a acreditar em minha palavra, pule este capítulo.) O Capítulo 2 visa ajudá-lo a avaliar como o código genético dos seus filhos molda seu desenvolvimento, personalidade, comportamento e o jeito como interagem com o mundo. Desse modo, o intuito é que você compreenda por que é tão importante o entendimento da disposição genética das crianças caso deseje ser um parental mais eficiente – e muito menos estressado! A segunda parte do livro, focada em seu filho, apresenta pesquisas, para você responder, envolvendo o comportamento e as tendências de suas crianças, as quais podem auxiliá-lo na avaliação das tendências genéticas delas. Em seguida, vou orientá-lo sobre como usar essas informações para adaptar sua parentalidade aos seus filhos, a fim de ajudá-los a atingir todo o potencial e evitar armadilhas. E, o mais importante, falaremos sobre como relaxar e fomentar confiança com essas informações em prol de uma parentalidade mais feliz. Então, vamos começar!

Mensagens-chave

- Os genes dos seus filhos desempenham um papel central na formação do cérebro e do comportamento.
- Recomendações sobre parentalidade são quase sempre conflitantes porque ignoram o importante papel da composição genética de cada criança na influência de seu comportamento, razão pela qual o que funciona para um filho talvez não funcione para outro.
- O entendimento da composição genética dos filhos pode ajudá-lo no exercício parental voltado a uma criança singular, apoiando-a para que atinja seu potencial e supere os desafios naturais. Além disso, criará um relacionamento mais harmonioso com seus filhos e reduzirá o estresse da parentalidade.

PARTE 1

Tudo o que você precisa saber sobre a ciência do comportamento humano (e nada mais)

CAPÍTULO 1

INATO *VERSUS* ADQUIRIDO: A CIÊNCIA ESTÁ AÍ

Vamos começar do início: de onde surgiu a ideia arraigada de que os parentais desempenham um papel tão importante na formação do comportamento infantil?

A ênfase generalizada (e mal-entendida) sobre o papel dos parentais pode ser rastreada até as origens do campo da psicologia infantil. No exercício parental, passa-se muito tempo tentando entender o comportamento dos filhos, mas pesquisadores vêm tentando entender as crianças há *centenas* de anos. Em 1787, o filósofo alemão Dietrich Tiedemann publicou o primeiro relato do desenvolvimento infantil, registrando o comportamento do próprio filho durante os primeiros trinta meses de vida. Tiedemann foi profundamente influenciado pelo filósofo John Locke (1632-1704), o qual acreditava que todos começamos a vida como uma tela em branco, com o desenvolvimento inteiramente determinado por meio de nossas experiências. Quase cem anos mais tarde, Wilhelm Preyer, outro professor alemão, publicou *The Mind of the Child*[3] (1882), obra em que descreveu o desenvolvimento de sua filha nos primeiros anos de vida e que é frequentemente citada como o início da psicologia infantil moderna.

---

3 *A mente da criança*, em tradução livre. (N.T.)

Dessas primeiras "biografias de bebês", com relatos referentes ao crescimento de uma única criança, o campo se expandiu para incluir estudos de um pequeno número de crianças observadas extensivamente durante seu desenvolvimento. Com o tempo, a parentalidade também começou a ser pesquisada, à medida que psicólogos do desenvolvimento se interessaram pelo papel que desempenha. Ao longo dessa evolução, um elemento central da pesquisa de desenvolvimento infantil se manteve: a atividade se baseia em estudos *observacionais*. Mas esse recurso apresenta imensa limitação e está no cerne da questão do porquê de se colocar tanta pressão nos parentais quando se trata do comportamento dos filhos.

O ESTUDO DA FAMÍLIA TRADICIONAL – E SUAS LIMITAÇÕES

Parece intuitivo que, caso se queira entender a influência dos parentais nos filhos, seriam estudados (rufar de tambores) pais e filhos. Até agora, conduziram-se milhares de estudos envolvendo parentais e filhos, os quais alicerçam a maior parte dos conselhos de educação infantil que estão por aí. Neles, os pesquisadores pedem aos parentais que relatem suas práticas de parentalidade e avaliam os filhos por um efeito específico. Às vezes, pedem às crianças que falem sobre os parentais e sobre si mesmas; outras vezes, pedem aos pais que falem sobre si e sobre os filhos. Adicionalmente, os pesquisadores podem obter informações de pessoas diferentes também, como professores ou outros responsáveis.

Esses estudos sempre encontram correlações (uma medida estatística de similaridade) entre os aspectos de parentalidade e os efeitos nas crianças, os quais são quase sempre interpretados como evidências do papel dos parentais em moldar o comportamento dos filhos.

Por um lado, por exemplo, um resultado coerente se refere às práticas parentais positivas, como afeto e envolvimento, e sua relação com menos problemas emocionais e comportamentais em crianças. Por outro lado, uma parentalidade rigorosa e incoerente se associa a mais problemas comportamentais em crianças. *Voilà!* Prova da importância da parentalidade, certo?

Calma! Vamos mais devagar.

Existem muitos bons motivos para tratar o filho com afetuosidade e para praticar uma parentalidade coerente e positiva. Entretanto, o problema desses estudos está no fato de, com frequência, serem (mal) interpretados, relacionando o comportamento da parentalidade como *causa* do comportamento da criança.

Mas há uma falha nessa lógica. Tudo se resume ao princípio básico que aprendemos nas aulas de ciências do ensino médio: correlação não é igual a causalidade. Em outras palavras, o fato de duas coisas se relacionarem não significa que uma foi causa da outra.

A melhor maneira de fazer atribuições causais é com um experimento controlado. Os psicólogos voltados à criança estão em desvantagem porque não podem experimentalmente designar filhos a diferentes parentais. Se pudéssemos fazer uma distribuição aleatória das crianças para crescerem com (por exemplo) parentais com menos regras, e outros com regras mais rigorosas, a situação nos permitiria verificar se as diferenças relativas às regras parentais se relacionam às diferenças de efeito nos filhos. Atribuição aleatória a parentais significaria que muitos tipos diferentes de crianças seriam designados a grupos de parentais com poucas regras e com regras rigorosas, para que se pudesse concluir com mais certeza que quaisquer diferenças encontradas entre os grupos seriam justificadas pela diferença de parentalidade. Recorremos a modelos experimentais randomizados para avaliar a eficácia de tratamentos ou de novos produtos farmacêuticos.

No entanto, correlações, como as que observamos entre parentais e filhos, não nos dizem nada sobre causalidade, pois não são informativas sobre o direcionamento do efeito. *Talvez,* quando os parentais tratam as crianças com afetuosidade, elas se comportem melhor. *Talvez,* quando os parentais são rigorosos com os filhos, eles se tornem mais agressivos. Mas é igualmente plausível que as crianças com um comportamento melhor invoquem mais afetuosidade dos pais. Quando meu filho obedece, veste-se e fica pronto e à espera na porta para ir à escola, fico muito mais afetuosa do que quando, de mau humor, ele se recusa a se levantar da cama. É muito mais fácil ser amoroso com uma criança que se comporta de maneira agradável do que com uma birrenta! A mesma lógica se aplica ao mau comportamento: é igualmente possível que a criança mais agressiva provoque nos parentais uma reação disciplinar mais severa em um esforço para melhorar o comportamento dela. Talvez fossem carinhosos e amáveis se o filho não agisse mal. Resultado: quando encontramos uma correlação entre uma prática de parentalidade e um efeito na criança, não sabemos qual dessas possibilidades é a correta. A parentalidade está causando o comportamento da criança ou é o comportamento da criança norteando a parentalidade?

Acontece que esta distinção é muito importante. A má interpretação das correlações parentais-filhos como evidência do papel causal da parentalidade teve consequências profundas. Um exemplo marcante se refere à maneira como o autismo tem sido visto ao longo do tempo. Originalmente, pensava-se que o transtorno era causado por mães indiferentes e emocionalmente frias (mães-geladeira), que não socializavam de modo adequado seus bebês. Profissionais médicos chegaram a essa conclusão depois que estudos mostraram que as mães de crianças com autismo eram menos propensas a sorrir, expressar-se de maneira afetuosa e interagir com seus bebês da forma típica das mães, ou seja, estabeleceu-se uma correlação entre a falta de interação das mães com os bebês e o autismo. Pesquisadores concluíram incorretamente que a maternidade fria estava *causando* o desenvolvimento de autismo nas crianças. Entretanto, ao estudarem essas famílias ao longo do tempo, os pesquisadores descobriram que mães de crianças que mais tarde desenvolveram autismo eram, no início, exatamente como as mães de crianças que não desenvolveram transtornos. Mas as crianças autistas não reagiam ao comportamento maternal da maneira que os bebês com desenvolvimento mais típico fazem – não balbuciavam, não mantinham contato visual com a mãe, não pareciam gostar da interação. Então, com o tempo, essas mães foram reduzindo a interação. De maneira alguma, o comportamento delas influenciou o efeito na criança – foi o comportamento da criança que as influenciou.

Estudar filhos e parentais ao longo do tempo é uma maneira de começar a distinguir o direcionamento do efeito, e assim examinar se o comportamento dos parentais influencia o comportamento futuro da criança depois de levar em consideração como ela era no início, e vice--versa. E, estudando parentais e filhos ao longo do tempo, os pesquisadores encontraram um dado surpreendente: o comportamento infantil quase sempre tem uma influência mais intensa na parentalidade futura do que o comportamento da parentalidade tem sobre o comportamento futuro da criança. Em outras palavras, as crianças moldam mais nossa parentalidade do que nossa parentalidade as molda.

Por exemplo, um amplo estudo, conduzido por vários colegas proeminentes do desenvolvimento infantil, acompanhou quase 1.300 crianças e seus parentais em nove países, representando doze grupos culturais em todo o mundo (China, Colômbia, Itália, Jordânia, Quênia, Filipinas, Suécia, Tailândia e Estados Unidos). Eles estudaram as famílias no período em que as crianças tinham oito, nove, dez, doze e treze anos e verificaram as influências bidirecionais entre o comportamento da parentalidade e os problemas emocionais e comportamentais das crianças ao longo do tempo. Descobriram que, em todos os grupos culturais, as crianças tiveram significativos efeitos na parentalidade subsequente dos filhos: maiores desafios emocionais ou comportamentais em crianças anteciparam menor afetividade dos parentais e maior controle deles na faixa etária seguinte, mesmo levando em consideração o comportamento anterior da criança e dos parentais. Além disso, havia poucas evidências de que a parentalidade predissesse o comportamento futuro da criança. O nível de afetividade ou de controle dos parentais não teve efeito significativo na probabilidade de que as crianças enfrentassem efeitos emocionais ou problemas comportamentais no futuro. O estudo enfatizou que elas orientam a parentalidade futura, à medida que os parentais reagem ao comportamento dos filhos, mais do que os parentais são capazes de moldar o comportamento futuro deles – resultado coerente no mundo todo.

Há outro problema com a interpretação das correlações parentais-filhos: entender que o comportamento dos parentais seja *causa* do comportamento da criança, ou vice-versa. Mas, na verdade, pode ser alguma coisa totalmente diferente que influencie o comportamento dos filhos e dos parentais, fazendo parecerem similares, mesmo que não estejam influenciando diretamente um ao outro. Chamamos esse processo de *terceira variável*. Pense neste exemplo: há uma correlação entre comprar sorvete e usar óculos escuros. Isso significa que tomar sorvete faz as pessoas usarem óculos escuros? Ou significa que usar óculos escuros faz as pessoas tomarem sorvete? É claro que não; a razão de tomar sorvete e usar óculos de sol se correlaciona porque há algo mais que influencia ambos os comportamentos – uma terceira variável em jogo: calor e dias ensolarados tornam as pessoas mais propensas a tomar sorvete e usar óculos escuros. No caso de correlações entre parentais biológicos e suas crianças, essa coisa diferente, que pode influenciar o comportamento do parental e do filho, são os genes compartilhados.

Voltando aos exemplos mencionados, sabemos que os problemas comportamentais e emocionais são geneticamente influenciados. Então, quando achamos que a afetividade parental está associada a resultados positivos em crianças, surgem três interpretações possíveis: (1) o afeto dos parentais leva as crianças a se comportarem melhor; (2) filhos bem comportados despertam a afetuosidade dos parentais; ou (3) a correlação é mera decorrência do fator genético que predispõe emoções e comportamentos, e parentais biológicos compartilham genes com os filhos. Assim, por exemplo, parentais que carregam genes que predispõem ao bom comportamento (tornando-os mais propensos a serem positivos e afetuosos) são mais suscetíveis a transmitir uma maior propensão genética de bom comportamento aos filhos. Também sabemos que a agressão é uma predisposição genética; portanto, o fato de uma disciplina parental rigorosa se correlacionar com o aumento da agressão pode ser decorrente de (1) disciplina parental severa causa agressão infantil; (2) agressão infantil faz os parentais reagirem com mais severidade; ou (3) parentais que disciplinam com severidade são mais propensos a carregar genes com predisposição à agressão e, portanto, seus filhos têm mais probabilidade de carregar genes que os tornam mais agressivos. Essas possibilidades não são mutuamente exclusivas; na verdade, todos esses processos, ou alguma combinação deles, podem ocorrer. (Lembre-se de que suas crianças têm uma mistura aleatória de 50% do DNA de um parental e 50% do DNA do outro, e é por isso que não há garantia de que herdarão todas as suas fabulosas – ou pelo menos desejáveis – características.)

Em síntese, quando vemos correlações entre práticas parentais e efeitos nas crianças, é tentador concluir que os parentais estão influenciando os filhos (e muitos "especialistas" infantis fazem isso!), mas é igualmente provável que sejam as crianças que influenciem o comportamento dos parentais, ou que as semelhanças entre parentais e filhos ocorram simplesmente em razão do compartilhamento genético. Talvez aquelas crianças fossem tão maravilhosas ou delinquentes quanto são, mesmo sem os parentais serem maravilhosos ou delinquentes. Sem um processo experimental, não temos resposta. Sabemos que alguma coisa está criando correlações entre os resultados dos parentais e das crianças, mas não descobrimos ainda o que é essa alguma coisa. Felizmente, existem alguns experimentos naturais que nos permitem distinguir a importância das influências genéticas e ambientais, e estudar até que ponto os genes da criança estão influenciando seu comportamento e até que ponto a influência dos parentais está realmente impactando.

ESTUDOS DE ADOÇÃO: O PAPEL DOS GENES

O primeiro – e o mais ideal – "experimento natural" que permite aos pesquisadores distinguir as influências genéticas e ambientais são os estudos de adoção. Quando falamos sobre correlações entre parentais e crianças (e como elas não permitem descobrir o quão importante são na parentalidade), abordávamos casos de parentais e filhos *biologicamente relacionados*. Quando isso acontece, ambos compartilham genes e ambientes domésticos, então, ao apresentarem semelhanças, não para é possível identificar a causa – genes compartilhados ou influência familiar? Mas, em famílias adotivas, genética e meio ambiente se separam. Crianças adotadas (quando criadas por não familiares) compartilham genes com parentais que não lhes fornecem o ambiente doméstico (parentais biológicos), e seus ambientes domésticos são fornecidos por pessoas que não lhes deram composição genética (parentais adotivos). Em outras palavras, há uma perfeita separação natural de influências genéticas e ambientais: genes de pais biológicos; ambiente de pais adotivos.

Isso significa que os pesquisadores podem coletar dados de crianças adotadas, de seus parentais biológicos e dos adotivos (e às vezes de irmãos), a fim de descobrir qual é a importância das predisposições genéticas e do ambiente familiar. Crianças adotadas agem de modo mais semelhante aos parentais biológicos (implicando que as predisposições genéticas são importantes), ou mais como os parentais adotivos (implicando que as influências ambientais relacionadas à parentalidade são mais importantes)? Este é um experimento natural que distingue a influência genética da ambiental dos parentais.

Um dos exemplos mais representativos de como os estudos de adoção ajudam a esclarecer as causas do comportamento humano está na esquizofrenia, um transtorno mental grave que afeta cerca de 1% da população, com alucinações e/ou delírios. Tal como acontece com o autismo, os médicos acreditavam originalmente que a causa desse distúrbio estava em mães ruins (mães são culpadas por tudo, aff). Nesses casos, eram chamadas de mães esquizofrenogênicas, consideradas frias e distantes que propiciavam vínculos emocionais inadequados para os filhos, levando-os à esquizofrenia. Pense nisto por um minuto: seu filho desenvolve um distúrbio grave, em que perde contato com a realidade e, se você é a mãe, *dizem que a culpa é sua*. Imagine como deve ter sido terrível ver a sua criança em dificuldades, e depois, acrescentando insulto à injúria, ser informada de que era a responsável! Infelizmente, isso não acontecia apenas no caso da esquizofrenia (e do autismo). Até a década de 1950, a maioria dos médicos pensava que a maior parte dos distúrbios mentais e comportamentais derivava de falhas dos parentais. Mas então afloraram os estudos de adoção.

Em fins dos anos 1960, um pesquisador publicou um estudo assentado no acompanhamento de cinquenta crianças nascidas de mães esquizofrênicas em hospitais estaduais de Oregon, entre 1915 e 1945.

Todos os bebês foram separados das mães nos primeiros dias de vida e adotados por parentais que não tinham esquizofrenia. Os pesquisadores os acompanharam até atingirem trinta e poucos anos, comparando-os a filhos adotivos cujas mães biológicas não tinham histórico do distúrbio. Descobriram que 17% das crianças com mães esquizofrênicas também desenvolveram o debilitante transtorno, apesar de não manterem contato com a "mãe esquizofrenogênica". Ou seja, quase uma em cada cinco crianças que compartilhavam genes (mas não ambiente) com um parental biológico que tinha esquizofrenia também desenvolveu o transtorno, em comparação com a taxa geral da população de um em cem. Nenhuma das crianças da pesquisa comparativa, que não tinha mãe biológica acometida pelo distúrbio, o desenvolveu. Essa constituiu a primeira evidência poderosa de que os genes foram relevantes no desenvolvimento da esquizofrenia, e não uma má parentalidade. Agora sabemos que a esquizofrenia é um distúrbio geneticamente influenciado, com hereditariedade de cerca de 80%.

No caso da esquizofrenia, os estudos envolvendo adoção deixaram bem claro que a responsável era a genética, não a parentalidade. Mas não apenas transtornos graves como a esquizofrenia mostram o papel da biologia. Praticamente todos os resultados de estudos usando o projeto de adoção – desde problemas de alcoolismo até a timidez infantil – demonstraram inequívocas evidências de efeitos genéticos. As crianças se parecem com seus parentais biológicos em todos os tipos de resultados comportamentais, *mesmo quando não são criadas por eles!* Nossa programação genética é poderosa.

Mas, parentais, não se desesperem – o destino dos seus filhos não depende *só* dos genes. Pesquisas relativas à adoção também foram fundamentais para demonstrar o papel do ambiente doméstico. Como exemplo, um estudo sueco de adoção examinou o comportamento criminoso. O que torna algumas crianças mais propensas a enfrentar problemas com a lei?[4] A Suécia tem sido lar para alguns dos mais

---

4 Nos Estados Unidos, existem forças como o racismo sistêmico que afetam profundamente o envolvimento do sistema de justiça criminal. A Suécia é um país mais homogêneo,

significativos estudos de adoção no mundo, pois mantém registros de base populacional, os quais fornecem informações sobre as relações familiares, incluindo nascimentos e adoções, de todos os indivíduos nascidos ou residentes no país. É possível vincular essas informações familiares a uma série de outros registros nacionais, que vão desde saúde, hospitalizações, prescrição de medicamentos, até aos criminais. (Os norte-americanos sempre se surpreendem quando me refiro à pesquisa que podemos fazer nos países nórdicos como resultado dos seus registros nacionais; é uma mentalidade cultural muito diferente, em que a sociedade valoriza bastante a contribuição para pesquisa.) Essas bases de dados nacionais permitem investigar o quanto crianças adotivas são semelhantes aos parentais biológicos e aos adotivos, em quaisquer dados rastreados nos registros nacionais de base populacional.

Para entenderem melhor que fatores influenciavam o comportamento antissocial, pesquisadores coletaram informações sobre condenações criminais com base no Registro de Crimes da Suécia de crianças adotadas, seus parentais biológicos e os adotivos. Então, descobriram que crianças adotadas que tinham pais biológicos com antecedentes criminais também apresentavam elevados índices de comportamento criminoso, mesmo sem serem criadas por eles. Embora não haja nenhum gene para o comportamento criminoso, lembre-se do que foi dito na introdução deste livro: características como agressividade e impulsividade aparecem cedo na vida como fatores temperamentais bastante estáveis, geneticamente influenciados, e, claro, relacionados à probabilidade de ter problemas com a lei.

Ressalta-se que os pesquisadores que conduziram o estudo de adoção também criaram um "escore de risco do ambiente familiar", com base no fato de os parentais *adotivos* e irmãos terem condenações criminais, e também se houve divórcio, morte ou doença na família adotiva, presumindo que esses seriam estressores do ambiente familiar. Acontece que esse risco também estava associado a taxas elevadas de

---

que não tem esses mesmos desafios, o que possibilita um estudo menos tendencioso dos fatores que contribuem para o envolvimento do sistema de justiça criminal. (N.A.)

comportamento criminoso em crianças adotadas. Em outras palavras, há evidências de que genes *e* ambiente familiar são importantes quando se trata de comportamento criminoso infantil.

Os estudos referentes à adoção traçaram uma importante distinção teórica entre genes e ambientes, mas apresentam limitações. Adoções são cada vez mais "abertas," de modo que os adotados mantêm algum contato contínuo com os parentais biológicos. Isso interfere na distinção natural de genes-mas-não-ambiente de parentais biológicos, ambiente-mas-não-genes de parentais adotivos. Outro fator complicador é que o ambiente pré-natal de crianças adotadas é fornecido pela mãe biológica; então, é impossível separar os efeitos ambientais pré-natais dos efeitos genéticos. Só se estudam os efeitos ambientais que começam quando as crianças são colocadas em seus lares adotivos. Talvez um dos maiores desafios atuais em pesquisas de adoção é que, em muitas partes do mundo, as adoções estão se tornando cada vez mais raras, em parte pela minimização do estigma em torno da gravidez fora do casamento. Esse fato dificulta a condução de pesquisas de adoção fora das informações obtidas em grandes estudos de registros nacionais, como o da Suécia, que ficam limitados ao estudo dos resultados que podem ser obtidos em bancos de dados governamentais.

ESTUDOS DE GÊMEOS: UMA MANEIRA EFICAZ DE COMPREENDER A INFLUÊNCIA GENÉTICA

Felizmente, há outro experimento natural que nos permite estudar quão importantes são as influências genética e ambiental: o estudo de gêmeos. E, enquanto conduzir pesquisas de adoção esteja se tornando mais difícil, as de gêmeos ficam cada vez mais comuns. Gêmeos são interessantes de diversas maneiras. Imagine alguém ter uma cópia carbono de si andando pelo planeta! Essa é a realidade no caso de gêmeos idênticos. E existem basicamente em dois sabores, comumente chamados de *gêmeos idênticos* e *gêmeos fraternos*. Os idênticos são resultado de um único óvulo fertilizado por um único esperma, dando origem ao zigoto que, em algum momento durante a divisão celular, por motivos que ainda não são totalmente compreendidos, se divide em dois. *Voilà!* Indivíduos geneticamente idênticos!

Tecnicamente, cientistas e profissionais médicos não os chamam de gêmeos idênticos, mas sim de gêmeos *monozigóticos* (MZ), *mono* significa um, referindo-se ao fato de que eles se desenvolveram de um zigoto. Por essa razão, gêmeos MZ compartilham 100% de seu material genético, com sequências de DNA geneticamente idênticas, e são sempre do mesmo sexo (dois meninos ou duas meninas).

O outro tipo de gêmeos são os fraternos ou, na linguagem científica, gêmeos *dizigóticos* (DZ), assim chamados porque vêm de dois zigotos (*di* é a palavra grega para "dois"). Gêmeos dizigóticos resultam de dois óvulos fertilizados por dois espermatozoides, assim como irmãos comuns, exceto pela fertilização ocorrer ao mesmo tempo; portanto, eles compartilham um ambiente intrauterino e têm a mesma idade, ao contrário dos irmãos comuns. Os gêmeos DZ compartilham em média 50% de seu material genético, assim como irmãos comuns, e podem ser do mesmo sexo ou de sexos opostos, como qualquer par de irmãos.

Gêmeos fornecem um experimento natural porque, em essência, são dois "tipos" de irmãos de mesma idade, criados juntos na mesma família pelos mesmos parentais, mas que diferem no quanto compartilham sua configuração genética. Cientistas dedicados a pesquisas com gêmeos com frequência coletam dados de milhares de pares de gêmeos – tanto MZ quanto DZ – e então analisam o grau de semelhanças dos gêmeos MZ entre si, em comparação com as semelhanças de gêmeos DZ entre si. Se alguma coisa for totalmente determinada pelo ambiente doméstico, então não deve importar se um tipo de gêmeos (MZ) compartilha mais material genético do que o outro tipo (DZ); eles devem ser igualmente semelhantes.

Por exemplo, se um dos parentais tem algum transtorno decorrente do consumo de álcool por razões ambientais, talvez porque existam mais fatores estressantes em casa ou exposição ao álcool, então os irmãos que têm parentais com transtorno relacionado ao consumo de álcool devem revelar um aumento nos problemas nesse sentido, independentemente da variação genética compartilhada. Em outras palavras, se você pegasse duas crianças e as colocasse em uma casa onde um parental tem problemas com álcool, se tudo fosse uma questão ambiental, então ambas deveriam apresentar maiores problemas com o álcool. É claro que não podemos fazer isso de maneira ética, mas gêmeos propiciam uma variação sobre este tema: crianças criadas juntas, com os mesmos parentais, algumas compartilhando mais de sua configuração genética entre si (MZ) do que outras (DZ).

De novo, se isso não for determinado apenas pelo ambiente, se a configuração genética de uma pessoa é importante para influenciar o grau de risco que corre de ter um transtorno por consumo de álcool (por exemplo), então os efeitos de gêmeos MZ devem ser mais semelhantes quanto ao álcool do que gêmeos DZ, porque compartilham genes mais semelhantes. Se algo é determinado geneticamente, então seria de esperar que gêmeos MZ fossem exatamente iguais (uma correlação de 1,0), pois compartilham todo o código genético, e que gêmeos DZ fossem iguais pela metade (uma correlação de 0,5), pois compartilham apenas metade da variação genética. Então, na medida em que os gêmeos MZ são mais semelhantes do que os DZ para qualquer comportamento em estudo, isso nos diz que o comportamento está sob influência genética.

Por último, se os gêmeos MZ não são exatamente iguais (raramente o são com relação à maioria dos efeitos temperamentais e comportamentais, razão pela qual os cientistas não gostam de chamá-los de gêmeos "idênticos"), isso nos reporta à possibilidade de existirem outras influências ambientais aleatórias que afetam nosso traço de interesse. Por exemplo, um gêmeo pode passar por um estresse de vida, como um acidente de carro ou uma separação amorosa, e o outro não. Ou um dos gêmeos tem um grupo de amigos diferente do outro. Em suma, quando gêmeos MZ não são idênticos para um resultado que está sendo estudado, não sabemos exatamente o porquê de serem diferentes; apenas sabemos que deve haver algum tipo de influência ambiental em jogo que os tornam diferentes, uma vez que, do ponto de vista genético, são idênticos.

Já existem *milhares* de estudos, realizados por pesquisadores do mundo todo, de gêmeos e de adoção com praticamente todos os comportamentos imaginados. Muitos países têm cadastros nacionais de gêmeos baseados em registros de nascimento, como estudos em grande escala na Finlândia, Noruega, Dinamarca e Suécia. Trabalho em um estudo de mais de 10 mil gêmeos, que representam todos os gêmeos nascidos na Finlândia em um período de dez anos, e os acompanhamos desde os doze anos até a meia-idade para compreender o desenvolvimento de problemas com o consumo de álcool. Há um grande cadastro de gêmeos na Holanda que registrou cerca de 120 mil gêmeos, com um subconjunto desses gêmeos cadastrados quando crianças e estudados, com os parentais, nas idades de três, cinco, sete, dez e doze anos, para fornecer informações sobre o desenvolvimento comportamental da primeira infância. Outros grandes estudos de gêmeos foram criados por seleção direcionada, como registros de gêmeos feitos em vários estados por meio de carteira de motorista ou mesmo registros de nascimento. Minha atual universidade é o lar de um desses registros de gêmeos na região do Meio-Atlântico dos Estados Unidos. Alicerçados nesses registros, existem estudos sobre o consumo de substâncias e transtornos psiquiátricos; estudos de personalidade e inteligência; estudos sobre divórcio, felicidade, comportamento eleitoral, religiosidade, atitudes sociais e quase tudo o mais em que se possa pensar! Estudaram-se quase todos os comportamentos usando modelos com gêmeos (e/ou adoção), a fim de descobrir até que ponto genética e influências ambientais os afetam.

A principal conclusão de todos esses estudos é que *praticamente tudo está sob influência da genética*. Gêmeos monozigóticos (que têm códigos genéticos idênticos) são quase sempre mais semelhantes do que gêmeos dizigóticos (que compartilham apenas metade do código genético), apesar de ambos os irmãos serem criados na mesma família, pelos mesmos parentais. Por exemplo, aqui estão correlações ilustrativas de gêmeos rotineiramente obtidas de uma variedade de estudos do comportamento infantil, as quais são representativas das descobertas feitas pelos pesquisadores de gêmeos (lembrando que a semelhança entre gêmeos é avaliada por uma correlação que pode variar de 0 – gêmeos completamente diferentes – a 1.0 – comportamento idêntico dos gêmeos –, com valores de correlação maiores indicando que os gêmeos são mais parecidos). Em um grande estudo de autocontrole descobriram que a correlação para gêmeos MZ era 0,6, enquanto para gêmeos DZ era 0,3. Ansiedade/depressão em crianças de três anos: para meninos, MZ correlação de 0,7, e DZ correlação de 0,3; para meninas, MZ de 0,7 e DZ de 0,4. Problemas comportamentais em meninos de sete anos, MZ correlação de 0,6, DZ de 0,4; para meninas, MZ correlação de 0,6, DZ de 0,3. Chega de números. Você já entendeu o princípio. Para meninos e meninas, em praticamente todos os comportamentos estudados em crianças (e adultos), MZ têm correlação mais alta do que DZ, ou seja, mais compartilhamento do código genético, mais semelhança. Os genes importam. Não nascemos um quadro em branco. John Locke, o filósofo que influenciou os primórdios do campo da psicologia infantil, estava errado. As crianças nascem com códigos genéticos que impactam se serão naturalmente mais medrosas, impulsivas, agressivas ou quaisquer outras características.

Com resultados tão generalizados sobre influências genéticas no comportamento, talvez você se pergunte: é tudo genético? Depois de entender como os genes moldam tantos aspectos de nosso comportamento e da nossa vida (assunto que aprofundaremos no próximo capítulo), é de fato difícil pensar em coisas desprovidas de influência genética. Sério mesmo. Pare um pouco para pensar.

Aqui estão algumas: a primeira língua que você fala é totalmente influenciada pelo ambiente. A razão pela qual comecei a falar inglês, não chinês, não foi por predisposição genética, mas porque as pessoas ao meu redor falavam inglês. Isso não quer dizer que a *competência* de aprender um idioma não seja geneticamente influenciada (é); significa que o uso do nosso idioma inicial se deve ao ambiente. A mesma coisa vale também para a afiliação religiosa inicial. Não se batiza uma pessoa como católica e não como episcopal por causa de sua predisposição genética. Nasce-se como católico ou episcopal (ou metodista, ou budista, ou judeu, ou...) porque é a afiliação religiosa da família. Dito isso, o nível de religiosidade que se relata assumir quando se envelhece *é* geneticamente influenciado.

Quando se vai além dos estudos familiares tradicionais, usando modelos de pesquisa que distinguem a influência da configuração genética das crianças da influência da parentalidade, a evidência é clara e incisiva: os genes impactam nossos temperamentos e nossas tendências, em todos os tipos de aspectos comportamentais e na vida. Dr. Eric Turkheimer, proeminente geneticista comportamental da Universidade da Virgínia (coincidentemente o professor com quem tive minha primeira aula de psicologia), discorre sobre a famosa lei da genética do comportamento: "Todos os traços comportamentais humanos são hereditários". Os fatos estão aí. Os estudos foram feitos. É claro que há exceções à regra, mas, de maneira majoritária, as evidências mostram que o comportamento humano é indiscutivelmente influenciado por nossa genética.

SEPARADOS NO NASCIMENTO: UM ESTUDO DE CASO DO PODER DOS GENES

Jim Lewis e Jim Springer se conheceram aos 39 anos. Ambos dirigiam o mesmo tipo de carro e passavam férias na mesma praia na Flórida. Fumavam cigarros Salem. Roíam unhas. Eram casados com mulheres chamadas Betty, e divorciados de mulheres de nome Linda. Um tinha um filho chamado James Alan; o filho do outro também se chamava James Allan. Tinham cachorros chamados Toy. Eram ruins em gramática e bons em matemática. Trabalhavam com carpintaria e possuíam algum treinamento de ação policial. Tinham mais de um metro e oitenta de altura e noventa quilos. Os homens nunca se encontraram antes dos 39 anos. Jim e Jim eram gêmeos idênticos separados no nascimento e criados por diferentes famílias adotivas, desconhecidas uma da outra, até que se encontraram, depois de quase quatro décadas, em um laboratório de pesquisa.

Os gêmeos MZ separados no nascimento são outra variação do modelo gemelar que nos permite entender a incrível importância das influências genéticas e ambientais. As pessoas ficam fascinadas com esse modelo experimental. Imagine: dois bebês geneticamente idênticos colocados em famílias diferentes e criados por parentais distintos[5]. Isso cria uma oportunidade única de estudar quão semelhantes ou diferentes esses indivíduos geneticamente idênticos se tornam quando criados por grupos parentais desiguais.

Como se espera, casos de gêmeos idênticos separados no nascimento e colocados em famílias diferentes (não relacionadas) são muito raros. Mas, no final dos anos 1970, pesquisadores da Universidade de Minnesota iniciaram um estudo pioneiro no qual começaram a rastrear pares de gêmeos separados na infância. Ao longo de vinte anos, encontraram mais de cem deles e os levaram até o laboratório para uma semana de avaliações psicológicas e fisiológicas. Em muitos casos, foi a primeira vez que os gêmeos se encontraram. Os irmãos Jim são um exemplo famoso desse estudo.

A descoberta notável foi que gêmeos MZ criados separadamente eram quase tão semelhantes quanto gêmeos MZ criados juntos, em tudo, desde personalidade e temperamento, atitudes sociais, a interesses relacionados a trabalho e lazer. O surpreendente resultado desse projeto inovador foi que *serem criados pelos mesmos parentais não torna os irmãos mais semelhantes do que se tivessem sido criados em famílias distintas.*

No famoso artigo do dr. Turkheimer sobre as leis da genética do comportamento, a segunda lei, logo após "Todos os traços comportamentais humanos são hereditários", é "O efeito de ser criado na mesma família é menor do que o efeito de genes". A ciência mostra que a genética de indivíduos idênticos os torna incrivelmente semelhantes, mesmo quando criados em famílias completamente diferentes.

---

5 É claro que os pesquisadores não podem, eticamente, separar gêmeos e colocá-los em diferentes casas sem consentimento. O filme *Três estranhos idênticos* (2018) conta a história trágica de uma agência de adoção que separava gêmeos de maneira antiética e os colocava em famílias diferentes para fins de pesquisa. (N.A.)

A QUESTÃO PRINCIPAL: OS PARENTAIS IMPORTAM?

Mas, espere, essas fantásticas descobertas sugerem que o tipo de parentais que vocês são não faz diferença? Infelizmente, essa é, com frequência, a maneira como se interpretam as descobertas do campo da genética comportamental. Como não é uma mensagem que os pais querem ouvir, a pesquisa basicamente tem sido ignorada. Mas aderimos ao pensamento coletivo de que os genes não têm uma influência profunda no comportamento de nossas crianças, e os efeitos não ajudam ninguém. Tal situação elevou o estresse dos parentais a níveis sem precedentes, que duplicaram esforços em seu "modelo" parental, perguntando-se por que não conseguem fazer seus filhos [preencha o espaço em branco]. Assim, chegou-se a uma cultura de julgamento, com críticas a parentais cujos filhos se comportam mal, baseados na crença de que devem estar fazendo alguma coisa errada. E, ainda mais importante, isso fez que fôssemos parentais muito menos eficazes do que poderíamos ser, se reconhecêssemos e entendêssemos as tendências genéticas naturais dos filhos.

O fato de que os genes têm uma influência profunda no comportamento das crianças não significa que os pais não sejam importantes, mas apenas que os genes são importantes. E que a relevância dos parentais se dá de modos diferentes do que talvez imaginássemos. É esse o assunto do próximo capítulo.

⋈⊡⋈

Mensagens-chave

- Muito do que nos dizem sobre a parentalidade vem de estudos de família que encontram correlações entre as práticas parentais e o comportamento das crianças. Esses estudos têm sido interpretados de modo distorcido, com o significado de que a parentalidade molda o comportamento da criança; no entanto, é igualmente possível que o comportamento da criança esteja moldando a parentalidade, ou que parentais e crianças estejam correlacionados simplesmente em razão dos seus genes. Em razão dessas falhas fundamentais, a maioria dos estudos familiares na verdade nos diz muito pouco sobre os efeitos da parentalidade.

- Os estudos de adoção nos permitem distinguir os efeitos da predisposição genética daqueles relacionados ao ambiente doméstico. Eles visam testar o quanto as crianças são semelhantes a seus parentais biológicos (com quem compartilham genes, mas não o ambiente) em comparação com os parentais adotivos (que estão no exercício da parentalidade, mas não compartilham genes). Esses estudos evidenciaram que as crianças se assemelham aos seus parentais biológicos, com esmagadoras evidências de influências genéticas no comportamento.

- Os estudos de gêmeos também nos permitem pesquisar a relativa importância de influências genéticas e ambientais, comparando gêmeos monozigóticos (MZ ou idênticos), geneticamente idênticos, a gêmeos dizigóticos (DZ ou fraternos), que compartilham em média apenas 50% do material genético. As evidências mostram que os gêmeos MZ são mais parecidos do que os gêmeos DZ em praticamente todos os comportamentos estudados, dando suporte ainda mais relevante à importância da influência genética no comportamento humano. Gêmeos idênticos criados por famílias distintas acabam sendo tão semelhantes quanto gêmeos idênticos criados pelos mesmos parentais, o que fornece ainda mais evidências sobre a importância dos genes nos resultados na vida.

- Considerados em conjunto, esses estudos mostram de maneira convincente que as predisposições genéticas desempenham um grande papel na formação do comportamento infantil; a influência dos genes é maior do que a das práticas da parentalidade.

CAPÍTULO 2

COISA COMPLICADA: A INFLUÊNCIA DOS GENES EM NOSSA VIDA

Espero já tê-lo convencido de que seu filho é um fascinante pacote de genes ambulantes, que influenciam a reação dele, a obediência entusiástica, o gosto pela leitura, o choro e até mesmo o desnorteamento com a ideia de o Papai Noel chegar em casa. Sim, você leu certo. Minha sobrinha de seis anos se aterroriza tanto com a ideia de alguém dentro de sua casa, que todo Natal escrevem uma cartinha ao Papai Noel pedindo-lhe que fique no andar de baixo (um acordo que minha irmã a persuadiu a fazer pelo bem dos outros filhos).

Os genes têm um impacto profundo no comportamento de nossas crianças. Entretanto, como isso funciona na prática?

Um dos meus artigos favoritos se chama "A Gene for Nothing"[6], de Robert Sapolsky, um colega professor e autor de livros com títulos como *Por que as zebras não têm úlceras?* Adoro o texto, pois, embora eu faça pesquisas genéticas, como Sapolsky, odeio a frase "gene para". Entretanto, a mídia adora. Veja os noticiários e encontrará alguma matéria sobre o gene para o alcoolismo! O gene para a depressão! O gene para o câncer de mama! O gene para a agressão! Ora, a verdade é muito mais complexa. Os seres humanos têm apenas cerca de 20 mil genes, e a maioria deles codifica coisas como olhos, ouvidos, braços e artérias. Se houvesse um gene para tudo em nossa biologia e nosso comportamento, eles seriam esgotados com bastante rapidez. As moscas das frutas têm cerca de 14 mil genes, e nossos filhos são um pouco

---

6 *Um gene para nada*, em tradução livre. (N.T.)

mais complicados do que elas; portanto, alguma coisa a mais deve estar acontecendo.

Embora aprendamos no ensino médio sobre genes únicos com grandes efeitos (lembra-se de fazer os quadros de Punnett relativos à cor dos olhos?), para aqueles de nós que não têm distúrbios raros de um único gene, nossas predisposições genéticas nos afetam de maneiras mais sutis. Inexiste gene para sociabilidade, para medo, para birras tão monumentais que abrem uma nova fila de caixa do supermercado para que você saia mais rapidamente.

Em vez disso, comportamentos complexos, variando da inteligência à personalidade, são influenciados por muitos genes – provavelmente centenas ou milhares deles. Então, por exemplo, a tendência genética de seu filho para a ansiedade (ou impulsividade, ou medo, ou qualquer outro comportamento) é um produto de quais variantes ele carrega de todos aqueles milhares de genes que influenciam a ansiedade. Algumas variantes genéticas aumentam o risco, outras o diminuem, e onde seu filho naturalmente se enquadra em cada dimensão comportamental constitui a soma de todos os genes de risco e proteção que carrega e que influenciam determinado comportamento.

Em razão de os resultados mais complexos serem influenciados por muitos, muitos genes, em média as crianças se assemelham aos parentais, mas nem sempre. Um casal de jogadores de basquete pode ter um filho de estatura baixa, porque duas pessoas de fato altas têm probabilidade de possuir mais "genes altos" (genes de estatura elevada) do que genes "baixos" (genes de estatura baixa), razão pela qual somam uma altura acima da média. No entanto, serem altos não significa que não carreguem genes de baixa estatura; apenas que têm menos deles. Como os 50% das variantes genéticas que herdamos dos nossos parentais são aleatórios, isso significa que, por acaso, uma criança possa receber genes baixos dos pais altos. Embora pouco *provável*, pois um parental alto tem mais genes desse tipo do que os baixos, é *possível*. É assim que dois parentais altos podem ter um filho baixo; dois parentais inteligentes podem ter um filho de inteligência média; dois extrovertidos podem ter um filho introvertido. Em média, as crianças serão parecidas com os parentais (biológicos), mas lembremos que cada filho é um jogo de dados genéticos (ou seja, 50% das variantes genéticas da mãe e 50% do parceiro vêm juntas); nunca se sabe!

Os pesquisadores ainda estão no processo de identificação de todos os genes envolvidos em diferentes distúrbios e efeitos, e, mesmo que já tenhamos descoberto alguns, ainda temos um longo caminho pela frente. Como existem tantas variações comportamentais, e as pessoas não se enquadram naturalmente em grupos distintos (por exemplo, impulsivos ou não), sabemos que deve haver muitos, muitos genes envolvidos para criar a distribuição em formato de sino que observamos para a maioria dos comportamentos na população. Esses genes não codificam "para" um comportamento específico; eles influenciam o comportamento ao impactar a maneira como nosso cérebro se forma.

As diferenças individuais na estrutura e na função cerebral têm caráter hereditário, o que significa que são influenciadas por nossos genes. Por sua vez, as formas como nosso cérebro é programado contribuem para nossas tendências naturais em relação a medo, ansiedade, frustração e busca de recompensas. O cérebro influencia nossa atenção, memória, cognição e processo de aprendizagem, impactando ainda processos complexos como, por exemplo, a forma como lemos sugestões sociais e também nossos processos biológicos básicos, como ritmos circadianos e sono. Ao influenciar o desenvolvimento cerebral, nossos genes estabelecem a base para as muitas diferenças que tornam cada um de nós único – em termos biológicos *e* comportamentais.

Por exemplo, em um dos projetos em que trabalho, estamos tentando entender por que algumas pessoas correm mais risco de desenvolver transtornos relacionados ao uso de álcool do que outras. Como parte do estudo, medimos a atividade das ondas cerebrais dos participantes e encontramos diferenças nos cérebros de indivíduos com esse tipo de transtorno. Isso talvez não seja surpreendente, pois você pode imaginar que o uso de muitas substâncias muda o cérebro (e muda mesmo). Entretanto, o mais interessante se refere ao fato de que se encontram diferenças semelhantes na atividade das ondas cerebrais em muitos dos filhos de parentais com distúrbios alcoólicos – *antes mesmo de essas crianças terem provado álcool.* As diferenças refletem os mecanismos cerebrais envolvidos na impulsividade, no processamento de recompensas e no controle cognitivo. E mais, essas diferenças cerebrais não se relacionam apenas aos transtornos alcoólicos, na medida em que também são encontradas em crianças com transtorno do déficit de atenção com hiperatividade (TDAH), problemas comportamentais e outros que envolvem drogas, todos associados à impulsividade e ao autocontrole. Em outras palavras, o cérebro de algumas crianças está programado para torná-las mais impulsivas, o que pode colocá-las sob risco de uma variedade de resultados diferentes ao longo do desenvolvimento, de TDAH e problemas comportamentais quando ainda jovens a problemas de uso de substâncias quando crescem.

Portanto, nossos genes influenciam a maneira singular da estruturação do nosso cérebro, o que, por sua vez, influencia nossas tendências comportamentais. Mas aí está apenas o primeiro passo. A outra grande razão pela qual os fatores genéticos desempenham um papel tão importante nos resultados de nossa vida é que, além de impactarem diretamente nossas tendências naturais em relação a determinados comportamentos, também estão profundamente ligados ao nosso ambiente. Por meio dessas conexões genes-ambiente, nossos genes ampliam sua influência em nosso comportamento de maneiras complicadas e indiretas. Compreendendo essas vias genes-ambiente por intermédio das quais influências genéticas se revelam, seremos capazes de desempenhar nosso mais importante papel como parentais.

INTERAÇÃO GENE-AMBIENTE: OS GENES MOLDAM O COMPORTAMENTO

Apesar da intensidade do prolongado debate inato *versus* adquirido, na verdade não faz sentido pensar em genes *versus* ambiente, pois ambos não são "coisas" separadas que nos moldam. Os genes que herdamos podem equivaler à sorte no jogo, mas nossos ambientes não são (na maior parte) elementos aleatórios que acontecem conosco. Tendências genéticas influenciam nossa exposição a determinados ambientes, como os vivenciamos e o nível de influência que exercem sobre nós. Os pesquisadores chamam esse entrelaçamento de predisposições genéticas e de experiências ambientais de *correlação gene-ambiente*. Em palavras simples, nossos genes e nossos ambientes se correlacionam. E acontece que nossos genótipos e nossos ambientes estão entrelaçados de todas as maneiras.

Modo 1: correlação gene-ambiente evocativa e reativa

Conheça Anthony. Ele era um carinha sociável desde criança. Aos três anos, adorava usar a máscara e a capa do Batman no supermercado. Tendia a correr em direção a estranhos, contar-lhes seus superpoderes (não importa que Batman na verdade não tivesse nenhum) e perguntar sobre os deles. Era encantador, e as pessoas sorriam e conversavam com o pequeno. Ainda que não intencionalmente, essas interações deram a Anthony confiança para falar com os mais velhos. Ele aprendeu (inadvertidamente) o caráter amigável da maioria dos adultos e achava o bate-papo divertido. Quando começou a pré-escola, protelava a saída da sala de aula e conversava com a professora. Perguntava se poderia ajudar a limpar a lousa no final do dia para passar ainda mais tempo com ela. A professora achava Anthony adorável. Sempre que precisava de um voluntário, a mão do menino disparava para o alto. Ela o colocou em uma carteira na frente, o que tornou Anthony mais engajado no processo de aprendizagem, em parte porque ele queria agradar à professora, e em parte porque era o centro das atenções. Obtinha excelentes resultados nas avaliações, e criou um padrão de relações positivas com os professores. Doze anos depois, Anthony partiu para Harvard e acabou virando um cientista de foguetes. Tudo bem, não é realidade, mas essa é a ideia.

Temperamentos e predisposições influenciam fragmentos do nosso cotidiano e, com o tempo, esses "empurrões" têm efeitos cumulativos que se somam. A predisposição genética de Anthony o incentivou a vivenciar uma série de experiências "ambientais" que influíram ainda mais no jeito de ele interagir com o ambiente. Essas influências começaram a se somar e, na versão da história de vida dele, acabaram levando-o para o espaço. Mas todos esses efeitos "ambientais" foram um subproduto de seu temperamento geneticamente influenciado.

Nosso temperamento influencia como nos movimentamos pelo mundo e, em razão de serem geneticamente influenciados, nossos genes estão conduzindo todos os tipos de aspectos de nossas vivências cotidianas. Se você é uma pessoa quase sempre irritável, é mais provável que fique mal-humorado com o caixa do supermercado, e este talvez desacelere ainda mais a rapidez (ou não) com que registra as compras. Resultado: as pessoas em geral são irritantes, segundo sua percepção, e então você se irrita ainda mais.

Ou talvez você tenda à ansiedade. Por exemplo, um novo vizinho se muda para a casa ao lado e você pensa em lhe dar uma lembrança de boas-vindas, mas daí se preocupa com o que levará. Talvez biscoitos? Mas e se eles não comerem doces? Uma garrafa de vinho? Mas e se não beberem e ficarem ofendidos? Talvez uma lasanha... mas e se tiverem restrições alimentares? No final, não leva nada. Os anos passam, e você nem consegue conhecer os vizinhos mais próximos, limitando-se a um aceno amigável quando cruza com eles na rua. Você sempre pensou em como seria legal conhecer melhor os vizinhos e contar com alguém para pedir um ovo emprestado ou cuidar das crianças em uma emergência. Por sua vez, a vizinha do outro lado da rua é extrovertida. Ela não hesitou em levar alguns muffins quando os novos vizinhos se mudaram, e, como tinham intolerância ao glúten, todos riram muito do naufrágio das boas intenções e logo se tornaram amigos. Eles cuidavam dos filhos um do outro depois escola para dar uma folga ao outro parental. Quando um membro da família de repente adoeceu, o vizinho cuidou dos filhos e da casa. Dois desfechos radicalmente diferentes, arraigados em uma decisão (ou na falta dela) que, em última análise, resultou da ansiogênica (ou não) ideia de conhecer uma nova pessoa.

É desse modo que nossos genótipos influenciam nossos ambientes – determinando um milhão de pequenas decisões que afetam o desenrolar de nossa vida. O processo se inicia na infância e se prolonga em todas as etapas, com nossos genes nos empurrando em uma direção ou outra, muitas vezes sem que saibamos. Os pesquisadores chamam esse tipo de gene-ambiente de correlação evocativa, ou seja, evocamos diferentes reações com base em nossas características geneticamente influenciadas. Nosso temperamento, e também muitas outras partes geneticamente influenciadas – aparência, inteligência, saúde mental, comportamento – impactam nossas vivências no mundo. E, indo mais além, o mundo que nos cerca responde ao nosso código genético único para criar uma espécie de ciclo de feedback. Bebês felizes tendem a ser mais risonhos e segurados no colo. Ninguém quer segurar um bebê aos gritos. E, sejamos sinceros, mesmo os parentais não apreciam o próprio filho gritando depois de um tempo!

E mais – e isso nos leva a observar outra relação dos nossos genótipos e nossos ambientes. Não apenas evocamos determinadas respostas do mundo, mas também nossos genótipos influenciam as reações que o mundo evoca de nós. Nós o interpretamos e reagimos a ele de maneiras diferentes, em parte com base em nosso temperamento genético. Pense em uma interação recente ocorrida em uma festa. Você e uma amiga acabam paradas em um bufê, envolvidas em uma conversa com uma estranha que também estava pegando um canapé. Acontece que ela trabalha na mesma área que você e sua amiga e joga o "jogo da rima" há um tempo. Você se afasta da conversa, volta-se para a sua amiga e diz: "Que chato e maçante; vamos ficar longe dos canapés". Sua amiga olha para você incrédula e diz: "Achei que ela foi tão amigável! Estava tentando fazer uma conexão conosco". Mesma interação, mas cada pessoa a vivenciou de modo diferente.

Esse tipo de diferença se denomina correlações gene-ambiente *reativas*, ou seja, nosso temperamento influencia o modo como reagimos às coisas que encontramos na vida. Por essa razão duas crianças que crescem na mesma família, com os mesmos parentais, podem ter experiências e recordações muito distintas deles. Por um lado, uma criança com um temperamento mais sensível e emocionalmente reativo talvez se chateie muito quando um parental levanta a voz para ela. Pode achar a experiência amedrontadora ou até se afastar dos pais e se sentir menos próxima deles. Por outro lado, outra criança – até mesmo um irmão da mesma família – menos reativa emocionalmente, talvez nem se incomode diante da mesma situação. Parece-lhe insignificante. Objetivamente, o parental está agindo do mesmo modo com os dois filhos. Mas a experiência provoca reações completamente diferentes nas crianças, com base em seus temperamentos geneticamente influenciados. *Isso também enfatiza por que entender o temperamento dos filhos pode ajudar os parentais.* Na verdade, o "mesmo" ambiente não é o mesmo, dependendo da disposição genética da criança.

Modo 2: correlação gene-ambiente ativa

Minha irmã Jeanine e eu temos dois anos de diferença e, como adultas, somos próximas. Mas nem sempre foi assim. Eu não suportava ver minha irmã crescendo (desculpe, Jeanine, amo você). Ela era irritantemente perfeita, o que só me fazia parecer pior! Essa situação chegou ao auge no ensino médio. Em geral, eu era uma criança muito boa (como meus pais reiteradamente gostavam de lembrar), mas gostava de testar os limites. Se meu toque de recolher fosse à meia-noite, eu avançava para meia-noite e dez. Escapava para ir a festas nas quais não deveria estar, e passava conversa para entrar em bares quando era menor de idade. (Mas pelo menos minhas avaliações recebiam sempre um A, certo? Meus pais também não acreditavam nisso.) Minha irmã, por sua vez, passava os fins de semana no cinema com as amigas ou na casa delas, sob a supervisão dos parentais. Nossas vivências no ensino médio foram muito diferentes. Frequentávamos a mesma escola, estávamos cercadas pelo mesmo ambiente, mas procurávamos experiências muito distintas, as quais nos moldaram de maneiras também distintas. Temos temperamentos muito diferenciados. Eu sempre fui a mais extrovertida e mais afeita a correr riscos. Minha irmã era mais introvertida e mais ansiosa. "Você vai se meter em problemas!", ela dizia, nas raras ocasiões em que sabia o que eu estava fazendo quando escapulia para uma festa não autorizada.

Claro, eu sabia que problemas eram mesmo uma possibilidade. No entanto, a ideia da diversão me estimulava a ir à festa de qualquer maneira, enquanto minha irmã, para quem a ideia de um potencial confronto com meus pais era muito mais ansiogênica, sensatamente escolhia ir à casa de uma amiga para uma noite de cinema e pipoca.

E então chegamos ao segundo modo pelo qual nossos genes influenciam nossos ambientes: *buscamos ativamente diferentes ambientes, dependendo de nossas predisposições genéticas*. A ideia do adolescente de ir a grandes festas provavelmente soa horrível para aquele mais introvertido ou com tendência à ansiedade. Algumas pessoas adoram a ideia de passar uma tarde perambulando por um museu; para outras, isso soa maçante. Algumas gostam de sair para comer; outras preferem ficar em casa. Nosso temperamento molda os ambientes que procuramos e as situações que selecionamos para nós mesmos. Isso é chamado de *escolha de nicho*, ou seja, escolhemos os nichos que melhor se ajustam a nós. E nossos genes influenciam essas seleções.

Como é de se esperar, a seleção ativa de nossos ambientes se amplia conforme o tempo passa. No caso das crianças, a capacidade de elas mesmas selecionarem seus ambientes é limitada; na maioria das vezes, vão aonde as levam e, quando moldam os ambientes, isso ocorre sobretudo por meio de reações comportamentais a alguns deles. Por exemplo, você pode tentar colocar seu filho em um curso de teatro, mas, se ele odeia o palco e surta toda vez que tenta levá-lo, é provável que você abandone a ideia. Se levar sua criança a um museu, ela adorar observar a arte e vocês tiverem uma tarde divertida juntos, é provável que a leve a mais passeios desse tipo. Então, de novo, caso seu filho corra enlouquecido pelo museu e você passe a maior parte do tempo disciplinando-o e desculpando-se com os funcionários, é menos provável que no futuro procure viver mais experiências assim. Por meio de como reagem a determinados ambientes, as crianças moldam indiretamente as experiências que os adultos procuram para elas. Mas quase sempre, como uma criança, você segue a corrente.

Não funciona assim conforme o tempo passa. Adolescentes têm muito mais capacidade de moldar seus ambientes do que crianças pequenas. Eles conseguem escolher amigos com mais facilidade (mamães e papais raramente são os motivadores dos "encontros infantis") e controlam melhor como passam o tempo. Assim que se tornam jovens adultos e saem de casa, tudo fica meio imprevisível, pois assumem o controle de onde vão e com quem passam o tempo. E, adivinhe: essas escolhas não são aleatórias, mas moldadas pelas características geneticamente influenciadas (e, podemos esperar, um pouco pelas mensagens que recebem de adultos influentes ao longo do caminho). Adolescentes com maior vocação acadêmica frequentam a biblioteca e ingressam no clube de xadrez. Adolescentes que gostam de assumir riscos encontram companheiros vibrantes e que também apreciam situações assim. Eles vão praticar paraquedismo e participar de esportes radicais. Frequentarão bares e shows. Por sua vez, adolescentes mais propensos a ansiedade ou a preocupações passam mais tempo no próprio quarto, e menos tempo envolvidos em atividades sociais e festas. Nossas diferentes características temperamentais influenciadas geneticamente nos levam a buscar ambientes e vivências distintas. E estas nos moldam ainda mais.

Modo 3: correlação gene-ambiente passiva

O último modo pelo qual nossos genótipos e nossos ambientes se entrelaçam diz respeito ao relacionamento parentais-filhos; afinal, não apenas nossas crianças têm temperamentos geneticamente influenciados que afetam os ambientes e as ações delas, mas também nós, adultos. Como parentais, também temos nossos próprios estilos de temperamento e maneiras de interagir com o mundo, o que influencia o modo como cuidamos dos filhos e o ambiente que lhes oferecemos. Os parentais mais impulsivos e propensos a situações de riscos tendem mais a desafiar os filhos a vivenciarem coisas fora da zona de conforto. Assim, é mais provável que os levem para esquiar, praticar paraquedismo ou escaladas. Parentais mais acadêmicos/intelectuais têm mais probabilidade de encher a casa de livros e pilhas de revistas *National*

Geographic e *The New Yorker*. Os mais introvertidos se inclinam ao planejamento de atividades para os filhos que envolvam menos pessoas e que sejam mais tranquilas. Se você imagina o inferno como estar no palco com todos o observando, então talvez nem sequer lhe ocorra matricular seu filho em um curso de teatro. Nossas tendências naturais de parentalidade, em muitos aspectos, refletem nossos temperamentos geneticamente influenciados.

E aqui está o gol da jogada: como os parentais (biológicos) fornecem ambos genes e ambientes para os filhos (lembre-se, crianças são uma mistura de 50% da mãe e 50% do pai), isso significa que os ambientes das crianças se relacionam aos próprios genótipos delas, porque são uma criação dos genótipos dos parentais, compartilhados pelos filhos. Em outras palavras, os genótipos dos parentais influenciam os ambientes que eles fornecem aos filhos, e os parentais passam seu material genético a eles. Portanto, mesmo para crianças pequenas, os ambientes (presumindo que foram fornecidos por um parental biológico) estão correlacionados com os genótipos delas.

Por exemplo, imaginemos um parental com um alto QI. Em razão de a inteligência ser hereditária, nossos genes desempenham um papel na capacidade cognitiva. Assim, um parental com um QI elevado têm mais probabilidade de transmitir genes de QI elevado aos filhos, e também é mais provável que viva em uma casa cheia de livros. Isso significa que suas crianças são mais propensas a vantagens quando se trata de predisposições genéticas e ao benefício de contar com muitos livros para estimular ainda mais sua disposição acadêmica. E mais, é bem provável que os parentais as enviem a atividades de férias enriquecedoras porque é disso que eles gostavam. Desse modo, os filhos já favorecidos recebem outro impulso "ambiental" do Lego Squad e dos programas educativos de férias. Também aumenta a probabilidade de que parentais inteligentes ajudem as crianças nas lições de casa e vibrem quando elas compartilham o amor pela aprendizagem. Resumindo, essas crianças estão essencialmente recebendo um golpe duplo: genes enriquecidos e ambiente aprimorado, decorrentes da inteligência acima da média dos parentais, que é onde tudo começa.

No entanto, infelizmente o outro lado da moeda também é verdadeiro – crianças podem receber uma dose dupla de efeitos prejudiciais. Por exemplo, como a agressividade é geneticamente influenciada, torna-se plausível que filhos que herdam um temperamento agressivo também tenham parentais agressivos, situação que talvez crie um ambiente familiar caracterizado por excessivo rigor ou punições sancionadoras. Essas vivências ambientais podem servir para exacerbar ainda mais a tendência infantil para a agressão. Na verdade, são crianças cujos dados genéticos passaram por uma infeliz jogada em termos de temperamento e ainda vivem em um ambiente que modela e estimula ainda mais esse comportamento.

Você provavelmente já percebeu que a correlação gene-ambiente passiva se configura apenas quando as crianças são criadas por parentais biológicos. Aquelas adotadas e criadas por não familiares não apresentam necessariamente ambientes relacionados a seus genótipos. A correlação gene-ambiente evocativa/reativa e a correlação ativa ainda desempenham um papel, não importa quem crie as crianças. Os genótipos de todas, até mesmo sem ambientes domésticos relacionados a elas, influenciam as reações que evocam dos indivíduos, as maneiras de responderem aos ambientes e ainda os ambientes que procuram em primeiro lugar.

O PAPEL DOS EFEITOS DE DESENVOLVIMENTO EM CASCATA

Vamos retomar os estudos de gêmeos idênticos criados separadamente discutidos no Capítulo 1. Enquanto lia, talvez você tenha se perguntado: como é possível que gêmeos idênticos criados em ambientes diferentes sejam tão semelhantes quanto aqueles que crescem juntos? Vamos revisitar essas descobertas através das lentes do que você sabe agora sobre a correlação gene-ambiente. Os gêmeos foram criados por diferentes grupos de parentais adotivos, de modo que seus ambientes domésticos, por definição, não se correlacionavam com seus genótipos (sem interação gene-ambiente passiva). Mas, compartilhando o mesmo código genético, ambos começaram a vida com temperamentos similares. Esses temperamentos provavelmente evocavam reações semelhantes – dos (diferentes) parentais, dos professores e das pessoas que encontraram no mundo. Os dois foram criados separadamente, o que significa que viveram vidas próprias, mas, como as experiências ambientais e as reações a elas eram afetadas por suas características geneticamente influenciadas, viveram experiências mais similares do que duas pessoas aleatórias. E, com o tempo, feedbacks semelhantes do mundo, e interpretações de eventos de vida, cada vez mais os moldaram para se assemelharem. Em outras palavras, uma significativa parte de nossas "experiências ambientais" na verdade começa com nossos genes. Provavelmente por essa razão os famosos gêmeos Jim se tornaram tão semelhantes, apesar de criados por parentais diferentes.

É claro que alguns eventos ambientais são aleatórios. Passar por um desastre natural, como um terremoto ou um furacão, provavelmente não está relacionado aos genes. Outros tipos de acontecimentos estressantes, como acidentes de carro, podem ou não se relacionar à composição genética. Alguns são aleatórios: você estava no lugar errado, na hora errada, e um motorista distraído atravessou o sinal vermelho e colidiu com você. Mas talvez o acidente de carro tenha acontecido, em parte, porque você dirigia em alta velocidade (pois tende a apreciar correr riscos!), ou porque não estava plenamente focado, na medida em que enfrentava problemas com a depressão e não conseguia se concentrar. Às vezes, até mesmo eventos ambientais aparentemente "aleatórios" são parcialmente influenciados por nossas próprias características. No Japão, eles levam esse fato ao extremo quando consideram falhas em acidentes de carro. Ambas as partes são sempre parcialmente culpadas, nem que seja por apenas estarem ali!

Além de sofrerem "fundas e flechas da fortuna ultrajante"[7], nossos genes impactam diversos aspectos de nosso ambiente. E mesmo quando vivenciamos eventos aleatórios, bons e ruins, nossos genes

---

7 William Shakespeare. *Hamlet*, ato 3, cena 1. (N.T.)

influenciam o modo como reagimos a eles. É o ciclo de feedback da vida, colocado em movimento pela composição genética singular de cada criança.

O PAPEL DE UM BOM PARENTAL: AJUSTAR AS TENDÊNCIAS DO FILHO

Então, qual é o papel dos parentais? Os genes de nossos filhos estabelecem a base de suas tendências e influenciam a maneira como se movimentam pelo mundo, mas *não* escrevem seu destino. Ao trabalhar com a inclinação genética de seu filho, você pode lhe dar um "empurrãozinho" para o melhor possível e ajudá-lo a controlar as tendências naturais que talvez o levem a situações problemáticas. Em outras palavras, os ambientes influenciam a manifestação das predisposições genéticas, o que chamamos de *interação gene-ambiente*.

Para os parentais, isso significa que, por exemplo, se você tem um filho cuja natureza se inclina à impulsividade, pode estabelecer limites para ajudá-lo a aprender a controlá-la e, ao agir desse modo, pode ajudar a refrear essas tendências e a possibilidade de que elas o coloquem em apuros. Se você tem um filho com tendência à elevada emocionalidade (ou o que nós, como parentais, costumamos chamar de "surtar à toa"), pode ajudá-lo a aprender a controlá-la e, assim, auxiliar a manter essa disposição genética sob controle. Você também pode ajudar a nutrir as forças genéticas naturais da sua criança para que floresçam ainda mais. Por exemplo, caso seu filho naturalmente adore estar próximo de outras pessoas, ele irá prosperar em um ambiente onde interaja com mais crianças, o que contribuirá ainda mais para o desenvolvimento de competências sociais.

A compreensão da disposição do seu filho propiciará a você uma ideia melhor de quais ambientes podem ajudá-lo a ter sucesso e quais talvez tendem a lhes criar problemas. A interação gene-ambiente significa que, como parentais, somos capazes de ajudar a maximizar ou minimizar determinadas tendências genéticas, como o botão de volume de um rádio. Infelizmente, não somos responsáveis pelo botão liga/desliga (embora, confesso, eu tenha fantasiado sobre isso quando meu filho apresentava uma explosão de raiva). Mas a ciência sugere que o processo de ajuste é uma das maneiras pelas quais os parentais podem impactar mais significativamente.

Na década de 1960, meu primeiro mentor, Irving Gottesman, psicólogo clínico e pai fundador do campo da genética comportamental, introduziu a ideia de *faixa de reação* visando pensar sobre como os genes e o ambiente atuam em conjunto para moldar o desenvolvimento das crianças. A *faixa de reação* se refere à ideia de que começamos a vida com uma certa disposição genética, mas o ambiente moldará como ela será desenvolvida. Por exemplo, imagine, por um lado, que seu filho seja uma criança naturalmente inclinada para a introversão e que prefere ficar sozinha. Você pode ajudá-la a aprender a se sentir mais confortável perto de outras pessoas, expondo-a, com gentileza e persistência, a outras crianças, em vez de permitir que fique sozinha no quarto o tempo todo. Com isso, ela irá se desenvolver e se sentir bem em um ambiente social quando necessário, mesmo que não seja a atividade preferida dela. No entanto, indiferente do que você faça, provavelmente não será capaz de educar aquela criança de natureza introvertida a querer se destacar na festa da vida, como faria uma mais extrovertida.

Por outro lado, se você tem um filho muito extrovertido, convém focar a parentalidade em ajudá-lo a canalizar sua disposição em atividades sociais, como protagonizar uma peça da escola ou falar em público, *minimizando* assim a possibilidade de que ele acabe dançando nas mesas de bares! Em outras palavras, as disposições genéticas estabelecem limites dentro dos quais nossos filhos se desenvolvem, mas os ambientes irão interagir com as próprias disposições genéticas deles para influenciar seu destino. Nós, parentais, devemos pensar em nosso trabalho como tentativas de fazer emergir as melhores disposições de nossas crianças, auxiliando-as na administração das suas tendências menos proveitosas (afinal, todos nós as temos).

Existe ainda um último conceito genético cujo entendimento é relevante: epigenética, também relacionada à interação gene-ambiente. Ela se refere ao fato de que os ambientes podem influenciar a expressão de genes em nível molecular, ou seja, as experiências ambientais têm potencial de influenciar se os genes são ativados ou desativados, ou o grau em que se manifestam. Uma nova pesquisa sugere que ambientes estressantes podem desencadear efeitos epigenéticos adversos, ativando genes envolvidos na reação ao estresse e levando a uma cascata de resultados físicos, comportamentais e psicológicos desfavoráveis. Bairros onde prevalecem miséria e crime, traumas na infância, discriminação, todos esses fatores demonstraram alterar a expressão gênica e afetar adversamente o desenvolvimento infantil de maneiras que podem ser transmitidas por gerações. A superparentalidade não moldará nossos filhos da maneira que talvez imaginamos, mas experiências estressantes e traumáticas podem prejudicá-los e impedir que conquistem todo o seu potencial.

Agora que você compreendeu o básico sobre como os genes e os ambientes operam juntos para impactar o comportamento das crianças, a Parte 2 deste livro irá ajudá-lo a identificar as tendências genéticas singulares de *seu filho* e a aprender como educar essa mescla distinta de genes. Com esse conhecimento, você poderá influenciar os caminhos pelos quais genes e ambientes se misturam no decorrer do tempo para moldar o desenvolvimento das crianças.

Mensagens-chave

- Não existem genes "para" comportamento. Nossos genes moldam nossa vida de maneiras mais complicadas e indiretas.
- Comportamentos complexos são influenciados por muitos genes – possivelmente centenas ou milhares – que se unem para impactar nossa tendência natural em direção a um determinado comportamento: impulsividade, ansiedade, extroversão ou qualquer outro. Os genes moldam nosso comportamento influenciando como nosso cérebro é programado.

- Nossas características geneticamente influenciadas, do temperamento à aparência, influenciam nossa vivência no mundo. Crianças com tendências genéticas diferentes evocam reações diferentes das pessoas, o que molda ainda mais o desenvolvimento delas.
- Interpretamos e reagimos ao mundo de maneiras diferentes, com base em nosso temperamento genético. Por essa razão, duas crianças que crescem na mesma família, com os mesmos parentais, podem viver experiências muito diferentes com eles, pois têm disposições genéticas singulares.
- Nossos genótipos influenciam os ambientes que buscamos. Por exemplo, crianças muito extrovertidas procuram ambientes ativos com bastantes pessoas.
- Os filhos reagem aos parentais e ao ambiente de casa de maneiras diferentes, baseadas em seu temperamento geneticamente influenciado. Por esse motivo, o que funciona para um filho provavelmente não funcionará para outro.
- Ao trabalhar com a disposição genética do seu filho, você pode ajudá-lo a navegar no mundo. Cabe aos parentais ajustar as disposições das crianças; o ambiente pode mudar a manifestação dos genótipos delas.

PARTE 2

Elementos constitutivos

CAPÍTULO 3

CONHECENDO SEU FILHO: AS "TRÊS GRANDES" DIMENSÕES DO TEMPERAMENTO

Anos atrás, minha melhor amiga da faculdade e eu estávamos em um parquinho com nossos filhos pequenos, que brincavam no trepa-trepa. Meu filho, já lá no alto, estava de braços abertos no topo gritando: "Olhe para mim!". O filho dela, do chão, fitava-o com preocupação e timidamente disse: "Não acho isso uma boa ideia...". E meu garoto respondeu aos gritos: "Mas é muito divertido!".

Aprendemos sobre as disposições naturais das nossas crianças pela observação de como se comportam. Como parentais, parte do nosso trabalho é atuar como um detetive amoroso, o que ocorre com naturalidade quando nossos filhos são bebês. Diante do choro, temos de descobrir se precisam de mamadeira, fralda, cochilo ou cobertor, e então agimos. Em pouco tempo, diferenciamos o choro do "Tenho fome" do "Tenho sono!".

Como um parental, conhecemos nossa criança melhor do que ninguém e recorremos a esse conhecimento para atender às suas necessidades básicas quando ainda pequenas. *Mas isso não é tudo.* Aprender as tendências do seu filho, as quais serão diferentes para cada um deles, pode ajudar você a adaptar a parentalidade para oferecer à criança tudo de que ela precisa em todos os estágios do desenvolvimento. Também pode ajudar a evitar a frustração de falhar pelo uso de técnicas ineficazes e improvisadas de parentalidade, que nunca funcionarão com ela. Parte de seu papel como detetive é descobrir o que funciona ou não para aquele conjunto de genes específico.

O filho de minha amiga era naturalmente mais medroso e tímido; então, como parental, ela precisava se preocupar em encorajá-lo a tentar coisas novas para tirá-lo da zona de conforto e arriscar-se um pouco mais. No meu caso, no entanto, isso era a última coisa de que meu filho precisava! As tendências dele para o destemor e a impulsividade significavam que eu tinha de me preocupar em ensiná-lo a ter autocontrole e ajudá-lo a evitar situações que o colocassem em perigo. Enquanto minha amiga precisava adotar um estilo de parentalidade suave, persistente e paciente, meu filho precisava de limites mais firmes. O redirecionamento gentil não funcionava bem para ele, da mesma forma que uma parentalidade firme e diretiva teria sido mais difícil para o garoto dela, de temperamento mais sensível. Para descobrir isso, é óbvio que foi preciso agir como detetive. Minha tendência natural é conversar a respeito das coisas (há uma razão para eu ter escolhido ser psicóloga!). Entretanto, depois de reiteradas conversas que não desencadearam mudança nenhuma no comportamento impulsivo do meu filho, descobri que regras simples e firmes funcionavam muito melhor.

Imagine duas crianças, vamos chamá-las de Alexis e Caleb, ambas medrosas desde pequenas. A configuração genética codificou os cérebros delas a uma predisposição natural à ansiedade. Alexis e Caleb agarram-se às pernas das mães quando estranhos param para conversar. Retraem-se e não querem brincar com as outras crianças no parquinho. Sentam-se na beira da piscina e choram quando seus parentais tentam matriculá-las em aulas de natação. Mas os parentais de Alexis e Caleb adotam abordagens muito diferentes para lidar com os temperamentos naturalmente mais medrosos das crianças.

Com Caleb escondido atrás das pernas deles, explicam aos amigos que ele é muito tímido e prosseguem a conversa, não querendo constrangê-lo. Brincam com ele no parquinho, em vez de tentar persuadi-lo a interagir com outras crianças. Quando Caleb se recusa a entrar na piscina nas aulas de natação, os parentais explicam ao professor que ele ainda não deve estar pronto e o levam de volta para tentarem mais uma vez no ano seguinte.

Sob outra perspectiva, assim que Alexis se esconde na presença de pessoas desconhecidas, seus parentais a persuadem, com carinho, a sair e esperam com paciência que ela lhe diga "oi" antes de retomarem a conversa com os amigos. Quando ela tem medo de se aproximar das outras crianças no parquinho, eles a acompanham até o grupo e ficam com ela até que se sinta confortável. Quando Alexis se recusa a entrar na piscina, continuam a levá-la a todas as aulas e a fazem sentar-se na borda até que esteja pronta para entrar.

Perceba aqui que nenhum dos parentais de Alexis e Caleb está fazendo alguma coisa "errada". Ambos se interessam por suas crianças e estão reagindo a elas e adaptando o exercício da parentalidade da melhor maneira que conseguem. Mas a estratégia adotada pelos parentais de Alexis – gentileza, calma, paciência e exposição da filha medrosa a situações que naturalmente evitariam – é uma maneira muito mais eficaz de ajudar crianças (e adultos!) a lentamente vencerem o medo.

Os parentais de Caleb, embora bem-intencionados, não o estão ajudando no longo prazo. Adotando uma estratégia que o protege dos seus medos, nunca o auxiliarão a aprender a dominar sua inclinação natural para a ansiedade.

OS TRÊS ES

Os pesquisadores têm muitas maneiras de fragmentar o temperamento para fins de estudo. Existem dezenas de medidas de temperamento, e diversos especialistas adotam diferentes modos de categorizar e nomear as dimensões de temperamento e comportamento. Em *O DNA da criança*, vou me focar em três grandes características que emergiram de maneira consistente (embora com nomes e nuances um pouco distintos) em centenas de estudos centrados nas tendências comportamentais de bebês e crianças pequenas. Esses estudos usam não apenas relatórios de parentais e de outras pessoas importantes na vida das crianças, mas também observações do comportamento delas em laboratórios de pesquisa e em ambientes naturais como suas casas. Os "Três Es", ou os "Três Grandes" (como gosto de chamá-los), aparecem em crianças de diferentes culturas e entre gêneros (com algumas pequenas diferenças de gênero, assunto que discutiremos mais tarde) e exploram dimensões detectadas inicialmente em bebês, as quais se revelam coerentes na primeira e na meia infância.

A expressão os Três Es não é encontrada na literatura acadêmica. É uma coisa minha como parental, baseada em muitas informações de vastas e complicadas publicações científicas e adotada para criar um kit de ferramentas de informações úteis para os parentais. Então, parentais-pesquisadores que estão por aí, saibam que este livro não tem por objetivo fazer uma revisão de literatura, mas sim promover uma tradução das descobertas da psicologia clínica, da psicologia do desenvolvimento e da genética do comportamento (áreas em que sou diplomada), reunidas de modo a maximizar sua utilidade para outros parentais.

As Três Grandes dimensões possibilitam que se compreenda a configuração genética subjacente da criança; predizem o comportamento na adolescência e na idade adulta. Observar atentamente e compreender o encaixe de seu filho nessas dimensões é uma importante parte do trabalho parental. Encontrar uma abordagem de parentalidade que funcionará para você se inicia pelo conhecimento de sua criança em termos de design genético.

Vou apresentar seis crianças que representam os níveis mais alto e mais baixo de cada uma das Três Grandes Dimensões. Em razão de terem diferentes traços temperamentais, é fundamental lembrar que não há peculiaridades inerentemente "boas" ou "más". Sim, crianças com determinadas predisposições podem ser mais desafiadoras para os parentais. Mas o fato de vermos as características como "boas" ou "más" pode, na verdade, mudar com o tempo e culturas. Como já discutimos antes, algumas das coisas que parecem boas com crianças pequenas (por exemplo, sociabilidade) acabam tornando-as adolescentes difíceis (os mais sociáveis são mais propensos a serem influenciados por colegas a experimentar álcool e outras drogas). Algumas das características que são desafiadoras em crianças (recusa a obedecer) acabam valorizadas em adultos (defesa de princípios). Algumas culturas dão mais importância à obediência das crianças, enquanto outras enfatizam a individualidade. Em outras palavras, todas as predisposições vêm com prós e contras (embora algumas delas tornem a parentalidade mais desafiadora em vários estágios do desenvolvimento).

Extroversão: Lila e Mila

Os parentais de Lila brincavam que ela nasceu pronta para dominar o mundo. Quando bebê, gostava de brincar de "achou!" e dava gargalhadas com os parentais. Deliciava-se com brinquedos novos. Parecia adorar passear. Fazia conversinhas com estranhos que paravam para espiá-la no carrinho durante os passeios pela vizinhança. Quando começou a engatinhar, estava sempre em movimento. Adorava as aulas de aprendizagem experencial e cantava músicas com os parentais. Explorava avidamente novos parquinhos, onde fazia amizades com facilidade. Amava fazer compras, percorria os supermercados com entusiasmo e, "para ajudar", colocava itens no carrinho. Seus parentais tinham um princípio básico: se não a levassem a algum lugar fora de casa para queimar energia, com certeza algo seria quebrado quando ela corresse alegremente, "voasse" em aviões pela casa ou pulasse na fortaleza de travesseiros que construía em seu esconderijo.

Mila, ao contrário, era uma bebê tranquila e satisfeita. Alegrava-se de estar nos braços dos parentais, a quem olhava com calma, raramente se contorcendo ou tentando escapar deles. Brincadeiras de alta intensidade, como "achou!", pareciam demais para ela; preferia o aconchego. Sentava-se em silêncio quando lhe contavam histórias. Ao crescer, preferia ficar em casa e brincar de modo tranquilo, como o jogo da memória, em vez de ir a um parquinho barulhento ou à área de recreação do shopping. Recebia as visitas com timidez inicial e demorava um pouco até socializar com estranhos, até se sentir bem e feliz em mostrar-lhes seus bichinhos de pelúcia e convidá-los para um "chazinho" no quarto. Quando a casa estava em silêncio, seus parentais sabiam que a encontrariam no quarto brincando com blocos ou montando um quebra-cabeça.

Lila e Mila representam crianças que caem em extremos opostos da primeira dimensão dos Três Grandes Es: *Extroversão*. As origens da Extroversão aparecem cedo no desenvolvimento e se refletem na tendência natural para o afeto positivo (quanto se encantam com o mundo e com outras pessoas), nível de atividade (quanto estão "em movimento") e comportamento exploratório (quanto gostam de tentar coisas novas).

Crianças com alto nível de Extroversão tendem a ser felizes e ativas. Quando bebês, riem com facilidade e frequência. Balbuciam quando os parentais interagem com eles. Tendem a estar em movimento, contorcendo-se nos braços da mãe ou do pai, ou brincando. Gostam de frequentar lugares novos. Consideram emocionantes as atividades diferentes. Conforme crescem, demonstram muita energia – preferem brincar no parquinho ou descer em escorregadores altos. Correm de um lugar para outro em vez de andar. Gostam de conhecer gente nova.

No outro extremo dessa dimensão, estão as crianças naturalmente mais tranquilas e menos ativas, com baixo nível de Extroversão. Quando bebês, contentam-se com um colinho. São mais tímidas com estranhos e, às vezes, até com pessoas que já conhecem, mas não encontram regularmente. Preferem brincar sozinhas ou com um grupo pequeno. Não precisam estar cercadas de agitação ou de pessoas e, muitas vezes, preferem mesmo não estar.

Emocionalidade: Chloe e Zoe

Desde o nascimento, Chloe não gostava de ficar apenas em um local ou de ser abraçada por estranhos. Chateava-se quando os parentais tentavam colocá-la na cadeirinha, chorando sem parar até que a pegassem novamente. Eles testaram uma série de produtos para bebês que seus amigos indicavam, mas Chloe não parecia gostar de nenhum. Quando se aborrecia, era difícil acalmá-la; quando estava sonolenta, a situação se tornava ainda mais desafiadora. Era muito reativa a tudo de que não gostava. Às vezes, seus parentais não conseguiam nem descobrir por que estava chateada. Mesmo cansada, resistia em ir dormir ou tirar uma soneca. E, apesar de crescer, continuava a se chatear quando as coisas não saíam como queria. Se perdesse em um jogo, ou seu projeto de arte não saísse como esperava, tinha grandes surtos, e os parentais tinham dificuldades para consolá-la ou redirecionar seu comportamento. Vez ou outra, demonstrava medo de estranhos. Quando sua mãe a inscreveu para um grupo de recreação, recusou-se a participar e, atirada no chão, gritava e chutava quando seus parentais tentavam convencê-la a participar.

Em contrapartida, Zoe é o que os parentais descreveriam como "deixa a vida me levar". Ainda bebê, tranquilizava-se com facilidade. Não estranhava o colo de ninguém e ficava feliz em sentar-se em seu balanço ou em se acomodar no tapete de atividades. Criança pequena, era fácil redirecionar sua atenção quando se chateava. Embora pudesse haver lágrimas porque seu cereal favorito tinha acabado, a tristeza logo passava e Zoe se alegrava de novo quando os parentais sugeriam que brincassem depois que terminasse o café da manhã. Estava sempre feliz fazendo todas as atividades planejadas pelos parentais, fosse um passeio a um museu ou um dia de atividades de arte. Embora até hesitasse em ir a um parquinho onde não conhecesse ninguém, não se angustiava e lentamente se unia aos outros.

Chloe e Zoe representam crianças que caem em extremos opostos das Três Grandes Dimensões da *Emocionalidade*. Crianças com Emocionalidade alta são naturalmente mais propensas a angústia, medo e frustração. Quando bebês, e também ainda pequenas, são mais propensas a se aborrecer, sobretudo se estiverem cansadas. Choram quando lhe tiram um brinquedo e resistem ao sono, mesmo que estejam cansadas. Podem ficar muito angustiadas se não conseguirem fazer algo a que se propuseram, seja ganhar no jogo favorito, seja praticar um esporte. Seu aborrecimento corre o risco de ser percebido como uma "reação exagerada". Não só ficam frustradas ou com raiva facilmente, mas permanecem assim pelo que parece ser muito tempo. Crianças com alta Emocionalidade não são facilmente reorientadas. Têm mais propensão a serem medrosas, com receio de monstros à noite ou de alguém invadindo a casa. Caleb e Alexis, as crianças descritas anteriormente neste capítulo, diferiam radicalmente na subdimensão da Emocionalidade.

Esforço de Controle: Hayden e Jayden

Hayden consegue ficar quieto enquanto seus parentais leem para ele. Quando começa a construir um castelo com blocos, concentra-se por horas. Ao montar um quebra-cabeça, foca-se por longos períodos até concluir tudo. É bom em seguir as orientações dos parentais. Não se aborrece muito se tiver de completar uma tarefa antes de receber uma guloseima ou esperar um sorvete até depois da refeição. No parquinho, ao chamado dos parentais, vem imediatamente. Quando lhe pedem que pare de fazer algo, ele obedece.

Jayden, ao contrário, pula de uma atividade para outra. Começa um quebra-cabeça, mas rapidamente se aborrece e passa para outra coisa. Seus parentais costumam encontrar uma série de projetos em andamento no quarto do filho, em vários estágios de conclusão. Tem problemas para permanecer sentado durante atividades que durem mais de dez minutos. Não gosta de ficar parado por mais de uma história do livro. Empolga-se quando brinca de luta de espada com o irmão mais novo. Muitas vezes, seus parentais têm de lhe pedir repetidas vezes que pare de fazer algo antes que ele atenda. Ao solicitarem que espere um tempo para ganhar uma guloseima, tem muita dificuldade. Se Jayden sabe onde as bolachas estão, vai ser pego com a proverbial mão no pote!

Hayden e Jayden diferem na dimensão final dos Três Grandes Es: *Esforço de Controle*, em crianças, muitas vezes citado como *autocontrole*. Após o primeiro ano de vida, elas começam a desenvolver a competência de regular as próprias emoções e comportamentos. Inicialmente, o Esforço de Controle manifesta-se na maneira como as crianças regulam suas emoções e são capazes de focar sua atenção. À medida que crescem, ele se expressa quando crianças pequenas conseguem se focar ao brincar com um único brinquedo e seguem orientações, evitando fazer as coisas que não deveriam fazer.

DESCOBRINDO SEU FILHO

Enquanto você lia as descrições das crianças neste capítulo, talvez tenha pensado com quais delas seus filhos se parecem. Estão mais para Lila ou Mila? Chloe ou Zoe? Hayden ou Jayden? Para algumas dimensões, isso pode ser óbvio. Mas, para outras, pode ser necessário mais tempo e observação em seu papel de detetive amoroso para descobrir como é sua criança. Ao tentar avaliar onde ela se encontra no *continuum* dos Três Grandes, tenha em mente algumas coisas apresentadas a seguir.

Procure coerência nas situações. Todas as crianças às vezes são medrosas, às vezes felizes, às vezes mal-humoradas, às vezes agressivas; portanto, quando falamos sobre temperamentos geneticamente influenciados, estamos falando sobre tendências que mostram *coerência nas situações*. Por essa razão, ao descrever as diferentes crianças, mencionei uma variedade de maneiras distintas de como essa tendência se manifesta. Para decidir onde seu filho se enquadra, pense na frequência com que *a gama de comportamentos* se aplica e não apenas se seu filho apresenta um dos comportamentos relevantes. A maior parte das crianças demonstrará medo se um cachorro de repente começar a latir, rosnar e avançar nelas (a maioria dos adultos também!). No entanto, uma criança medrosa de fato tem medo de cães, mesmo quando eles estão educadamente cuidando de seus assuntos caninos. E o medo não se resume apenas a cães, mas a estar sempre com receio de ficar longe dos parentais, de conhecer novas pessoas, de ir a novos lugares – pode escolher qualquer coisa.

Pense na coerência ao longo do tempo. Traços geneticamente influenciados também manifestam *coerência ao longo do tempo,* o que significa que você terá uma ideia melhor das tendências genéticas inatas de seu filho à medida que ele cresce. Muitas características temperamentais começam a aparecer já aos dois-três meses, mas, quanto mais tempo você passa com a criança, mais rapidamente vai identificar o que é uma característica de fato estável ou apenas de uma fase de desenvolvimento. Por exemplo, é normal que crianças pequenas vivam uma fase de exercer sua independência e exibir o comportamento encantador de atender a todos os seus pedidos com um taxativo "Não!". Tal comportamento não significa necessariamente que seu filho está destinado a se tornar um adolescente desafiador, mas tão somente que ele ainda é pequeno. O temperamento começa a se solidificar de verdade aos três anos, assim, quanto mais idade tiver a criança, com mais precisão se consegue avaliar sua disposição genética. Os genes influenciam até o ponto em que um comportamento se estabiliza ao longo do tempo e, portanto, comportamentos reiterados à medida que a criança cresce refletem mais precisamente suas disposições genéticas. Caso seu filho seja tão medroso que se retrai em um minizoológico e se recusa a ir a aula de ginástica, ou aprendizagem experencial, mais tarde talvez manifeste medo de começar a pré-escola e se recuse a brincar com amigos; vocês sentirão mais confiança de que isso não é uma fase, mas uma disposição para a ansiedade.

Considere a idade do seu filho. Lembre-se de que, em razão das diferenças subjacentes serem um reflexo das diferentes maneiras como nosso cérebro é programado, e as crianças têm desenvolvimento cerebral muito rápido, características distintas aparecem em etapas distintas do desenvolvimento infantil. Comportamentos relacionados à Extroversão e à Emocionalidade aparecem cedo. Bebês diferem no quanto sorriem ou dão risadas (Extroversão: Afeto Positivo) e em quanto demonstram angústia e insatisfação (Emocionalidade). Diferem no quanto se movimentam (Extroversão: Atividade) e se gostam de explorar novos lugares ou brinquedos (Extroversão: Exploração). O medo de coisas novas começa a aflorar no final do primeiro ano de vida (Emocionalidade). E o Esforço de Controle (infelizmente para nós, parentais) aparece por último, passado o primeiro ano de vida, e então vai-se desenvolvendo rapidamente entre os dois e os sete anos. Tenha em mente que, dependendo da idade do seu filho, você talvez ainda não tenha tido a chance de observar todas as tendências naturais dele em todas essas áreas.

Considere sua própria tendência. Assim como nossos filhos vivenciam o mundo com base em suas tendências naturais, nossas predisposições genéticas também influenciam o modo como *nós* enxergamos o mundo em nosso papel parental, o que, por sua vez, influencia a maneira como interpretamos o comportamento dos nossos filhos. Um pai/mãe cuja tendência natural é ser mais cauteloso pode ver o comportamento agitado do filho como mais impulsivo do que um parental naturalmente mais caçador de emoções. À medida que você tenta avaliar as tendências inatas da sua criança, é importante que conte com outros adultos de confiança na vida dela – por exemplo, um parceiro, um cuidador, um avô –, os quais apontem também onde veem que a criança se enquadra em cada dimensão de temperamento.

Por último, mas não menos importante: seja sincero. Enquanto mapeiam as tendências naturais, não é hora de se preocupar com o que suas mães pensam ou como vocês imaginam que seu filho *deveria ser*. Cabe aos parentais tentar compreender as tendências geneticamente influenciadas da criança para que possam descobrir a melhor forma de exercer a parentalidade e maximizar a harmonia no lar. Algumas predisposições podem inicialmente parecer mais desejáveis do que outras; porém, de novo, as predisposições não são inerentemente boas ou ruins. Nem são destino. Seja autêntico com seu filho, porque essa é a única maneira de saber como ser o melhor parental para ele.

A CRIANÇA E OS TRÊS ES

No final deste capítulo, disponibilizo a pesquisa "Tudo sobre seu filho", a qual consiste em uma série de perguntas que abordam cada uma das Três Grandes Dimensões para ajudá-lo a descobrir as disposições naturais do seu filho. Lembre-se de que, quanto mais crescido ele for, com maior precisão conseguirá avaliar o estágio em que se encontra nos Três Grandes Es. Os próximos capítulos irão norteá-lo por meio de cada uma das Três Grandes Dimensões e suas combinações, mergulhando mais profundamente no que isso significa para a criança: alta/média/baixa Extroversão, alta/média/baixa Emocionalidade e alto/ médio/baixo Esforço de Controle. Você notará que, ao longo deste livro, sou muito propositada sobre como descrever crianças enquadrando-se *em um continuum* nos Três Es; uso alto/médio/baixo de modo abreviado, mas em geral não recorro a rótulos (com exceção de extrovertido/introvertido no Capítulo 4, uma vez que é um vernáculo comum para alta e baixa Extroversão).

Muitos testes de personalidade recorrem a rótulos. Essa prática vem da Grécia Antiga, quando relegavam as pessoas a quatro tipos e personalidade: sanguínea, colérica, melancólica e fleumática. A tipologia de Myers-Briggs é famosa por classificar as pessoas em quatro categorias (extroversão ou introversão; sensorial ou intuição; razão [thinking] ou sentimento [feeling]; e julgamento ou percepção), com "tipos" de quatro letras produzidos (cumprimentos aos meus colegas ESTJs). Até mesmo os alunos de Harry Potter e Hogwarts foram classificados por casas.

Pode ser divertido identificar-se com um grupo, e até há razões evolutivas pelas quais as pessoas podem ser classificadas por grupos; talvez segurança e afinidade associadas à ideia de pertencimento. Mas, quando se trata de personalidade e temperamento, os humanos variam *continuamente* em vez de se enquadrarem em classes distintas. Em outras palavras, nossos genes impactam *o quanto* dessa característica possuímos naturalmente. A maneira como essas predisposições atuam varia em função dos ambientes. Por exemplo, pode-se auxiliar uma criança com baixo Esforço de Controle a desenvolver autocontrole (veremos isso no Capítulo 6). Não é garantido que isso a converta em uma criança bem controlada, que deseja ficar sentada em silêncio por horas, mas pode, pelo menos, minimizar o número de vezes em que ela é surpreendida aprontando. Saber que o comportamento é um continuum tem o potencial de nos lembrar que mudança é possível.

Nos capítulos a seguir, discutiremos os pontos fortes associados com disposições diferentes e os desafios que possivelmente aflorem com cada estilo disposicional (para filhos e seus parentais!). Falaremos sobre quais tipos de estratégias de parentalidade são mais eficazes para diferentes crianças. Em suma, os próximos capítulos irão ajudá-lo a colocar em prática o que aprendeu, dando-lhe um roteiro que o *ajudará* a orientar cada tipo de criança, *auxiliando-a* a navegar pelo mundo. Em desenvolvimento infantil, chamamos isso de *Qualidade de Ajuste*.

QUALIDADE DE AJUSTE

Qualidade de Ajuste se refere não apenas à combinação entre filhos e parentais, mas também ao ambiente da criança de maneira mais ampla. Ela é um elemento fundamental para uma vida familiar feliz e sem estresse (ou, no mínimo, com menos estresse!). Alguns parentais e filhos têm a sorte de ter uma Qualidade de Ajuste natural. A mãe é uma leitora voraz, por exemplo, e a filha também adora ler. A mãe leva a filha para a hora de leitura infantil na biblioteca local, e ambas curtem bons momentos juntas depois, escolhendo livros e aninhando-se no espaço de leitura. Elas também compartilham amor por quebra-cabeças ou por colorir juntas. Ou talvez a mãe tenha sido uma estrela do atletismo. Adorando esportes e participação de eventos esportivos, ela matricula a filha em cursos similares o mais cedo possível, e saem em família para assistir a jogos de basquete e vôlei que sua filha adora. Elas se divertem torcendo com outros fãs nos jogos.

Quando existe Qualidade de Ajuste natural com o ambiente, as crianças prosperam e os parentais quase sempre não percebem a razão subjacente. A parentalidade simplesmente parece "fácil". Nesse cenário, os parentais muitas vezes atribuem o amor dos filhos por livros ou esportes ao fato de lhes propiciarem esse ambiente. E, com certeza, parte disso é verdade. Mas lembre-se do Capítulo 1, em que falamos que a semelhança parental-filho não significa de fato que o parental está influenciando o comportamento da criança. Os parentais muitas vezes não percebem que, com frequência, isso é apenas uma combinação feliz. No primeiro exemplo anterior, mãe e filha têm baixa Extroversão e alto Esforço de Controle. Atividades tranquilas, como ler em uma biblioteca ou montar quebra-cabeças juntas, são coisas que atraem os duas. No segundo exemplo, mãe e filha têm alta Extroversão. Gostam de estar com outras pessoas e em movimento. Eventos ativos e agitados, como esportes, são atraentes para elas. Acontece que a capacidade atlética também é geneticamente influenciada, então elas podem ter combinado, inclusive nesse ponto.

Mas imagine o que acontece quando a mãe devoradora de livros, que prefere um tempo tranquilo na biblioteca, tem uma filha com alta Extroversão e baixo Esforço de Controle. As repetidas tentativas em ler para a criança fracassam, pois ela não manifesta interesse em ficar parada olhando para o livro e prefere pular do colo de mamãe para brincar de cavalinho galopando ao redor da sala. Durante o tempo de leitura infantil na biblioteca, para o constrangimento da mãe, a criança se levanta várias vezes e quer correr pelo espaço, puxando livros da estante e largando-os para ver o próximo depois de uma olhadela na capa. Como isso acontece semana após semana, a mãe se torna cada vez mais frustrada com a filha e sente que gasta mais tempo chamando a atenção dela do que o desfrutando juntas.

No segundo exemplo, imagine se a mãe esportista tem uma criança com baixa Extroversão. Quer levar a filha para a aula de ginástica olímpica na academia, e talvez torcerem juntas no jogo de vôlei da irmã mais velha. Mas a filha acha que todas as pessoas e atividades são chatas. Implora à mãe para não ir. Quando a mãe insiste, fica de mau humor no canto e se recusa a participar.

Em ambos os casos, vemos mães bem-intencionadas tentando dar às filhas oportunidades que imaginavam que aproveitariam, enquanto também criavam laços com ela. No entanto, sejamos sinceros, temos a tendência de fornecer aos nossos filhos aquilo que *nós* queremos, presumindo que apreciem as mesmas coisas. É um padrão natural imaginar que os cérebros de outras pessoas sejam programados da mesma forma que o nosso, em especial os dos nossos filhos. Afinal, só conhecemos a lente através da qual vemos o mundo.

Quando há uma Qualidade de Ajuste natural de temperamento entre parental e filho, tudo funciona bem. Porém, quando eles têm disposições naturais diferentes, sobretudo em casos em que os parentais não possuem consciência plena do que está acontecendo, isso pode maximizar o conflito entre eles e gerar muita frustração para todos os envolvidos, além de também comprometer as relações familiares. Em ambos os exemplos de famílias "incompatíveis", as mães não conseguiam entender por que as filhas se comportavam de maneira inadequada, e caíam em ciclos negativos e conflitantes. Ninguém quer passar o tempo todo dizendo ao filho que se sente e se comporte, enquanto os outros parentais enviam reiteradas vezes olhares irritados em sua direção. Ninguém quer passar o tempo todo agachado em um ginásio de esportes tentando persuadir sua criança a participar, enquanto ela chora agarrada na porta.

Em outras palavras, as mães não entenderam que as atividades planejadas para as filhas simplesmente não tinham qualidade de ajuste com o temperamento delas. Quando crianças não combinam com as atividades e ainda têm alta Emocionalidade, o resultado pode ser birras e recusa veemente em participar.

Compreender Qualidade de Ajuste não significa que você seja escravo das disposições do seu filho, mas irá muni-lo para tomar melhores decisões e antecipar os tipos de atividades que provavelmente têm uma qualidade de ajuste natural com ele e os tipos que podem exigir uma estratégia mais elaborada.

A COMPREENSÃO DO PERFIL

Há uma última peça que proporciona Qualidade de Ajuste. Como você deve ter percebido nos exemplos anteriores, qualidade de ajuste não tem a ver apenas com as disposições naturais do seu filho, mas também com as *suas*. Conforme discutimos, todos temos diferentes disposições geneticamente influenciadas que afetam nossa parentalidade e como reagimos às nossas crianças. Por exemplo, um dos parentais talvez julgue muito estressante ter um filho com alta Extroversão e baixo Esforço de Controle, vivendo com medo de precisar correr até o pronto-socorro. Esse mesmo comportamento em uma criança com um parental de temperamento diferente pode resultar em um orgulhoso tapinha nas costas acompanhado por um "Uau! Que beleza!". Por esse motivo, fornecer Qualidade de Ajuste ao seu filho requer avaliar a si mesmo e a ele.

Após a pesquisa "Tudo sobre seu filho", você encontrará a pesquisa "Tudo sobre você"; com ela, você fará um mergulho em suas próprias tendências naturais, que refletem suas predisposições genéticas, combinadas com anos de experiência de vida.

As pesquisas são ferramentas que o ajudarão a avaliar o ponto em que você e sua criança se enquadram em cada uma das Três Grandes Dimensões, com um resumo informativo para comparar suas disposições. Essas informações servirão de base para os capítulos seguintes, que irão a fundo para ajudá-lo a melhor entender seu filho, como ele evoca determinadas reações em você e como criar qualidade de ajuste com ele. Em última análise, compreender a interação dinâmica entre você e sua criança permitirá que desfrutem uma coexistência mais feliz e agradável, ainda o auxiliando a desbloquear o potencial dela.

ADOÇÃO DA ATITUDE MENTAL CORRETA

Há uma última coisa a considerar antes de passarmos às pesquisas. Compreender as disposições naturais dos filhos pode ajudá-lo como parental, mas seja cauteloso e não adote uma atitude mental fixa, acreditando que as tendências deles estão gravadas em pedra ("Meus filhos têm alta Emocionalidade, então nunca vão mudar e estou condenado a uma vida inteira de chiliques"). *Nada a respeito do funcionamento dos genes indica que isso seja verdade.* Sim, as predisposições influenciam profundamente o comportamento das crianças, e isso nos permite antecipar desafios e ajudá-las a superá-los. Também pode nos ajudar a identificar e desenvolver os pontos fortes naturais dos nossos filhos. Compreendê-los pode *nos* ajudar a ajudá-*los* a crescer.

A psicóloga Carol Dweck escreveu extensivamente sobre o poder de uma *atitude mental construtiva*, em comparação com uma *atitude mental fixa*. A construtiva envolve a crença de que se pode cultivar competências naturais por meio de esforço, da aplicação de estratégias e da ajuda de outras pessoas. Os próximos capítulos farão exatamente isto: ajudá-lo a identificar as tendências naturais dos seus filhos e como adotar estratégias para ajudá-los a conquistar seu potencial pleno. A pesquisa de Dweck mostrou que a maneira como você se vê pode ter profunda influência no desenrolar de sua vida. Por extensão, a maneira como vemos nossas crianças pode ter profunda influência no desenrolar da vida *delas*.

Dweck destaca que, como parentais, nossas esperanças e sonhos para nossos filhos facilmente se traduzem em uma atitude mental fixa, e isso significa nosso apego ao molde que almejamos para nosso filho, seja um aluno brilhante, artista talentoso, estrela da peça da escola, graduado em Harvard, seja, acrescento, apenas uma criança bem-comportada que deseje passar as tardes na biblioteca ou curtindo esportes. Quando as tendências naturais de nossas crianças não correspondem às nossas ideias, muitas vezes inadvertidamente, enviamos a elas a mensagem de que as estamos julgando por quem são (ou quem não são). Além disso, quando nossos filhos enfrentam contratempos – que inevitavelmente ocorrerão –, e, como parentais, nos preocupamos com o que isso significa para seu futuro, adotamos uma atitude mental fixa. Se eles não têm autocontrole para se sentar em silêncio e se focar, como vão se graduar em um curso superior ou conseguir um emprego?! Isso lhes transmite que não confiamos em sua capacidade de crescer, mudar e realizar todo o seu potencial.

As pesquisas a seguir irão ajudá-lo a entender as tendências naturais de sua criança, mas tenha em mente que o desenvolvimento humano é um *processo*. Um dos maiores papéis que você deve desempenhar como parental é ajudar seu filho a reconhecer e valorizar os próprios e únicos talentos e propensões, superar desafios e crescer sendo o melhor possível.

A PESQUISA "TUDO SOBRE SEU FILHO"

A seguir, está listado um conjunto de descrições de maneiras como as crianças podem responder a variadas situações. Para cada pergunta, tente pensar na reação *típica* do seu filho. Dependendo da idade dele, alguns itens serão mais apropriados que outros. Para cada afirmação, faça uma marca na linha abaixo, indicando até que ponto a afirmação é completamente *falsa* para sua criança (extremidade esquerda) até completamente *verdadeira* (extremidade direita). Se a afirmação não parece totalmente verdadeira nem falsa, assinale no meio. Tente usar toda a extensão da barra, indicando até que ponto a afirmação é: completamente falsa, meio falsa, não totalmente verdadeira nem falsa, meio verdadeira ou totalmente verdadeira.

EXTROVERSÃO (O FATOR "EX")

Veja em que ponto suas marcações caem nas questões anteriores. Se há muitas no lado direito das barras, seu filho é naturalmente predisposto a ter alta Extroversão. Se a maioria de suas marcações está no lado esquerdo das barras, então ele tem baixa Extroversão. Algumas crianças caem no meio desta dimensão e não são muito extrovertidas nem muito introvertidas. A seguir, estão indicadores adicionais de baixa Extroversão:

Seu filho prefere atividades calmas, como ler, a atividades de maior energia, como correr

Não é verdade para meu filho	Nem de todo falso, nem de todo verdadeiro	Verdade total para meu filho

Seu filho leva muito tempo para aceitar uma pessoa nova, ou é lento para se adequar a uma nova situação

Não é verdade para meu filho	Nem de todo falso, nem de todo verdadeiro	Verdade total para meu filho

Veja suas respostas às perguntas acima sobre alta extroversão e os indicadores adicionais de baixa extroversão. Em que ponto a maioria de suas marcações cai? No geral, em que ponto sua criança se enquadra na extroversão?

Baixa Extroversão	Média Extroversão	Alta Extroversão

EMOCIONALIDADE (O FATOR "EM")

Seu filho fica muito frustrado quando as coisas não são do jeito que ele quer

Não é verdade para meu filho	Nem de todo falso, nem de todo verdadeiro	Verdade total para meu filho

Seu filho tem medo de monstros ou de barulhos à noite

| Não é verdade para meu filho | Nem de todo falso, nem de todo verdadeiro | Verdade total para meu filho |

Quando seu filho se chateia, continua chateado pelo que parece ser muito tempo, dez minutos ou mais

| Não é verdade para meu filho | Nem de todo falso, nem de todo verdadeiro | Verdade total para meu filho |

É difícil tranquilizar seu filho ou redirecioná-lo quando está chateado ou muito zangado

| Não é verdade para meu filho | Nem de todo falso, nem de todo verdadeiro | Verdade total para meu filho |

Veja em que ponto suas marcações caem nas questões anteriores. Se há muitas no lado direito das barras, seu filho é naturalmente predisposto a ter alta Emocionalidade. Se a maioria está no lado esquerdo das barras, então sua criança tem baixa Emocionalidade. A seguir, estão indicadores adicionais de baixa Emocionalidade:

Meu filho não fica muito chateado quando as coisas não saem como planejado. Ele é do tipo "deixa a vida me levar"

| Não é verdade para meu filho | Nem de todo falso, nem de todo verdadeiro | Verdade total para meu filho |

Quando meu filho fica chateado, consegue se recuperar com bastante rapidez e redirecionar para uma nova atividade

| Não é verdade para meu filho | Nem de todo falso, nem de todo verdadeiro | Verdade total para meu filho |

Olhe suas respostas às perguntas acima sobre alta emocionalidade e os indicadores adicionais de baixa emocionalidade. Em que ponto a maioria de suas marcações cai? No geral, em que ponto seu filho se enquadra na emocionalidade?

| Baixa Emocionalidade | Média Emocionalidade | Alta Emocionalidade |

ESFORÇO DE CONTROLE (O FATOR "EF")

Meu filho consegue parar com um comportamento quando falo "não"

| Não é verdade para meu filho | Nem de todo falso, nem de todo verdadeiro | Verdade total para meu filho |

Meu filho mostra foco intenso quando está envolvido em uma única atividade, como colorir ou brincar com blocos de construção

| Não é verdade para meu filho | Nem de todo falso, nem de todo verdadeiro | Verdade total para meu filho |

Meu filho é bom em seguir orientações

| Não é verdade para meu filho | Nem de todo falso, nem de todo verdadeiro | Verdade total para meu filho |

Meu filho é cuidadoso ao se deparar com uma situação que lhe foi dito ser perigosa

| Não é verdade para meu filho | Nem de todo falso, nem de todo verdadeiro | Verdade total para meu filho |

Meu filho consegue esperar uma recompensa quando instruído a fazê-lo

| Não é verdade para meu filho | Nem de todo falso, nem de todo verdadeiro | Verdade total para meu filho |

Veja em que ponto suas marcações caem nas questões acima. Se há muitas no lado direito das barras, seu filho é naturalmente predisposto a ter alto Esforço de Controle. Se a maioria está no lado esquerdo das barras, então ele tem baixo Esforço de Controle. A seguir, estão indicadores adicionais de baixo Esforço de Controle:

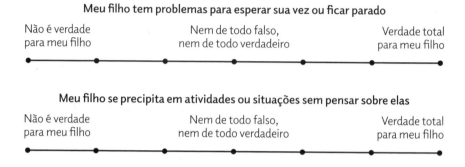

Olhe suas marcações nas perguntas anteriores sobre alto esforço de controle e os indicadores adicionais de baixo esforço de controle. Em que ponto a maioria de suas marcações cai? No geral, em que ponto seu filho se enquadra no esforço de controle?

PERFIL DO MEU FILHO

Com base em suas respostas anteriores, indique o grau de seu filho em cada um dos Três Grandes Es:

Extroversão (Ex)	baixa/média/alta
Emocionalidade (Em)	baixa/média/alta
Esforço de Controle (Ef)	baixo/médio/alto

Para ajudá-lo a se lembrar da disposição de sua criança, abreviei cada dimensão: Ex, Em, Ef. Por exemplo, você pode pensar sobre seu filho como alta Ex, alta Em, baixo Ef (modificado para o perfil específico dele). O objetivo desta abreviação (Ex, Em, Ef) é fornecer-lhe uma referência rápida para você se lembrar do temperamento do seu filho.

A PESQUISA "TUDO SOBRE VOCÊ"

Considere os seguintes questionamentos enquanto pensa sobre suas próprias disposições. Eles diferem da avaliação da criança, pois os adultos possuem personalidades mais definidas, influenciadas por anos de experiência de vida, combinadas com predisposições genéticas. Na pesquisa a seguir, mapeei diferentes estilos de personalidade em adultos, com dimensões relacionadas a crianças. O objetivo deste exercício é refletir a respeito de suas próprias tendências naturais para que entenda melhor como elas interagem com o temperamento do seu filho.

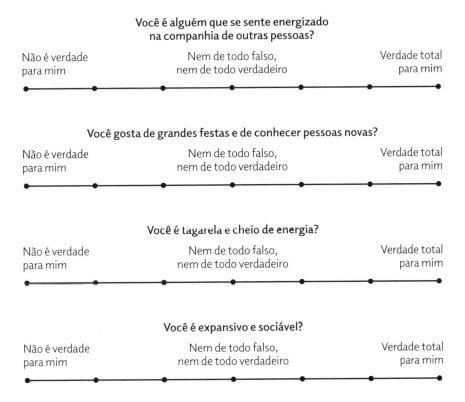

Todos os itens acima são indicadores de Extroversão. Marcações assinaladas no lado "verdade" indicam alta Extroversão. Aquelas no lado "falso" sugerem baixa Extroversão. A seguir, são apresentados alguns indicadores adicionais de baixa Extroversão (ou seja, estes são codificados direção oposta).

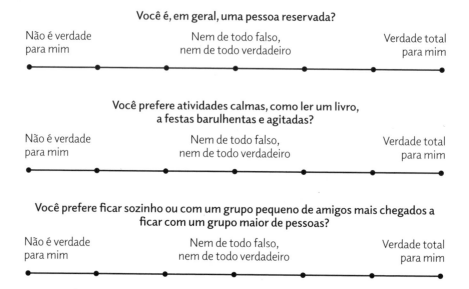

Marcações na direção positiva, junto com outras na direção falsa para o primeiro conjunto de perguntas, indicam baixa Extroversão.

Reveja suas marcações nas perguntas anteriores sobre alta Extroversão e os indicadores adicionais de baixa Extroversão. Em que ponto a maioria de suas marcações cai? No geral, em que ponto você se enquadra na Extroversão?

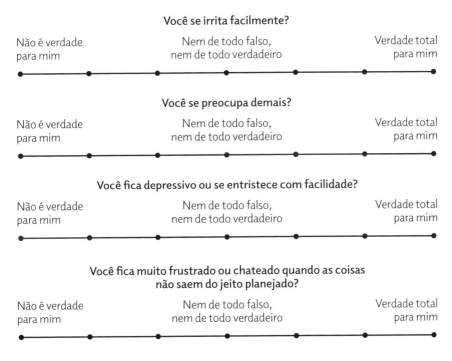

Você se irrita facilmente?

Não é verdade para mim — Nem de todo falso, nem de todo verdadeiro — Verdade total para mim

Você se preocupa demais?

Não é verdade para mim — Nem de todo falso, nem de todo verdadeiro — Verdade total para mim

Você fica depressivo ou se entristece com facilidade?

Não é verdade para mim — Nem de todo falso, nem de todo verdadeiro — Verdade total para mim

Você fica muito frustrado ou chateado quando as coisas não saem do jeito planejado?

Não é verdade para mim — Nem de todo falso, nem de todo verdadeiro — Verdade total para mim

Marcações na direção "verdade" para as perguntas anteriores indicam alta Emocionalidade. A seguir, estão alguns indicadores adicionais de baixa Emocionalidade.

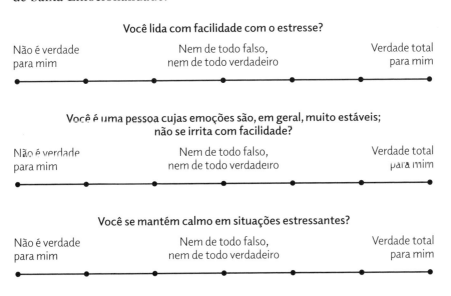

Você lida com facilidade com o estresse?

Não é verdade para mim — Nem de todo falso, nem de todo verdadeiro — Verdade total para mim

Você é uma pessoa cujas emoções são, em geral, muito estáveis; não se irrita com facilidade?

Não é verdade para mim — Nem de todo falso, nem de todo verdadeiro — Verdade total para mim

Você se mantém calmo em situações estressantes?

Não é verdade para mim — Nem de todo falso, nem de todo verdadeiro — Verdade total para mim

Reveja suas marcações nas perguntas anteriores sobre alta e baixa Emocionalidade. Em que ponto a maioria delas cai? No geral, em que ponto você se enquadra em que Emocionalidade?

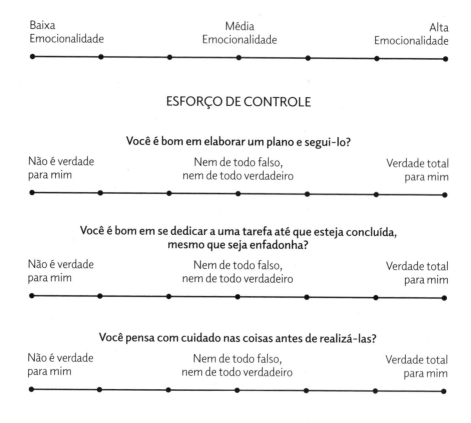

ESFORÇO DE CONTROLE

Você é bom em elaborar um plano e segui-lo?

Você é bom em se dedicar a uma tarefa até que esteja concluída, mesmo que seja enfadonha?

Você pensa com cuidado nas coisas antes de realizá-las?

Marcações na direção "verdade" a essas perguntas indicam níveis mais altos de Esforço de Controle. As perguntas a seguir indicam menor Esforço de Controle; marcações na direção "verdade" indicam níveis mais baixos de Esforço de Controle.

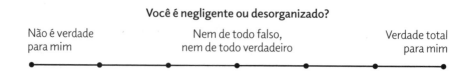

Você é negligente ou desorganizado?

Você se distrai com facilidade?

| Não é verdade para mim | Nem de todo falso, nem de todo verdadeiro | Verdade total para mim |

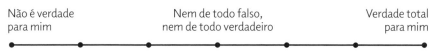

Reveja suas respostas às perguntas indicativas de características que representam níveis mais altos e mais baixos de Esforço de Controle. Em que ponto a maioria de suas marcações cai? No geral, em que ponto você se enquadra no Esforço de Controle?

| Baixo Esforço de Controle | Médio Esforço de Controle | Alto Esforço de Controle |

Assunção de riscos

Há mais uma dimensão importante: assunção de riscos. Em crianças, ela se relaciona à Extroversão e ao Esforço de Controle. Em adultos, cujos cérebros são mais complicados e diferenciados, podemos separar a Assunção de Riscos de Extroversão e Esforço de Controle. Reserve um tempinho para pensar sobre as relações entre você e as informações a seguir:

Gosto de assumir riscos

| Não é verdade para mim | Nem de todo falso, nem de todo verdadeiro | Verdade total para mim |

Gosto de novidades e experiências emocionantes, mesmo que sejam um pouco assustadoras

| Não é verdade para mim | Nem de todo falso, nem de todo verdadeiro | Verdade total para mim |

No geral, em que ponto você se enquadra em assunção de risco?

| Baixa Assunção de Risco | Média Assunção de Risco | Alta Assunção de Risco |

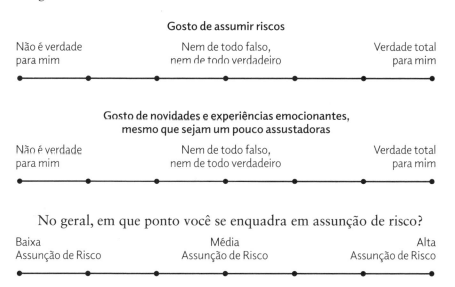

Meu perfil

Com base em suas marcações, indique a seguir seu grau em cada uma das três grandes dimensões, em conjunto com a assunção de risco:

DIMENSÕES	MEU PERFIL	PERFIL DO MEU FILHO
Extroversão (Ex):	baixa/média/alta	baixa/média/alta
Emocionalidade (Em):	baixa/média/alta	baixa/média/alta
Esforço de Controle (Ef):	baixo/médio/alto	baixo/médio/alto
Assunção de Riscos	baixa/média/alta	

Agora, reveja o perfil do seu filho e compare-o com o seu. O temperamento de ambos se assemelha? Muitos dos estressores que vivenciamos como parentais surgem de incompatibilidades entre o temperamento natural das crianças e os ambientes que criamos para elas, os quais muitas vezes são reflexos inconscientes de nossos próprios temperamentos. A boa notícia é que, ao compreender e reconhecer esses pontos de tensão, você conseguirá eliminar com facilidade muitos deles. Além disso, ajudar seu filho a entender o próprio temperamento geneticamente influenciado poderá ajudá-lo a se entender melhor e a lidar com suas tendências naturais. Isso permitirá a ele o desenvolvimento dos seus pontos fortes e de estratégias que o ajude a gerenciar situações que provavelmente lhe serão desafiadoras. Os próximos capítulos discutirão cada dimensão de temperamento em mais detalhes e mostrarão como criar qualidade de ajuste para você e seu filho.

⋈⫩⋈

Mensagens-chave

- Existem três dimensões abrangentes geneticamente influenciadas (os Três Es) em que as crianças diferem: Extroversão (Ex), Emocionalidade (Em) e Esforço de Controle (Ef).

- *Extroversão* em crianças se relaciona às suas tendências naturais em direção ao afeto positivo, nível de atividade e comportamento exploratório.
- *Emocionalidade* se refere às tendências naturais das crianças para angústia, medo e frustração.
- *Esforço de controle* refere-se a quão bem as crianças conseguem regular as próprias emoções e comportamento.
- Crianças com estilos disposicionais diferentes apresentam desafios diferentes para os parentais e têm necessidades diferentes.
- *Qualidade de Ajuste* refere-se não só à combinação entre filhos e parentais, mas também ao ambiente de maneira mais ampla.
- As crianças prosperam quando seu temperamento e ambiente combinam.
- A compreensão do estilo disposicional natural do seu filho – e do seu próprio – pode ajudá-lo a fornecer qualidade de ajuste a ele, minimizando o estresse de todos.

CAPÍTULO 4

EXTROVERSÃO: O FATOR "EX"

Você é extrovertido ou introvertido?

Praticamente todos nós temos uma resposta pronta para essa pergunta. Eu sou extrovertida. Minha ideia de uma noite de sexta-feira divertida é me reunir com um grande grupo de amigas para comidas e bebidas (e, de volta aos meus vinte anos, dança!) em um novo restaurante da moda. Adoro estar rodeada de gente; adoro ir a novos lugares, adoro conhecer coisas novas. Se fico confinada em casa por muito tempo sem interação humana, começo a surtar. Quando meu pobre marido chega depois de eu passar o dia inteiro escrevendo (leia-se: em casa sozinha diante do meu computador), ele mal consegue entrar e logo vou disparando perguntas.

Falamos muito sobre extroversão e introversão em adultos. Diga a um introvertido que ele terá de passar a noite de sexta-feira em uma festa da empresa jogando conversa fora com estranhos e ele irá se retrair. Coloque um extrovertido atrás de uma escrivaninha o dia todo, sem ninguém com quem conversar, e ele irá se sentir deplorável. Em adultos, reconhecemos as muitas maneiras pelas quais nosso nível de extroversão influencia nosso cotidiano, o jeito como reagimos aos outros e as atividades que escolhemos (ou evitamos!). Porém, não consideramos tanto o impacto da extroversão/introversão em nossos filhos, com isso cometemos um erro.

As crianças demonstram preferências naturais desde pequenas por estarem cercadas de gente e apreciarem atividades tempestuosas *vs.* tranquilas. Assim como acontece com os adultos, tentar forçá-las a participar de ambientes que não se ajustam a elas pode causar-lhes profundo desconforto. Mas, pior ainda, como as crianças não têm maturidade cognitiva para lidar com o desconforto, podem recorrer a birras ou a um comportamento constrangedor.

Neste capítulo, falaremos sobre o que esperar de crianças que têm um nível de alto a baixo de Extroversão, o que servirá para que você entenda melhor seu filho e como o nível de extroversão afeta o comportamento e as interações com ele. Abordaremos as coisas boas e as não tão boas relacionadas aos diferentes níveis de extroversão. Por fim, falaremos sobre as estratégias de parentalidade mais importantes para crianças com diferentes níveis de extroversão.

Ainda que falemos sobre extroversão e introversão como se fossem duas coisas distintas, lembre-se de que, na verdade, formam um continuum. No mundo da pesquisa, dizemos que as pessoas variam de altos a baixos níveis de extroversão. Neste capítulo, usarei "extroversão" e "introversão" com formas abreviadas para crianças que estão nas extremidades altas e baixas do continuum, mas destaco que elas não são necessariamente "ou/ou", ou seja, variam em todo o espectro, com muitas delas enquadradas em algum lugar no meio. Essas crianças de média extroversão podem apresentar algumas características típicas dos extrovertidos e outras mais próprias dos introvertidos, assim como acontece com os adultos.

A CRIANÇA COM ALTA EX

Meu filho de três anos estava sentado na beira da piscina infantil quando uma menininha mais ou menos da mesma idade se aproximou e se sentou ao lado dele. "Oi, meu nome é Savannah, e o seu? Acho que seremos amigos. Você não adora a piscina? Na minha casa tem piscina. Venha a minha casa um dia. Seria divertido! Vamos perguntar aos nossos pais.

Podemos brincar de casinha também. Você seria o papai, e eu, a mamãe. Tenho um monte de brinquedos. Você gosta de que tipo de brinquedo?" Meu filho continuou sentado ali em silêncio, olhando a menina como se ela fosse uma alienígena. Savannah é a perfeita criança com alta Ex, e meu introvertidinho não tinha a mínima ideia do que fazer com ela!

Crianças com alto nível de Extroversão gostam naturalmente de conhecer gente nova, ir a novos lugares e vivenciar coisas novas. São energizadas quando cercadas de pessoas. Começam conversas com estranhos; podem ser tagarelas (meu apelido quando cresci era Tilly Tagarela; o de minha mãe, Lynn Decisão Final – um exemplo claro de alta Ex circulando em uma família). Filhos com alta Ex tendem a pensar em voz alta; gostam de contar aos parentais tudo o que aconteceu no dia e os muitos pensamentos que lhes passam pelo cérebro. Apreciam uma significativa variedade de atividades e pessoas. Sentem-se confortáveis no centro das atenções e, muitas vezes, procuram situações do tipo.

O lado bom da alta Extroversão

Se você é parental de um filho com alta Ex, já deve ter descoberto que há uma série de excelentes coisas que vêm com ela. Crianças com alta Ex são mais socialmente ativas, fazem novos amigos com mais rapidez. Leve uma criança desse tipo ao parquinho e ela vai correr direto para brincar com outras. Se uma bola de futebol pipocar na vizinhança, seu filho lá estará imediatamente.

Essas crianças tendem a ser charmosas. É muito bom ver nosso filho interagindo com outras pessoas. Lembro-me de cuidar do meu sobrinho Greyson de três anos e vê-lo se aproximar de um grupo de crianças mais velhas que jogavam bola na praia e dizer: "Oi, gente, posso jogar?!". Ele era tão encantador que o grupo de meninas mais velhas o acolheu durante todo o dia (e a mãe de Greyson teve uma folguinha de correr atrás dele!). A facilidade com que as crianças com alta Ex interagem com os outros muitas vezes as torna cativantes para adultos e para outras crianças.

Essa disposição de conhecer novas pessoas e de vivenciar experiências inéditas também abre um leque de muitas oportunidades de desenvolvimento e aprendizado para elas. As interações com outras crianças e adultos promovem competências sociais. A disposição de ir a novos lugares maximiza as chances de experimentar e aprender com o mundo. Interagir com outros e tentar coisas novas gera emoções positivas; sugeriu-se que esse ciclo de feedback positivo pode criar mais motivação para atingir os objetivos. A tendência natural para a emoção positiva pode também servir como um para-choque contra experiências desafiadoras.

A Extroversão tem potencial de gerar benefícios na escola e até no local de trabalho, pois os extrovertidos quase sempre são vistos como líderes naturais. Enquanto sociedade, tendemos a valorizar as características típicas deles, o que denominam de *Vantagem da Extroversão*. Uma nova pesquisa sugere que uma maneira inesperada à qual os extrovertidos inconscientemente recorrem para obter vantagens se refere à excelente habilidade de imitar a linguagem corporal, os padrões de fala e os movimentos das pessoas com quem interagem. Esse processo tem sido chamado de *mimetismo* e talvez seja resultado de eles dedicarem mais atenção a outras pessoas. A combinação da fala e da linguagem corporal é conhecida por fomentar os sentimentos positivos entre as pessoas e pode contribuir para que pareçam mais atraídas por extrovertidos.

O não tão bom assim

Há muitas coisas boas em se ter um filho com alta Ex... mas também existem algumas coisas não tão boas assim. Crianças desse grupo tendem a estar sempre "em movimento", pois, como apreciam atividade e empolgação, podem apresentar muita energia desenfreada! Para nós, parentais, isso significa que devemos mantê-las ocupadas. Toda essa atividade pode ser exaustiva, sobretudo se você tiver um nível de Extroversão mais baixo. Muitas crianças com alta Ex também têm baixo Ef (Esforço de Controle). Baixo autocontrole combinado com muita energia pode ser uma receita de quebradeira pela casa! Uma das minhas amigas costumava brincar que ela nunca soube por que tantos parentais saíam de casa tão logo rompia o dia até que teve seu segundo filho (alta Ex). Com sua primeira criança (baixa Ex), ela desenvolveu uma rotina matinal que envolvia tomar café enquanto seu filho brincava com Legos e quebra-cabeças próximo a ela. Com a segunda criança, evaporaram as manhãs tranquilas e relaxantes de sábado; era um caos desde o momento em que os olhos do bebê se abriam e os pés tocavam o chão!

Outro desafio se consolida porque, como as crianças com alta Ex anseiam por interação constante com outras pessoas – sejamos sinceros –, às vezes podem ser exaustivas. As crianças desse grupo só conhecem a sua própria forma de estar no mundo (como todos nós), por isso pode lhes faltar autoconscientização, ou seja, não perceberem que nem todos querem companhia o tempo todo, sejam outras crianças, sejam os adultos que as cercam. As crianças com alta Ex irão segui-lo até o banheiro, o quarto, pela casa inteira. Como meu marido ainda precisa me lembrar, nem todos acham revigorante uma conversa constante.

Se você é parental de um filho com alta Ex, lembre-se disto: sua criancinha sociável pode ser encantadora, mas seu adolescente com alta Ex pode ser um sofrimento real. É bem provável que os filhos com alto nível de Ex gerem uma série de desafios aos parentais conforme cresçam. Em razão de adorarem estar cercados pelos amigos, quando adolescentes e jovens adultos são mais suscetíveis a influências alheias. Sua natureza social os leva a se preocuparem mais com o que os outros pensam. Na adolescência, são mais propensos a usar álcool ou outras drogas, e a se engajar em outros comportamentos de risco. A criança que está entretendo adoravelmente os amigos dos parentais, agora com a versão do último sucesso da Beyoncé, também estará mais propensa a dançar nas mesas em festas universitárias.

A CRIANÇA COM BAIXA EX

Minha enteada brincaria em casa o dia todo se deixássemos. Ela pega seus pratinhos e brincamos de comidinha por um tempo. Em seguida, brinca com bonecas. Depois, pega um álbum e se senta na poltrona de leitura para olhar as fotos. Daí ela pinta ou monta um quebra-cabeças. Brinca com seus pequenos pôneis e constrói todo um mundo imaginário para eles.

Meu marido e eu ficamos bem por uns dez minutos brincando de comidinha ou pôneis antes de querermos arrancar nossos cabelos.

Crianças com baixa Extroversão ficam mais envolvidas em seus próprios mundos interiores de ideias, emoções e brincadeiras; apreciam momentos tranquilos sozinhas. Não necessitam de agitação constante com atividades, aventuras ou outras pessoas. Na verdade, o excesso de estímulo pode parecer opressivo para elas. Quando estão cercadas de muitas pessoas ou engajadas em uma atividade meio frenética, precisam de um tempo de sossego para recarregar as baterias. Além disso, preferem passar mais tempo com poucas pessoas a compartilhá-lo com grupos grandes. Não gostam de ser o centro das atenções e são mais lentas para se familiarizar com gente nova. Enquanto as crianças com alta Ex podem ter amplos círculos sociais e variada gama de interesses, as com baixa Ex preferem um número pequeno de amigos próximos e gostam de se focar em uma única atividade. Entretanto, quando se sentem confortáveis com você, ou de fato empolgadas com um assunto, podem ser muito receptivas e tagarelas, o que talvez o leve a se perguntar o que aconteceu com a criança charmosa que você conhece quando, próxima de outras pessoas, de repente emudece. Crianças com baixa Ex gostam de observar primeiro, antes de decidirem participar de uma nova atividade ou de um grupo. Elas precisam ser estimuladas a compartilhar suas opiniões ou a manifestar-se.

O lado bom da baixa Extroversão

Apesar de tudo o que se fala sobre a "Vantagem da Extroversão", há muitas coisas boas relacionadas ao baixo nível de Ex. Crianças com essa característica podem demandar menos manutenção (sobretudo se não tiverem alta Emocionalidade). Elas se inclinam naturalmente a respeitar o espaço alheio (leia: você ainda pode ter algum tempo sozinho com a sua criança!), tendem a não ser tão grudentas ou muito tempestuosas na escola. São menos influenciadas por tendências e amigos e mais propensas a adotar perspectivas e ideias próprias. Tendem a ponderar mais profundamente antes de tomar uma decisão ou mergulhar na ação. O físico Albert Einstein, famoso introvertido, declarou: "A monotonia e a solidão de uma vida tranquila estimulam a mente criativa". Os introvertidos costumam ser criativos, atenciosos e mais deliberados; tendem a cultivar vínculos profundos; preferem qualidade a quantidade. Como tendem a uma vida mais privada, têm mais probabilidade de construir a própria independência.

O não tão bom assim

Crianças com baixa Extroversão são mais propensas à necessidade de persuasão para que vivenciem coisas novas. Como apreciam estar na própria zona de conforto, novas pessoas ou lugares podem soar exaustivos para elas. Portanto, sem um empurrãozinho, crianças com baixa Ex talvez não desejem explorar o desconhecido ou conhecer gente nova. Situações sociais podem ser estressantes. Se têm alta Emocionalidade, colocá-las em situações que lhes gerem desconforto pode causar birras ou acessos de explosão. Como estarem cercadas de pessoas as desgasta, precisam de mais tempo de tranquilidade ou intervalos após as atividades. Sem um tempo de silêncio, é provável que fiquem irritadiças ou mal-humoradas.

Por serem mais tranquilas, as crianças com baixa Ex correm o risco da negligência, pois não exigem o nível de atenção dos seus colegas com alta Ex e tendem a falar menos. Em razão de não se inclinarem ao engajamento com parentais ou professores, podem dar a impressão de que não precisam tanto deles, o que muitas vezes significa que não recebem a atenção de que necessitam, e a qual merecem, dos adultos significativos em suas vidas. O fato de serem mais independentes e mais propensas a pensar por si próprias possivelmente as torna menos suscetíveis à influência externa – isso é excelente quando se trata de pressão dos colegas, mas não tão bom quando se inclinam menos a seguir diretivas. Como os introvertidos ficam mais contentes com os próprios pensamentos e podem demorar mais para reagir a você, talvez pareçam teimosos. Em situações em que as crianças com baixa Ex são pressionadas a falarem abertamente ou a tomarem decisões rápidas, elas talvez se sintam estressadas ou congelem. O resultado é a percepção equivocada de que as crianças com baixa Ex são obstinadas ou não são tão espertas ou rápidas quanto seus colegas mais extrovertidos. Pode também ocorrer de os parentais questionarem se os filhos são tão simpáticos ou inteligentes quanto as outras crianças, ou se há algo de errado com eles.

BAIXA EX *VERSUS* TIMIDEZ

Às vezes, crianças com baixa Ex são descritas como tímidas, mas timidez e introversão são coisas diferentes. Confundem-se ambas as características porque a baixa Extroversão e a timidez podem desencadear comportamentos semelhantes, por exemplo, relutância em participar de atividades em grupo ou em brincar com outras crianças. A principal diferença entre os dois termos está no fato de que as crianças com baixa Ex gostam de ficar sozinhas e preferem grupos pequenos, enquanto as tímidas querem fazer parte do grupo, mas sentem-se nervosas (ou, no extremo, socialmente ansiosas) quanto à socialização. Crianças tímidas podem se enquadrar em qualquer lugar na dimensão Extroversão. Quando têm Extroversão de média a alta, o nervosismo em relação a interagir com outras crianças pode levá-las à solidão, pois prefeririam estar cercadas de outras crianças. Por sua vez, as crianças com baixa Ex podem não ter problemas de interação; simplesmente optam por estar sozinhas.

Você está na melhor posição, como parental, para descobrir se seus filhos são baixa Ex ou tímidos. Pergunte-se: eles parecem infelizes sozinhos? Querem estar com outras crianças, mas ficam ansiosos demais para se unir a elas? Se a resposta a qualquer uma dessas perguntas for sim, então seu filho pode ser tímido, não introvertido, e será benéfico para ele que sejam trabalhadas suas competências sociais. Embora a timidez seja parcialmente influenciada pelo fator genético (quase tudo é), não é um traço temperamental em si mesma, e você deve definitivamente trabalhá-la com seu filho.

ESTRATÉGIAS PARA DESENVOLVER AS COMPETÊNCIAS SOCIAIS DA CRIANÇA

Quer você tenha um filho com alta Ex, que conversa constantemente com os outros, quer tenha um filho com baixa Ex, que tem problemas para participar de atividades em grupo, a maioria das crianças se beneficia ao aprimorar as próprias competências sociais. Assim como andar e falar, interagir com outras pessoas é aprendido e aperfeiçoado com a prática. As competências sociais podem ter muitas nuances para um cérebro em desenvolvimento, por exemplo, há momentos em que você deseja que seu filho se manifeste (como se ele vir um amigo sendo provocado) e momentos em que espera que ele fique de boca fechada (como quando se sente compelido a comentar sobre a pessoa na fila do supermercado: "Mamãe, olha o cabelo horrível daquela mulher!").

A boa notícia é que as crianças estão constantemente aperfeiçoando suas competências sociais conforme crescem (com frequência, os adultos também). Uma das melhores maneiras de ajudar seu filho a desenvolver perspicácia social é *ensinando-lhe por meio de conversa*. Esse tipo de competência se revela fundamental na maioria das situações sociais, o que significa que as crianças interagem melhor com outros ao compreenderem que as emoções se conectam ao comportamento. Em todos os lugares, surgem oportunidades para ensinar essas competências (pergunte ao meu filho; ele as chama de "dicas da mamãe", embora agora, aos treze anos, diga isso revirando os olhos). Por exemplo, leia um livro com seu filho e converse sobre o que aconteceu – conectando as emoções ao comportamento dos personagens. Por que você acha que o coelhinho ficou tão chateado? Como você acha que o porco se sentiu quando o elefante pegou o brinquedo? Quando seu filho conversar com você sobre alguma coisa que outra criança fez na escola (quase sempre, era meu filho relatando o mau comportamento de outra criança: "Adivinhe o que David fez hoje?!"), use isso como uma oportunidade para falar sobre fazer escolhas diferentes.

Sugiro-lhe também que dramatize, como em um teatro, áreas sociais em que sua criança apresenta conflitos. Por exemplo, se o seu filho com baixa Ex tem dificuldade em olhar os adultos nos olhos quando fala, pratiquem juntos, para ajudá-lo a entender por que a competência é importante. Conte a ele uma história enquanto olha para o chão e pergunte-lhe como se sente. Essa estratégia pode ajudá-lo na compreensão de que é desconfortável para a outra pessoa alguém falar sem contato visual. Em seguida, estimule seu filho a praticar contando uma história enquanto mantém contato visual com você.

"A prática leva à perfeição" (ou pelo menos melhora) não vale apenas para esportes coletivos; é também aplicável em relação às competências sociais das crianças. Elogie seu filho quando ele lida bem com uma situação – quando sua criança com alta Ex dá aos outros a oportunidade de falar, quando a com baixa Ex toma a iniciativa de fazer uma nova amizade. A recompensa verbal ao comportamento infantil é uma excelente maneira de ajudar a criança a aprender e de ampliar a frequência de comportamentos que você deseja ver mais (abordaremos mais sobre isso no próximo capítulo).

A criança com alta Ex	A criança com baixa Ex
Aprecia conhecer gente nova	Prefere grupos pequenos e amigos próximos
Gosta de ir a lugares novos	Precisa de tempo para recarregar as baterias depois de atividades sociais
Gosta de vivenciar coisas novas	Gosta de observar antes de iniciar uma atividade
É tagarela; pensa em voz alta	Aprecia atividades tranquilas
Gosta de ser o centro das atenções	Não gosta de ser o centro das atenções
Faz novos amigos com facilidade	Demora para se engajar com as pessoas
Necessita de muita aprovação	Fica contente brincando sozinha

PARENTALIDADE DE ACORDO COM
O NÍVEL DE EXTROVERSÃO DA CRIANÇA

Descobrir as necessidades dos nossos filhos talvez seja um dos aspectos mais desafiadores da parentalidade; felizmente, saber em que ponto sua criança se enquadra na Extroversão será de grande ajuda. Crianças em diferentes níveis de Extroversão precisam de coisas diferentes dos parentais. E somos capazes de promover ajustes fáceis para criar a melhor qualidade de ajuste para nossos filhos e minimizar o comportamento desafiador. Crianças com diferentes níveis de Extroversão também têm diferentes *domínios de crescimento* que talvez não lhes sejam naturais, mas que podemos ajudá-las a desenvolver.

A parentalidade de uma criança com alta Ex

Crianças com alta Ex adoram interação – com você e com outras pessoas. A seguir estão algumas estratégias para oferecer a elas a liberação de que precisam e a atenção que desejam, ao mesmo tempo que lhes ensina que momentos de silêncio não são negativos e que elas precisam aprender a compartilhar o palco.

Propicie a elas muito estímulo social. Crianças com alta Extroversão tendem a prosperar em ambientes ativos e agitados. Precisam de oportunidades de socialização. Como parental de um filho com alta Ex, tente expô-lo a muitos ambientes diferentes porque ele é mais receptivo a vivenciar coisas novas e tem maior probabilidade de apreciá-las. Encontros com outras crianças, parques de diversões, pistas de boliche, concertos, eventos esportivos, teatro infantil, aulas de dança/ginástica, acampamentos/atividades coletivas, parques – qualquer lugar centrado em gente provavelmente será uma boa opção. Verifique as atividades disponíveis onde você mora. Liste-as e coloque em um local de fácil acesso. Uma amiga tinha uma lista de todas as atividades infantis (museus, parques etc.) em uma área na parede ao lado da mesa de café da manhã, com as horas diárias de funcionamento de cada uma. Ela sabia exatamente os parques que abririam, em que horário e em que dias, para que levasse seu filho com alta Ex para fora de casa depois do café da manhã, antes que toda aquela energia começasse a ricochetear nas paredes de sua casinha geminada.

Forneça muitos feedbacks. As crianças com alta Ex gostam de conversar; têm o cérebro programado para interação. Portanto, energia e motivação derivam de reações alheias positivas. Isso significa que seu filho com alta Ex adora atenção e informações. Ele deseja que você o observe enquanto escala os brinquedos em um parque e diga-lhe que está mesmo muito alto. Ele quer lhe contar tudo o que aconteceu na escola naquele dia e deixá-lo animado com os eventos. Se você também é alta Ex, é bem possível que isso lhe soe natural: "Uau, olhe para você lá em cima!"; "Nossa, cara, isso parece muito divertido!". Se você for baixa Ex, talvez não se sinta tão confortável. Eu tive parentais com baixa Ex dizendo-me que se sentem ridículos sempre comentando sobre o comportamento dos filhos, ou que não acham bom para uma criança receber elogios constantes.

Se você é um parental com baixa Ex, tente lembrar que o cérebro do seu filho com alta Ex é programado de modo diferente, e que ele precisa de feedback para ajudá-lo a se desenvolver. Se não receber de você, irá buscá-lo de outras pessoas – o que nem sempre pode ser uma coisa boa. Observe que dar feedback ao seu filho não significa despejar nele falsos elogios; você pode apenas refletir sobre o comportamento da criança: "Parece que você teve um excelente dia na escola!"; "Você brincou muito com as outras crianças!". Mas não receie em festejar as conquistas também: "Você está andando tão bem de bicicleta!"; "Você aprendeu mesmo a brincar com os outros!". Fornecer feedback positivo é uma ótima maneira de reforçar os comportamentos que você deseja ver com mais frequência em seus filhos. E você não vai querer ignorar as coisas positivas e comentar apenas as negativas, pois sua criança logo descobrirá que tipo de comportamento desperta sua atenção parental!

Ensine seu filho a desacelerar. Em razão de as crianças com alta Ex quererem estar sempre em movimento, cabe a você ensinar ao seu filho a importância de desacelerar. Sim, existem muitas coisas maravilhosas associadas à exploração do mundo e ao engajamento em muitas atividades, mas todos nós precisamos recarregar as baterias, percebamos ou não. Isso não é natural para crianças com alta Ex. Elas, sobretudo conforme vão crescendo, podem ultrapassar os limites em sua empolgação porque se envolvem em muitas atividades e, assim, correm o risco de se sentirem sobrecarregadas. Como parental, cabe a você ensiná-las desde cedo sobre a importância de dar um tempo. Aprender a autorregulação a fim de evitar exageros é uma competência importante para o desenvolvimento de crianças com alta Ex. Embora elas apreciem a interação social e os sentimentos positivos que decorrem disso, correm o risco de se esgotarem e exaurirem, o que gera choradeiras, discussões e birras. Nenhum de nós está no nosso melhor eu quando cansado.

Faça questão de encontrar tempo entre as atividades sociais ou passeios, para a criança se dedicar a programas mais tranquilos. É relevante que converse com seu filho sobre o porquê disso, para que ele entenda e comece a incorporar a importância de agir com mais calma para relaxar e se revigorar. Aqui estão algumas sugestões:

CRIANÇA COM ALTA EX: "Vamos lá na piscina!".
PARENTAL: "Já passamos a manhã no parque com amigos, e entendo que você adora estar com outras pessoas, mas todos nós precisamos de algum tempo para recarregar as baterias. Que tal você e eu montarmos um quebra-cabeça juntos?".

* * *

CRIANÇA COM ALTA EX: "Quero ir ao parquinho!".
PARENTAL: "Eu sei que é divertido estar fora de casa, mas todos nós precisamos desacelerar de vez em quando e reservar um tempo para nós mesmos, ou então ficaremos exaustos. Por que você não brinca montando aquele novo navio com o seu Lego que ganhou de aniversário?".

Não se surpreenda se seu filho com alta Ex resistir ou reclamar. Afinal, ele tende a querer estar em movimento! Nosso cérebro está programado para desejar mais daquilo de que gostamos, e as crianças com alta Ex consideram a interação gratificante. Mas aí está parte do nosso papel parental: desafiar com delicadeza as tendências naturais dos nossos filhos para ajudá-los a perceber que temos de regular nossos desejos. E você é o melhor padrão de quanta atividade e interação seu filho precisa, e com quanta ele consegue lidar. Explicando: você não precisa ser rígido em relação à pausa por um determinado período todos os dias (a menos que funcione bem para você e seu filho). Tenha uma noção de quanta atividade é ideal para ele e trabalhe a pausa de acordo com isso. Para algumas crianças, pode ser uma vez por dia; para outras, uma vez por semana. O mais relevante é que você converse com ele sobre a necessidade de desacelerar e aprender a desfrutar o tempo. Ajude-o a ver que alguns momentos de tranquilidade também podem ser recompensadores. Diga: "Você percebeu como se sentiu energizado depois de sossegar um pouco para ler em seu quarto? Agora já está pronto de novo!". Ou: "Às vezes, quando estamos sempre em movimento, começamos a nos sentir muito empolgados. É como quando uma panela de água fica muito quente e começa a ferver! Então, apenas diminuímos o fogo e fazemos alguma coisa mais tranquila por um tempo".

Nas ocasiões em que você encontrar seu filho com alta Ex curtindo uma atividade mais tranquila, manifeste-se e encoraje-o para que comece a estabelecer a conexão: "Que quebra-cabeça legal você montou! Você parece bem orgulhoso. É bom trabalhar em projetos sozinho às vezes". Ou: "É bom apenas deitar no chão e olhar as nuvens por um tempo depois de uma manhã agitada". Com o tempo, isso será um hábito que ele adaptará mais naturalmente ao próprio cotidiano.

Ensine-o a refletir e ter empatia. Seu filho com alta Ex talvez precise de sua ajuda para aprender a ser mais reflexivo. Como já falamos, conhecemos apenas nossa própria maneira de estar no mundo e temos uma tendência natural a presumir que os outros pensam do mesmo jeito que nós. Ajude seu filho com alta Ex a compreender que, embora seja energizado por pessoas, atividades e bate-papos, nem todos são. Alguns necessitam de períodos de tranquilidade para processar os próprios pensamentos ou apreciam a companhia de outras pessoas sem tanta conversa. Caso seu filho tenha um irmão ou um amigo que você reconhece ser de Extroversão mais baixa, use essa pessoa como exemplo para ajudá-lo a entender: "Sabe seu amigo Michael? Vocês se divertem muito brincando juntos, mas já percebeu que Michael é muito mais tranquilo? Às vezes, você precisa fazer uma pausa para que ele também consiga falar". Ou: "Eu sei que você gosta de processar as coisas pensando em voz alta, mas às vezes é bom parar e pensar primeiro". O Capítulo 6, sobre Esforço de Controle, aborda muitas estratégias para ensinar seu filho com alta Ex desacelerar e pensar antes de agir. Talvez considere algumas delas úteis para ele.

A parentalidade de uma criança com baixa Ex

Crianças com baixa Ex não demandam tanto nossa atenção como as com alta Ex, mas isso não significa que não tenham necessidades. A seguir estão algumas estratégias que você pode implementar se for parental de uma criança com baixa Ex, para ajudá-la a prosperar.

Ajude seu filho a se sentir amado e aceito. Essa declaração pode soar acéfala; afinal, é óbvio que queremos que nossos filhos se sintam amados e aceitos. Mas vivemos em um mundo extrovertido, no qual os extrovertidos superam os introvertidos de três para um. Somos uma cultura que se orgulha do individualismo grosseiro, de sair e fazer coisas, de falar o que pensa. Vivemos em uma sociedade construída por extrovertidos, razão pela qual as crianças com baixa Ex podem se sentir deslocadas, "inferiores", ou como se não se ajustassem. Dependendo do temperamento dos outros adultos e das crianças da família, elas podem se sentir um peixe fora d'água. É provável que tenham o mesmo sentimento na escola, onde as crianças que se manifestam livremente e se disponibilizam mais a participar das atividades (quase sempre as com alta Ex) acabam se destacando mais. Crianças pequenas talvez não compreendam por que se sentem deslocadas.

Como parental, uma das coisas mais importantes que você pode fazer é ajudar seu filho com baixa Ex a se entender e saber que não há nada de errado com ele. Converse sobre como todos nós nascemos com temperamentos diferentes. Explique que algumas crianças adoram estar cercadas de gente e envolvidas em muitas atividades, enquanto outras se sentem mais à vontade em atividades tranquilas ou brincando sozinhas. Em seguida, pergunte-lhe com que tipo ele se identifica mais. Explique que ele é mais introvertido (eu uso essa linguagem com crianças, pois elas devem ouvi-la no mundo todo, o que simplifica a compreensão do termo). Ajude-o a perceber todas as coisas maravilhosas próprias dos introvertidos – são pensadores mais calmos, mais criativos e reflexivos em razão dos momentos tranquilos que vivenciam. Diga que fazem grandes amigos porque formam vínculos profundos. Pesquisem juntos na Internet sobre introvertidos famosos para que a criança entenda que é capaz de atingir sucesso como introvertido e que sua disposição se mostra especial.

Como vivemos em um mundo extrovertido, seu filho com baixa Ex talvez necessite de mais apoio e incentivo dos parentais. Ele precisa saber que você o ama, mesmo que nem sempre seja o centro das atenções ou a criança mais popular no parquinho. Se enfrenta dificuldades com os colegas por ser "muito quieto" e por isso não se sente aceito, trabalhe com ele as estratégias de competências sociais já discutidas. Crianças com baixa Ex precisam entender que mais nem sempre significa melhor, que pequenas coisas "bastam" – aconchegar-se com você, ler um livro, brincarem juntos em casa, poucos bons amigos. É mais provável que seu filho com baixa Ex se satisfaça com os prazeres simples da vida e, como parental, você deve ajudá-lo a ver essa característica como um presente, em vez de uma suscetibilidade.

Encontre atividades que se ajustem à disposição do seu filho. Crianças com baixa Ex gostam, por natureza, de atividades que envolvem menos gente e que não as sobrecarregam com estimulação social. Montar Legos (ou, conforme elas crescem, modelar aviões ou navios), ler, fazer quebra-cabeças, colorir, brincar com brinquedos no quarto: dê ao seu filho com baixa Ex muitas opções como formas individuais de expressar criatividade. Outras ótimas opções para crianças com baixa Ex incluem um passeio na biblioteca, ou em um museu de arte, ou ficar em casa para assistir a um filme junto com os parentais. Também existem muitas opções excelentes de esportes adequadas às crianças com baixa Ex. Pense em jogo de xadrez, tênis, patinação, remo, escalada, ciclismo – esportes mais individuais. Todas essas são ótimas maneiras de torná-los ativos, dispensando que se organizem e trabalhem com uma grande equipe. A fotografia também é um excelente passatempo para crianças com baixa Ex. Permite-lhes estar ao ar livre, vivenciando o mundo e na companhia de outras pessoas, ao mesmo tempo que se sentem seguras e menos expostas por estarem atrás de uma câmera. Meu filho com baixa Ex sempre apreciou ser o "fotógrafo" em eventos familiares. Desse modo, ele participa do grupo sem sentir que precisa falar com todos constantemente. Outros ótimos hobbies para crianças desse tipo incluem pintura, jardinagem ou culinária, atividades que lhes permitem passar tempo com você, com outras pessoas e serem receptivas ao mundo, sem se exaurirem diante da necessidade de constante interação social. Considere também envolver seu filho introvertido com animais; essas crianças costumam adorar a companhia dos bichos, pois são menos tagarelas e exaustivas do que gente! Ser voluntário em um abrigo de animais é um excelente jeito de engajar seu filho com baixa Ex a praticar o bem sem precisar de muita interação com outras pessoas.

Propicie a ele um lugar sossegado e exclusivo. Crianças com baixa Ex precisam de um espaço onde estejam sozinhas com seus pensamentos. Pode ser um quarto ou, se isso não for viável em sua casa, pense com criatividade. Elas podem ter uma cabaninha ou um canto repleto de almofadas confortáveis e escondido por um lençol preso na parede. O importante é que disponham de um lugar fora do alcance de qualquer outra pessoa, onde sintam ser seu cantinho especial. Crianças com baixa Ex precisam encontrar uma maneira de se refugiarem em seu próprio universo, para onde fujam quando o mundo que as cerca esteja muito estimulante. Precisam de um tempo sozinhas para recarregar as baterias.

Ajude seu filho a reconhecer quando precisa de um momento de tranquilidade. Algumas crianças com baixa Ex são ótimas em reconhecer sozinhas os momentos em que precisam de uma pausa. Quando recebemos pessoas em casa para jantar ou para um encontro de brincadeiras coletivas, minha filha com baixa Ex de três anos começa a se inquietar com pequenas coisas. É evidente que todas as pessoas e atividades estão sobrecarregando-a. Quando isso acontece, ela quase sempre olha para nós e declara que precisa ir ao quarto e "tirar uma sonequinha". E assim será: irá até lá, folheará um livro durante cinco a quinze minutos e voltará recarregada como seu pequeno e encantador eu! Às vezes, reconhecemos que ela está saindo de fininho e perguntamos: "Você precisa de um pouco de sossego?", e quase sempre ela responde com alívio de modo afirmativo e vai para seu quarto para uma pausa rápida.

Entretanto, muitas crianças com baixa Ex precisam de ajuda para reconhecer quando estão ficando superestimuladas. Cabe a você, parental, auxiliar seu filho a aprender a reservar um tempo de sossego para recarregar as baterias depois que esteve cercado de gente. Ajude-o a identificar quando se sente sobrecarregado e incentive-o a encontrar maneiras de reservar algum tempo para si mesmo. Por exemplo, se estão em uma festa de aniversário e percebe que o clima está ficando demais para ele, pergunte-lhe: "Devemos sair e fazer uma pausa por alguns minutos?". Ou, se o evento ocorrer em sua casa, sugira que ele venha auxiliá-lo na cozinha. Ajude seu filho a compreender que não há problema em se afastar um pouco e depois se reintegrar à diversão. A situação equivale ao adulto fazendo uma pausa de uma festa retirando-se para a varanda. Ajude-o a reconhecer como ele recarrega a bateria afastando-se por alguns minutos. Você pode dizer: "Uau, quanta gente aqui! Você estará mais relaxado depois de se afastar por alguns minutos". Ajude seu filho também a se reintegrar à diversão: "Veja! Hannah está jogando um *game* muito legal. Hannah, você pode mostrar a Josh como funciona?". Lembre-se de que crianças com baixa Ex quase sempre gostam de observar antes de entrar em um grupo, então está tudo bem se quiserem ficar olhando alguns minutos antes de participar.

A CRIANÇA COM MÉDIA EX

Meu marido se autodenomina um Introvertido Extrovertido. Adultos com média Extroversão quase sempre se descrevem dessa maneira. *Ambivertido* é outro termo muito usado para se referir a esse tipo de pessoas. Indivíduos com Extroversão média apresentam algumas características que associamos à Extroversão (alta Ex) e outras que relacionamos à introversão (baixa Ex). Como a maioria dos comportamentos segue um padrão de curva em sino na população, na verdade muitas pessoas se enquadram na faixa da média Ex.

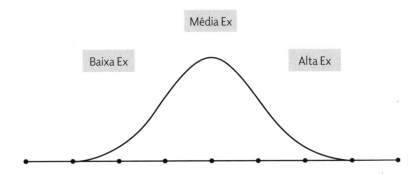

As crianças com média Ex gostam de estar com outras pessoas e tentar coisas novas *até certo ponto*, mas também apreciam atividades mais tranquilas e precisam de algum tempo de pausa para recarregar as baterias. Se você tem um filho com média Ex, é bem possível que identifique elementos dele nas descrições das crianças com alta *e* baixa Ex. Como seu filho não é tão radical em nenhuma das direções quanto às tendências naturais à Extroversão, ele provavelmente aprecia uma mistura das atividades recomendadas para crianças com alta e baixa Ex. O elemento-chave para você descobrir os padrões de seu filho é: quanta atividade com alta interação social é adequada para ele? De quanto tempo de pausa ele precisa? Observando sua criança no decorrer do tempo, você terá uma noção disso. Esse processo pode acontecer sem demandar muita atenção dos parentais. Como as crianças de média Ex gostam de ambas as atividades – com alta e baixa Ex –, elas podem ser mais adaptáveis, sobretudo se tiverem baixa emocionalidade. Mas, se você achar que seu filho está se irritando em atividades específicas, vale a pena manter um diário por uma semana. Registre os tempos que você gasta em diferentes tipos de atividades a cada dia e como cada uma transcorreu. Por exemplo, o registro pode ser mais ou menos assim:

Sábado:

- 8 h-10 h: recreação no parque com mais três amigos (feliz; muito divertido)
- 10 h-12 h: museu das crianças (feliz; muito divertido)
- Almoço; soneca
- 14 h-16 h: jogo de futebol do irmão mais velho (muito irritado; malcomportado)

É possível que seu filho apenas ache o futebol chato, mas também é possível que ele tenha ficado exausto depois de uma manhã repleta de atividades. Manter um diário por uma semana ou mais ajuda a diferenciar as duas possibilidades. Se você começar a verificar um padrão reiterado de irritação ou mau comportamento depois de longos períodos de passeios sociais, tente criar atividades mais tranquilas para propiciar a ele alguma pausa entre elas. Por exemplo, se você sabe que seu filho mais velho tem um jogo à tarde, tente um tempo de brincadeira em casa depois da recreação matinal para que ele recarregue as baterias e se anime para o jogo à tarde. Se o padrão é seu filho só se irritar em jogos de futebol, bem, aí está a resposta.

Dependendo se seu filho tender mais para a extremidade da alta Ex ou para a extremidade da baixa Ex (e dependendo do perfil de Extroversão de outros membros da família), sua criança com média Ex talvez necessite de ajuda para desenvolver certas competências descritas nos perfis da alta e da baixa Ex. Por exemplo, se notar que seu filho com média Ex está começando a assumir o controle nos momentos das refeições e o irmão com baixa Ex não consegue emitir nenhuma palavra, então trabalhe com ele para garantir que todos tenham a chance de falar.

Sob outra perspectiva, se você notar que seu filho com média Ex costuma estar em constante movimento para acompanhar o irmão com alta Ex, ajude-o a perceber quando precisa fazer uma pausa. Quanto mais tempo passar com seu filho, mais *insight* terá para saber se ele precisa de uma ajudinha em qualquer uma das áreas descritas. Mas, em geral, como não são tão radicais, as crianças com média Ex costumam "ir com a correnteza", desfrutando uma mistura de atividades e entendendo as perspectivas de seus colegas com alta e baixa Ex.

SUGESTÃO DE ATIVIDADES PARA...	
CRIANÇAS COM ALTA EX	CRIANÇAS COM BAIXA EX
Grupos de recreação	Leitura
Parques com muitas crianças	Quebra-cabeças
Boliche	Fotografia
Cursos de dança e academias	Bibliotecas
Concertos infantis	Legos
Eventos esportivos	Brincadeiras no quarto
Teatro infantil	Pinturas
Acampamentos/atividades coletivas	Noites de filmes
Museus infantis	Museus de arte
Esportes coletivos	Esportes individuais
Parques de diversão	Jardinagem
Zoológicos	Culinária

Observação: as crianças com baixa e alta Ex tendem a gostar das atividades de cada uma das listas, mas as crianças com alta Ex precisam de mais estimulação social, e as de baixa Ex precisam de atividades mais tranquilas.

DESAFIANDO O NÍVEL DE EXTROVERSÃO DAS CRIANÇAS

As estratégias parentais apresentadas são formas de criar Qualidade de Ajuste para seu filho com alta a baixa Ex, as quais permitirão a você combinar melhor o ambiente da criança com as tendências naturais dela, para minimizar o comportamento desafiador. Talvez você se pegue pensando (ou talvez seu companheiro tenha argumentado): "Mas não é desse jeito que o mundo funciona! O mundo não se curva a todas as necessidades de uma pessoa, e nossos filhos precisam aprender isso". É justo. Não estou sugerindo que mantenha sua criança com baixa Ex brincando feliz no quarto e nunca a exponha a outras crianças, ou que carregue seu filho com alta Ex por toda a cidade para um milhão de atividades e eventos. Entender as tendências naturais dos filhos o ajuda a também entender os ambientes que provavelmente se ajustam a eles e os ambientes que talvez lhes sejam desafiadores. Parte desse processo está sob seu controle como parental, então você pode usar esse conhecimento para minimizar, ou pelo menos desmistificar, os momentos em que seu filho se chateia ou se comporta de maneira inaceitável.

No entanto, compreender o temperamento dos filhos não o torna escravo deles! Todos nós precisamos vivenciar ambientes fora de nossas zonas de conforto. As crianças com alta Ex devem aprender a ficar sozinhas às vezes, e as com baixa Ex devem ser capazes de sobreviver em um contexto social. Entender as situações que talvez soem desafiadoras para seu filho não significa evitá-las; elas o capacitam a antevê--las e se preparar melhor.

Sejamos sinceros: desafiar as tendências naturais do seu filho pode ser... bem desafiador. Quando as crianças estão em ambientes que não se alinham com suas tendências naturais, isso cria uma dissonância que leva ao estresse. As crianças reagem a esse estresse de maneiras diferentes, o que se relaciona ao ponto em que estão na escala da Emocionalidade. A forma como seu filho lida com o estresse decorrente da dissonância entre o ambiente e a tendência natural dele influenciará o quanto você pode impulsioná-lo. Crianças altamente emocionais têm muito mais dificuldade em lidar com uma dissonância entre o ambiente e a Extroversão. Meus dois filhos apresentam baixa Extroversão (a ironia), mas diferem quanto à Emocionalidade. Meu filho é baixa Ex e alta Em. Minha enteada é baixa Ex e baixa Em. Ambos tendem a preferir brincar sozinhos, com os parentais ou com poucos amigos. Coloque-os em um grande grupo de crianças e eles irão se calar e observar sem participar. Mas a alta Emocionalidade do meu filho o levava a ficar muito chateado quando se via em uma situação que lhe causava desconforto. Isso se evidenciava na reação dele a algumas de suas primeiras festas de aniversário. Como alguém com alta Ex, adoro uma grande reunião; por isso, no segundo e no terceiro aniversários do meu filho, dei uma festança para ele e convidei muitos amigos – crianças pequenas e adultos. Por dois anos seguidos, cantamos "Parabéns pra você" e ele surtou, rastejando para debaixo da mesa em um ano e para atrás de um sofá no outro. Meus convidados acabaram de cantar a música constrangidos enquanto eu tentava convencê-lo a aparecer. Para ele, era praticamente insuportável virar o centro das atenções em uma multidão. Por fim, acabei entendendo, desisti de minha aspiração de organizar grandes festas temáticas de aniversário, e agora comemoramos a data com a família ou alguns de seus amigos mais próximos.

Porque sou uma aprendiz lenta (ou sedenta por punição), revi meus métodos de planejamento de eventos com minha enteada e organizamos uma grande festa de aniversário em ambiente aberto na ocasião do terceiro aniversário dela, com um zoológico completo no quintal de nossa cidade. Embora ela seja baixa Ex e baixa Em, foi capaz de lidar com o zoológico (literal). Ficou observando com tranquilidade o cenário caótico de crianças correndo em liberdade com cabras e ovelhas, e encontrou um coelhinho para acariciar. Ela parecia meio desconfortável quando todos se reuniram em torno do bolo para cantar e precisou de estímulo para soprar as velas, mas não desapareceu em lágrimas escondida sob a mobília. Como minha enteada é mais capaz de gerenciar sua angústia, podemos expô-la a situações mais "dissonantes" sem que isso resulte em um desastre total.

Então, o que fazer quando há uma dissonância entre temperamento e ambiente, e seu filho tende a viver uma situação angustiante? A escolha é sua: cancelar ou preparar-se para enfrentar.

Vez ou outra, você talvez decida que simplesmente não vale a pena. Será que de fato precisa estar na estreia do novo museu, ou poderia esperar algumas semanas e ir visitar com seu filho quando o lugar não estiver tão lotado? Será que vale a pena participar da festa de aniversário do filho do vizinho e enfrentar um potencial surto? Caso não se importe muito, ou caso seu filho esteja tendo um dia ruim (ou você!), vale a decisão de que simplesmente não consegue lidar com isso. *E tudo bem.* A rotação da Terra não vai parar porque você não compareceu à festa de quarto aniversário da pequena Isabela.

No entanto, vez ou outra vale a pena. O evento é importante para você, ou então o acha importante para seu filho, ele goste ou não. Se for esse o caso, o elemento-chave é *preparar.* Não presuma que você vai promover uma reunião familiar com seu filho baixa Ex e, de alguma forma, ele irá se sentir bem na companhia de um bando de tias e primos distantes que nunca o conheceram. Não diga ao seu filho com alta Ex, no caminho para a biblioteca, que ele precisará ficar sentado quieto por horas enquanto você faz algum trabalho. Converse com sua criança antes (e "antes" não significa o momento em que você está entrando no carro para sair). Informe-a sobre o evento. Converse com ela sobre o que sente. Em seguida, trabalhem juntos para desenvolver um plano. Pode ser assim:

> PARENTAL: "Alyssa, no sábado, temos uma reunião de família. Você sabe o que é isso?".
>
> CRIANÇA COM BAIXA EX: "Não".
>
> PARENTAL: "É quando um grande grupo de pessoas aparentadas se reúne. Mais ou menos como quando nos reunimos com a família da vovó e do vovô e da tia B, mas com muito mais gente".
>
> CRIANÇA COM BAIXA EX (*parecendo cética*): "Muita gente que eu não conheço?".
>
> PARENTAL: "Haverá muitas pessoas novas lá. Como você se sente?".
>
> CRIANÇA COM BAIXA EX: "Eu não quero ir. Você sabe que eu não gosto de ficar rodeada de muita gente".
>
> PARENTAL: "Eu sei que não e que pode parecer angustiante. Mas é importante que estejamos lá. Vamos pensar em estratégias que você possa usar se a reunião for além do que suporta. Tem alguma ideia?".

Dependendo da idade e da maturidade do seu filho, ele pode ou não ser capaz de elaborar um plano. Faça um *brainstorm.* "Se você começar a se sentir sobrecarregado, talvez deva sair e explorar o quintal por um tempo? Ou talvez brinque com o gato da vovó?" Deixe seu filho saber que está tudo bem se ele necessitar de uma pausa. Ajude-o a criar uma estratégia.

O ato de preparar não se resume ao seu filho, mas também implica você se preparar. Quando suas reservas estão baixas – talvez uma noite mal dormida ou outros elementos estressores em sua vida, ou apenas falta de energia para encarar a situação –, talvez não seja o melhor momento para desafiar um traço característico. No caso da reunião familiar, desistir pode não ser uma opção, mas, no caso de alguns eventos (provavelmente mais do que você imagina), vale cancelá-los se parecer que você ou seu filho simplesmente não estão preparados. Na realidade, mesmo com o melhor planejamento e preparação, às vezes uma criança não será capaz de lidar com o acontecimento, sobretudo se tiver alta Emocionalidade (mais sobre isso no próximo capítulo). E, como parental, você precisa ser capaz de respirar fundo e se organizar. Pense em como vai lidar com a situação caso seu filho não esteja à altura de suportar a ocasião. Tenha um plano, caso seu filho não consiga superar a angústia.

Confesso que essa sempre foi a parte mais difícil para mim. Odiava quando fazia tudo o que imaginava que devia fazer – conversar com meu filho, elaborar um plano, praticar o que ele diria e faria –, e ainda assim, quando chegava o momento... ele simplesmente não conseguia, quer isso significasse um surto, quer apenas uma recusa convicta de participar. É frustrante porque, não importa o quanto você se prepare, uma parte da situação está fora de seu controle. Paguei por muitos acampamentos de verão a que meu filho afirmou que gostaria de ir, conversamos sobre isso, nos preparamos e, ainda assim, quando viu o grupo de crianças, congelou e se recusou a sair do carro. Não importa que tivéssemos um plano. Não importa que eu tivesse pagado antecipadamente por uma semana divertida e infantil com todos os esportes. Não importa que eu tivesse uma reunião agendada. Não importa que nós dois nos sentíssemos excelentes, preparados, sem percalços. Naquele momento, ele não conseguiria dar conta da situação. E foi então que, como parental, precisei retomar minha preparação. Afinal, por mais frustrada que estivesse, por mais que quisesse gritar que *tínhamos um plano* e que ele ficaria bem assim que saísse do carro para que eu pudesse trabalhar! – aquele era o momento em que tinha de me lembrar da minha preparação: respirar fundo, ficar calma e conversar sobre isso mais uma vez. Às vezes ele se tranquilizava, mudava de ideia e enfrentava o acampamento. Mas, em outras vezes, não. Então, tentaríamos de novo outro dia. No momento, dá vontade de arrancar os cabelos. Mas hoje, aos treze anos, ele salta do carro para encontrar os amigos o mais rápido possível. Aguente firme. É uma maratona, não uma corrida. Continue tentando e seus esforços um dia ajudarão seu filho a adquirir as competências necessárias para administrar o próprio temperamento.

COMO O NÍVEL DE EXTROVERSÃO AFETA A PARENTALIDADE

Antes de ter um filho, você provavelmente imaginava todas as coisas divertidas que fariam juntos. E é bem possível que as atividades que você idealizava, tenha percebido ou não, relacionavam-se ao seu próprio nível de Extroversão. Parentais com alta Ex mal podem esperar para levar seus filhos ao zoológico, ao parque, às brincadeiras com outros amigos (e para preparar grandes festas de aniversário). Parentais de baixa Ex esperam viver momentos de qualidade com seus filhos lendo livros, fazendo projetos de arte. O mundo que imaginamos criar para nosso filho é um produto de nosso temperamento e dos nossos interesses. E quando você tiver sorte e encontrar uma correspondência entre sua Extroversão c a de seu filho, tudo funcionará muito bem! Parentais com alta Ex com filhos do mesmo tipo se deliciam explorando atividades e parques e indo a passeios sociais. Parentais com baixa Ex com filhos do mesmo tipo apreciam momentos de qualidade brincando juntos em casa ou caminhando pela natureza. Esses conjuntos de parentais e filhos têm um natural Ajuste de Qualidade. No entanto, é possível que você e sua criança tenham temperamentos bastante diferentes. As incompatibilidades na Extroversão de filhos e parentais costumam ser a origem de muitas preocupações e desafios.

Parental com alta Ex e filhos com baixa Ex

Parentais extrovertidos com filhos introvertidos tendem a se preocupar muito. Minha criança é solitária! Ela não vai ter amigos! Ela fica muito tempo no quarto! Ela se recusa a participar do teatro da escola! Ela precisa sair e conhecer o mundo!

Sou um parental com alta Ex e tenho dois filhos com baixa Ex. Confie em mim. Disso eu entendo.

Mas passei a compreender que crianças com baixa Ex também estão vivenciando o mundo, ainda que de uma maneira muito diferente da nossa, os extrovertidos[8]. E por mais difícil que nos seja imaginar, não é uma maneira menos significativa. É apenas diferente. Indivíduos com baixa Ex não precisam viver no olho do furacão. Eles gostam de manter relacionamentos de qualidade com um pequeno número de pessoas e, quase sempre, dentro desse pequeno círculo, estamos nós, os parentais. Quando as crianças com baixa Ex se sentem confortáveis, podem ser tagarelas e agradáveis. Contudo, quando em um grupo maior, elas se fecham, o que pode ser muito desconcertante ou frustrante para nós, parentais com alta Ex. Por que meu filho, tão divertido e encantador comigo, é um fracasso quando cercado de gente?! Queremos que nossos amigos e parentes vejam a pessoa encantadora que sabemos que ele é. Podemos pressionar nosso filho a "fazer parte", a se conformar com nosso mundo extrovertido ou modo de ser. Sei que sou culpada disso.

Mas eis aqui o que aprendi – com meus próprios filhos introvertidos, em conversas com outros autoproclamados introvertidos e em pesquisas sobre introversão. Às vezes, seu filho só quer um tempo sozinho, e isso não significa que nunca terá amigos; não significa que está

---

8 Para parentais com alta Ex que tentam entender melhor a experiência da baixa Ex, encontrei um livro muito esclarecedor e perspicaz: *The Introvert Advantage: How Quiet People Can Thrive in an Extrovert World*, de Marti Olsen Laney, Psy.D., Workman Publishing Company (2002). (N.A.) No Brasil, publicado com o título *A vantagem do tímido: como alcançar o sucesso em um mundo comunicativo*. (N.T.)

destinado a viver trancafiado no quarto para sempre. Ele só precisa de um espaço tranquilo. Precisa processar e recarregar as baterias. Vez ou outra, ele desejará um tempo longe de você, e isso não se relaciona ao fato de não necessitar dos parentais, ou não os amar, ou que ele nunca quer estar perto de você. Mas nós, parentais com alta Ex, podemos ser exaustivos para nossos filhos com baixa Ex. Às vezes, eles só desejam se sentar ou brincar em silêncio perto de nós. Se você já teve um namorado ou uma namorada carente, com certeza já vivenciou isto: gostaria mais deles se estivessem menos tempo por perto! É desse modo que nossos filhos com baixa Ex podem se sentir sobre nós.

A principal mensagem para nós, parentais com alta Ex de filhos com baixa Ex: os cérebros deles são programados de maneira diferente dos nossos. Eles se divertem com experiências diferentes das nossas, e muitas das coisas de que gostamos lhes soam estressantes. Cabe a nós amá-los e apreciá-los por suas qualidades singulares, sem os pressionar em direção ao nosso jeito de ser. A pressão só comprometerá nosso relacionamento com eles. É nosso trabalho ajudá-los a aprender a apreciar e aceitar suas qualidades únicas.

Parental com baixa Ex e filhos com alta Ex

Enquanto os parentais com alta Ex de filhos com baixa Ex tendem à *preocupação*, os com baixa Ex de filhos com alta Ex tendem à sensação de *culpa*. Eles sentem que não conseguem acompanhar o ritmo de suas crianças; acham que deveriam dar mais a elas. Você pode adorar o entusiasmo do seu filho com alta Ex de explorar o mundo, mas também pode ser muito exaustivo! Só de ler sobre todas as atividades que sua criança com alta Ex talvez aprecie e sobre as maneiras de fornecer estímulo social a ela pode lhe dar a sensação de estar sobrecarregado.

Não se desespere! Existem atividades que funcionarão para vocês dois; talvez demande um pouco de tentativa e erro. Como um extrovertido, é possível que seu filho deseje estímulo social; como um introvertido, talvez você gravite em torno de atividades mais tranquilas.

Portanto, as maneiras como imaginou passar o tempo com seu filho – ler um livro juntos, montar quebra-cabeças, jogar baralho – podem não ser lá muito estimulantes para ele. Isso não significa que a criança irá rejeitá-las (no entanto, se ela também estiver com baixo Esforço de Controle, talvez seja um desafio; mais sobre isso no Capítulo 6), porém, caso ache que seu filho está ficando meio entediado ou frustrado, já sabe que precisará inserir mais atividades sociais desejadas por sua criança com alta Ex.

Isso não quer dizer que você, de repente, tenha de se juntar ao grupo de recreação da vizinhança ou passar as manhãs de sábado conversando com outros pais no parquinho (tremendo). Tente levar seu filho com alta Ex para atividades em que ele esteja com outras crianças, e assim satisfaça a necessidade de interação social dele, desde que não sobrecarregue você. Acredite ou não, existem atividades que irão agradar a ambos. Por exemplo, verifique se a biblioteca local tem um horário de contação de histórias para crianças. Seu filho com alta Ex até estará cercado de gente, mas você não será forçado a ficar conversando com um bando de pais que nem sequer conhece (ou nem se importa em conhecer). Uma das minhas amigas de baixa Ex com um filho com alta Ex encontrou um percurso pedagógico em um centro natural local, onde um adulto conduz o grupo de crianças a conhecer um animal diferente a cada semana; ela ficava lendo sossegada no fundo da sala. Tente participar de encontros lúdicos de adultos que sejam bons amigos e que tenham crianças, de modo que não lhe sejam intoleráveis, lembrando-se de que nesses momentos seu filho tem a chance de desenvolver as próprias competências sociais. Procure oportunidades relacionadas a práticas esportivas ou a atividades em grupo, como escotismo, nas quais você pode deixar seu filho; assim, ele desfrutará de interação social e você conquistará seu tão necessário tempo de tranquilidade. Procure atividades extraescolares nas quais ele esteja na companhia de outras crianças e você tenha algum tempo para si mesmo. Importante: *não se sinta mal com essas escolhas!* Se você está constantemente tentando ser "participativo" para manter seu filho engajado, ativo e feliz, isso vai cobrar seu preço. A boa parentalidade não implica fazer tudo pelo filho, mas sim descobrir o que funciona melhor para você *e* para ele. Quando parentais e filhos estão cada um em seu próprio território, todos ficam mais felizes. E um parental mais feliz implica um parental melhor. Portanto, aproveite o tempo de atividades extraescolares sozinho!

Outra coisa que pode não vir naturalmente para você, parental com baixa Ex, refere-se à necessidade de feedback e aprovação do seu filho com alta Ex. Crianças desse tipo estão habituadas a ouvir – seja a própria voz, seja a dos parentais –; portanto, talvez interpretem a falta de feedback como uma indicação de que você não está orgulhoso delas ou que as desaprova. Ainda que talvez demande esforço de sua parte, tente encontrar maneiras de dar feedback positivo. "Uau, que lindo quebra-cabeça você montou!"; "Você fez tantos novos amigos no parque hoje!"; "Você subiu tão alto naquela árvore!" Filhos com alta Ex quase sempre anseiam por feedback dos parentais mais calados.

Por fim, converse com sua criança sobre os diferentes temperamentos de ambos. Explique-lhe que você precisa de um tempo sozinho para recarregar as baterias. Parentais precisam de espaço próprio, e tudo bem dizer isso ao filho. Você prestará um serviço a ele, ajudando-o a compreender que a programação cerebral de cada um é diferente, que algumas pessoas precisam de mais tempo de tranquilidade para se reenergizarem, e que você é desse tipo. É importante encontrar um equilíbrio com seu filho desde cedo; caso contrário, com o tempo, talvez você se ressinta com ele, pois lhe parecerá que sua criança sempre quer mais de você – mais conversa, mais atividades e mais tempo em sua companhia.

IRMÃOS COM NÍVEIS DE EXTROVERSÃO DIFERENTES

Se você tem mais de um filho, há chances reais de que o nível de Extroversão deles seja diferente, o que cria um desafio extra para os parentais. Existe o desafio logístico de equilibrar a necessidade de atividade social do seu filho com alta Ex com a necessidade de momentos de sossego do seu filho com baixa Ex. Mas há também o desafio adicional de que seu filho com alta Ex demande mais do seu tempo e atenção, fazendo que o com baixa Ex se sinta negligenciado e menos valorizado em comparação ao irmão mais extrovertido.

O elemento-chave para navegar na dinâmica familiar é conversar sobre ela. Assim, como você talvez precise conversar com seu filho sobre as diferenças entre seus temperamentos, encare as diferenças entre suas crianças como uma oportunidade para ensiná-las sobre como todos nós diferimos em nossa Extroversão. Converse com seus filhos a respeito dos pontos fortes singulares de cada um, para que entendam como são diferentes e sintam-se apreciados e valorizados. Trabalhe com eles no desenvolvimento de uma abordagem de equipe para lidar com as necessidades exclusivas de cada um. Faça um *brainstorm* e elabore planos juntos enquanto família. Por exemplo, caso seu filho com alta Ex queira ir a um museu abarrotado de gente e seu filho com baixa Ex proteste, diga: "E se formos ao museu pela manhã, e depois Nathan escolher uma atividade para a tarde?". Ajude seu filho com baixa Ex a fazer uma pausa se o museu o sobrecarregar, por exemplo, lendo um livro em um banco. Se você achar que seu filho com alta Ex está dominando a conversa durante as refeições, peça ao outro filho que manifeste seu ponto de vista. Incentive sua criança com alta Ex a deixar o irmão com baixa Ex falar. Desse modo, aprenderão a respeitar e valorizar as diferenças, o que será muito importante no longo prazo. Em síntese, ter filhos diferentes quanto à Extroversão pode apresentar desafios e exigir uma preparação extra, mas também lhe oferece uma maneira maravilhosa de ensinar às suas crianças a empatia e a harmonização.

TUDO JUNTO

O ponto em que nossos filhos naturalmente se enquadram na Extroversão impacta a maneira como vivenciam e interagem com o mundo. Nossas reações às tendências extrovertidas deles pode criar o andaime para essa experiência. Um dos maiores presentes que damos aos nossos filhos é ajudá-los no entendimento e na valorização dos seus pontos fortes singulares. Nosso filho com alta Ex se sente amado por sua grande energia e entusiasmo, ou ressentido porque ele é exaustivo? Nosso filho com baixa Ex se sente reconhecido por seu caráter calmo, criativo e ponderado ou sente que deveria ser "mais"? Como parentais, podemos desempenhar um papel central na perspectiva dos nossos filhos sobre a própria disposição. Crianças com alta e baixa Ex têm muito a oferecer ao mundo, e cabe a nós auxiliá-las a descobrir isso.

"Extrovertidos são fogos de artifício, introvertidos são um fogo na lareira."

— SOPHIA DEMBLING

Mensagens-chave

- Crianças mostram preferências naturais desde cedo por estarem cercadas de outras pessoas, e também o quanto apreciam atividades mais agitadas *versus* atividades tranquilas. Muitos estressores parentais afloram de incompatibilidades entre o temperamento natural dos nossos filhos e os ambientes que criamos para eles.
- Crianças com alta Ex gostam de conhecer novas pessoas, visitar novos lugares e vivenciar coisas novas. Elas se energizam cercadas de gente e fazem amigos com rapidez, mas também podem ser exaustivas, sobretudo para os parentais que não têm o mesmo nível de Extroversão.
- Crianças com baixa Ex apreciam atividades tranquilas e um tempo sozinhas ou em grupos pequenos. Excesso de estimulação social pode sobrecarregá-las.
- Crianças com alta e baixa Ex necessitam de coisas diferentes dos parentais.

- Crianças com alta Ex se beneficiam de (1) receber feedback, (2) ter muita estimulação social, (3) aprender a desacelerar e (4) aprender a refletir e ter empatia.
- Crianças com baixa Ex precisam de (1) ajuda extra para se sentirem amadas e aceitas, (2) atividades adequadas à sua disposição mais tranquila, (3) um lugar sossegado e exclusivo delas e (4) ajuda para reconhecerem quando precisam fazer uma pausa.
- Crianças com média Ex apresentam algumas características típicas de crianças com alta Ex e outras típicas de crianças com baixa Ex. É provável que apreciem uma mescla de atividades.
- Compreender as situações passíveis de representar um desafio para o temperamento do seu filho irá ajudá-lo a antevê-las e a se preparar para elas.
- Quando o nível de Extroversão de uma criança difere do de seus parentais, pode haver estresse e preocupação. Reconhecer essas diferenças irá ajudá-lo a navegar por elas. Irmãos com níveis de Extroversão diferentes também representam desafios extras.
- Você pode ajudar seu filho a entender as grandes coisas que acompanham o temperamento singular dele e ensinar-lhe habilidades e estratégias para as situações provavelmente desafiadoras.

CAPÍTULO 5

EMOCIONALIDADE:
O FATOR "EM"

Quando meu filho estava na pré-escola, eu planejava um passeio com ele a cada sábado de manhã – o parque, o zoológico, um museu –, todos os lugares onde imaginava que curtiríamos bons momentos juntos. Na metade dessas ocasiões, nem mesmo conseguíamos sair de casa. Em um minuto ele estava arrancando os sapatos, e no próximo os arremessava pelo ar, então ia pisando duro até seu quarto e batia a porta. O que. Foi. Isso?

Como abordamos no Capítulo 3, crianças com alta Emocionalidade são naturalmente propensas a angústia, frustração e medo. Meu filho é definitivamente um alto Em. Se você tem um filho assim, sabe do que estou falando: explosões que parecem surgir do nada, surtos totais por causa de... quê? De pequeninas coisas. Em um minuto, estão felizes colorindo, e no próximo rasgaram os desenhos e saíram correndo do quarto.

Se você também tem alta Emocionalidade, entende de onde vem esse comportamento, pois se lembra dos próprios sentimentos quando criança. Percebe que o tom de azul do giz de cera não devia ser o que estava imaginando para colorir o céu, então o trabalho estava "arruinado!" Mas, se você tem baixa Emocionalidade, o comportamento do seu filho talvez o deixe perplexo, provavelmente até um pouco assustado.

Se você tem um filho de baixa Em, é possível que esteja lendo sobre explosões e birras, e perguntando-se o que diabos há de errado com essas crianças... ou com seus parentais. Mal-entendidos sobre a genética subjacente à Emocionalidade geram culpas. Crianças com alta Emocionalidade são chamadas de desafiadoras, manipuladoras, carentes afetivas, malcriadas ou mimadas. Parentais de filhos com alta Em são julgados pelas explosões emocionais das crianças, e descritos como muito permissivos e maus disciplinadores. Outras pessoas podem ser rápidas em comentar sua parentalidade, seja diretamente, seja para terceiros: "Eles realmente precisam ensinar aquela criança a se comportar!".

Por que somos tão rápidos em culpar os parentais pelo comportamento de seus filhos? Minhas amigas não me culpam quando meu marido faz alguma coisa ridícula; elas me dirigem o conhecido olhar de empatia. Mas não reagimos assim quando se trata de filhos de outras pessoas. Creio que isso ocorre porque, para crianças com baixa Emocionalidade, a caixa de ferramentas-padrão de estratégias parentais – tirar o foco, estabelecer limites, usar de modo coerente recompensas e apontar consequências – é muito eficaz em moldar a conduta e minimizar seu mau comportamento futuro (quando implementado de maneira adequada, o que ainda veremos). É por essa razão que parentais de crianças com baixa Em olham para os de filhos com alta Em e acham que eles devem estar fazendo algo errado. Recompense o bom comportamento, implemente consequências para o mau, e as crianças aprendem a se comportar. Atirar sapatos pela sala merece um tempo de castigo; a criança aprende a não os atirar mais. É essa a visão geral e de bom senso de uma parentalidade adequada. Seguindo essa lógica, se uma criança está sempre se comportando de maneira inaceitável, então deve ser o parental que está fazendo algo errado. Se implementasse as consequências adequadas, ela aprenderia a se comportar. Simples, certo?

Calma aí. Crianças com alta Emocionalidade, por definição, são incapazes de administrar a angústia. Portanto, parentais convencionais que tentam implementar consequências quando elas estão se comportando mal só maximizam sua angústia. Ao contrário da crença popular, as crianças com alta Em, na verdade, recebem *mais* punição e consequências, não menos. Se parecer que o outro parental está sendo permissivo com o mau comportamento do filho em público, é provável que tenha aprendido que implementar consequências apenas irá agravar o comportamento e que esteja tentando poupar a todos de uma cena. Infelizmente, isso também perpetua a ideia de que o comportamento resulta de parentalidade permissiva e falha em colocar em prática determinadas consequências.

Toda essa culpa e equívocos decorrem do fato de que as crianças variam enormemente em sua inclinação natural para a Emocionalidade e, mais importante, são necessárias estratégias parentais diferentes para crianças com alta e baixa Em.

Como a Emocionalidade se relaciona com a atitude infantil, neste capítulo vamos abordar estratégias eficazes para moldar o comportamento das crianças, ou seja, conter surtos, birras *e* promover um comportamento desejável. Falaremos sobre quais estratégias funcionam melhor para crianças com diferentes níveis de Emocionalidade. E também farei algumas sugestões para a navegação da vida familiar com uma criança com alta Em.

OS RISCOS DA PUNIÇÃO

Quase sempre presumimos que existem alguns princípios básicos de parentalidade que devem funcionar para todas as crianças. E a prática habitual dos parentais para lidar com a desobediência, em geral, é punir o mau comportamento. Pense um pouco sobre como esse princípio está enraizado em nossa psique: crianças precisam aprender a respeitar a autoridade. Precisam entender quem está no comando. Precisam saber quem é o chefe. Crianças precisam aprender as consequências de suas ações (e geralmente, como parentais, interpretamos que isso significa que *nós* precisamos implementar essas consequências). Poupe a vara, estrague a criança. Achamos que é nosso dever ensinar a elas o funcionamento do mundo: quando você faz coisas ruins, coisas ruins acontecem.

EMOCIONALIDADE: O FATOR "EM" 127

Muitos de nós fomos criados assim. É o natural para muitos parentais. A criança se comporta mal, eles a punem. Parece tão intuitivo que sequer questionamos a origem dessa ideia. Você talvez se surpreenda ao saber que essa prática comum dos parentais remonta ao tempo em que os homens eram legalmente responsáveis pelas esposas, pelos filhos, pelos animais. Se mulheres ou crianças fizessem alguma coisa errada, o marido/pai era responsabilizado legalmente e, por consequência, os homens podiam fazer "o que fosse preciso" para manter esposas e filhos na linha. Tragicamente, essa visão tão aceita levou ao abuso de muitas mulheres e crianças. Como cultura, nossa visão quanto às relações entre homens e mulheres, e quanto ao tratamento das mulheres, evoluiu bastante. Não aceitamos mais a prática, outrora amplamente difundida, de maridos batendo nas esposas para que elas se "comportassem". Enquanto evoluímos ao longo do tempo sobre o castigo corporal de crianças, a ideia geral de que o mau comportamento precisa ser punido continua a ser uma tendência dominante. Como um amigo me disse certa vez, "Nada como bons parentais à moda antiga para manter crianças na linha".

Peço-lhe que tenha a mente aberta por um minuto e tente imaginar uma maneira diferente do exercício da parentalidade. Nossas tendências históricas voltadas à austeridade dos parentais estão tão arraigadas que uma abordagem mais amena talvez soe estranha, ou muito sensível. No entanto, apenas por um minuto, suspendamos nossas ideias preconcebidas e nos voltemos para a ciência por trás do que funciona para moldar o comportamento das crianças; afinal, a maioria de nós gostaria de ter filhos com um bom comportamento. Ou, realisticamente, pelo menos mais bem-comportados.

Aqui está o que a pesquisa evidencia: a punição não funciona. Sem dúvida pode interromper o comportamento no instante em que ocorre. Mas, ao contrário do que muitos parentais pensam, *isso não muda a probabilidade de que o comportamento se repita no futuro,* pois a punição não ensina a nossas crianças o que queremos que elas façam. Em vez disso, ensina-lhes o comportamento que não queremos que manifestem. Quando gritamos, ensinamos a elas que, quando querem muito alguma coisa, devem gritar. Bater ensina a bater. Com o castigo, nossos filhos aprendem que, se você quer fazer do seu jeito, se quer impor sua vontade a alguém, se não gosta do que uma pessoa está fazendo, grite, bata ou castigue. Essa provavelmente não é a lição que você pretendia transmitir.

A outra ironia se refere ao fato de a punição focar a atenção em comportamentos que não queremos que as crianças repitam. A atenção dos parentais funciona como uma forma de recompensa para elas. Então, ao reclamarmos e resmungarmos por causa de um mau comportamento, estamos recompensando as condutas que não apreciamos. Com frequência, quando as crianças estão fazendo o que deveriam, não falamos nada. Passamos o dia calma e pacificamente e aproveitamos aqueles bem-aventurados momentos de tranquilidade, o que na verdade significa que estamos ignorando o comportamento que queremos ver com mais frequência. As crianças aprendem rapidamente que, se quiserem a atenção da mãe ou do pai, são muito mais propensas a obtê-la irritando os irmãos do que colorindo lindamente. Nas refeições, comer de maneira adequada não merece nenhuma menção, mas cuspir leite pelo nariz desencadeia uma reação! Muitas vezes os parentais deixam de reconhecer o bom comportamento, porém o mau provoca reações regulares.

Os parentais costumam perguntar: Mas a punição não ensina às crianças o certo e o errado? Alerta de *spoiler*: elas já sabem o que é certo ou errado. Não estão deixando de escovar os dentes por não saberem que devem escová-los. Não estão batendo no irmão por não saberem que não deveriam bater. Aposto que você já disse a elas muitas vezes que escovem os dentes ou que não batam nos irmãos. Crianças com baixa Em e com alta Em são muito boas em descrever o que deveriam ou não fazer quando não estão no meio da encrenca. Conseguem apontar um comportamento bom ou não, explicar por que é errado e o que acontecerá se o fizerem. *Mas isso ainda não as impede de fazer.*

Parte do motivo pelo qual a punição não funciona é que apenas saber que alguma coisa está errada não inviabiliza automaticamente o comportamento no futuro. Saber que devorar um pote inteiro de sorvete não é uma boa ideia não me impede de fazê-lo. Saber que devo me exercitar mais não me inspira a pular da cama todas as manhãs às seis horas e calçar os tênis de corrida.

O grande problema com a punição está no fato de as crianças se adaptarem rapidamente a ela. Isso significa que, para que o castigo tenha o efeito desejado de interromper um mau comportamento, você precisa continuar maximizando-o. Qualquer um que tenha perdido a paciência com uma criança já viu isto – a primeira vez que você levanta o tom de voz, ela se assusta; com o tempo, o efeito do choque diminui. Portanto, você continua aumentando a punição para obter um resultado – gritos mais altos, broncas mais longas, ou, nos dias em que as palmadas eram mais amplamente usadas, bater com mais força. Obviamente, isso inicia um ciclo que não é bom para ninguém. Não interrompe o comportamento no momento, exigindo que você avance para punições cada vez mais rigorosas (e onde isso termina?). Não diminui a frequência do comportamento no futuro. Perder a paciência não faz você se sentir bem como parental. E provavelmente está prejudicando o relacionamento com a sua criança. Então, por que a punição é nossa técnica recorrente como parentais? Ela é só uma relíquia histórica bastante ineficaz, do tipo de agir para manter as mulheres em seu devido lugar. Há muito que precisamos de novas estratégias para lidar com nossas crianças.

A alternativa à punição por mau comportamento é o trabalho voltado à promoção do bom comportamento. Na verdade, é muito mais fácil desenvolver um bom comportamento do que se livrar de um considerado mau. E, quanto mais tempo as crianças passam sendo boas, menos tempo gastam sendo más. É como mágica! Denominaram esse processo de *parentalidade positiva*, e talvez você já tenha lido a respeito em algum blog ou livro sobre o assunto. Há inúmeras pesquisas que mostram que esse tipo de parentalidade é positivo para as crianças, e vamos percorrer as estratégias que funcionam, com base científica. No entanto, há mais uma peça-chave: existem estratégias um pouco diferentes que são mais eficazes para crianças de baixa e alta Em. Se sua criança tem alta Em, você pode descobrir que não basta a caixa de ferramentas-padrão. Não se preocupe: há uma seção inteira com estratégias extras.

Assim como treinar um filhotinho de cachorro, construir um bom comportamento começa pela recompensa, a ferramenta mais poderosa dos parentais. Recompensar o bom comportamento reforça a atitude que você deseja ver com mais frequência; chama a atenção para o bom, em vez de focar no mau. E é muito mais divertido fazê-lo como parental. Mas, para funcionar, é preciso fazer direito.

RECOMPENSA CORRETA

As recompensas não são todas iguais e, com isso, não quero dizer que um iPhone é mais desejável do que um sorvete. A maneira como você coloca em prática as recompensas pode ter um grande impacto na alteração do comportamento da sua criança. Não é incomum parentais virem à clínica e dizerem que recorreram a recompensas, mas não funcionou. Recompensar só funciona quando é implementado corretamente. Aqui estão os princípios básicos de como implementar recompensas de uma maneira que, de fato, mude o comportamento infantil.

Esteja atento ao bom comportamento. O primeiro pilar para maximizar o bom comportamento é estar atento a ele. Isso talvez soe meio bobo, mas pense em quantas vezes não dizemos nada quando nossas crianças estão fazendo o que deveriam. Pedimos a elas que escovem os dentes, coloquem o pijama, tomem banho, durmam. E, quando o fazem, quase sempre não dizemos nada. Esperamos que façam o que devem fazer e seguimos em frente. Entretanto, quando encharcam o banheiro todo, recebem nossa reação. Quando estão brincando em vez de colocar o pijama, reclamamos. Quando estão pulando no sofá novo, ou deixando rastros de lama no chão da cozinha, rapidamente aparecemos.

Então, como mudamos essa dinâmica? Em vez de focar só no que nossos filhos estão fazendo de errado, precisamos estar atentos para identificar o comportamento positivo. Os elementos mais importantes para uma recompensa adequada (ou seja, de uma forma que o comportamento desejado seja mais frequente no futuro) devem ser (1) entusiasmo, (2) especificidade, (3) imediatismo e (4) coerência.

Comece prestando atenção e comentando com entusiasmo o bom comportamento. Não fale superficialmente; canalize seu torcedor fanático interior para reunir um certo grau de entusiasmo quando sua criança usar uma roupa íntima, algo que você nunca sonhou ser possível antes de ter filhos. "Que ótimo! Você vestiu sua cueca!" Seja específico e nomeie o bom comportamento, em vez de falar em generalidades. Em outras palavras, não diga apenas "Bom trabalho!", ou "Você está tão bonzinho"; diga "Parabéns por escovar os dentes!"; "Muito bem, vestiu seu pijama!"; "Uau, já se vestiu hoje!"; "Olha só você comendo com a colher!"

Recompense o bom comportamento imediatamente após a ocorrência e toda vez que acontecer. Caso seu filho esteja com dificuldades para se vestir de maneira adequada, comente o excelente trabalho que ele fez vestindo-se *com prontidão,* não se referindo a quando ele se atrasou porque estava ocupado com suas tarefas. E faça isso todas as manhãs até que o bom comportamento se estabeleça. "Oba, você vestiu a cueca de novo hoje!"

A facilidade com que a recompensa verbal traz seu filho até você é provavelmente um produto da sua própria formação e personalidade. Cresci em uma família com muitos elogios construtivos e agora sou psicóloga. Então, há muito feedback positivo em nossa casa. Meu marido acha graça que, até mesmo adultos, quando encontramos meus pais, menciono coisas insignificantes ("Paguei minhas contas hoje"), e eles reagem com elogios efusivos ("Que bom que pagou suas contas! Isso não é excelente?"). E esse feedback positivo faz *mesmo* eu me sentir bem, tornando até o pagamento de contas um pouco mais agradável.

Se essa história toda lhe soa meio boba, pense desta forma: você é o chefe do seu filho (apesar da frequência com que dizem que não é). Para que tipo de chefe você gostaria de trabalhar? Provavelmente aquele que percebe quando você está fazendo o que deveria, que aponta e comemora suas realizações. Ninguém quer trabalhar para um chefe que só reclama cada vez que algo sai errado e que nunca faz menção alguma a todas as vezes que você faz uma coisa certa. Pessoas gostam de chefes calorosos, compreensivos e solidários, que reconhecem que vez ou outra as pessoas cometem erros, mas permitem que elas aprendam com os erros e que não se limitem a só reclamar. Pesquisas mostram que pessoas que trabalham para chefes com essas qualidades são mais felizes e produtivas, o que também vale para nossos filhos.

Dê passos de bebê. Está tudo muito bem, você talvez esteja pensando, "mas minhas crianças *não* se vestem sozinhas, então não tenho nada para recompensar". Comece aos poucos, recompensando os passos na direção certa e gradualmente vá construindo a partir daí. Caso seu filho hoje se recuse a se vestir de manhã, comece recompensando-o por simplesmente escolher as roupas. Ou apenas por vestir a roupa íntima. Se o problema for o tempo que leva para se vestir, trate como uma competição para "vencer a corrida do relógio". Comece com generosidade. Se normalmente ele demora trinta minutos, dê-lhe vinte. Em seguida, reduza para quinze, depois para dez. Passos de bebê. Assim que seu filho reconhecer que as recompensas decorrem de fazer o que lhe é pedido, estará disposto a fazer mais e mais. O principal elemento é dar passos pequenos e gerenciáveis.

Também é importante que recompense cada comportamento especificamente. Não queira agrupar vários comportamentos para que sua criança receba uma recompensa. Por exemplo, não tente recompensar "uma rotina noturna mais tranquila". Fragmente os componentes da rotina noturna (escovar os dentes, colocar o pijama, ir para a cama); e, então, trabalhe nisso e recompense os comportamentos particulares que compõem a rotina.

Dê atenção ao que é importante. Não é necessário recompensar cada comportamento. Foque-se naqueles que criam desafios em casa. Dependendo da criança, pode haver alguns... ou muitos. Na realidade, não se pode trabalhar em todos de uma vez. Escolha algumas áreas em que vai se focar na mudança por meio de um sistema de recompensa consciente (recomendo não mais do que três de cada vez). Pense no tipo de chefe com quem gostaria de trabalhar: se ele lhe desse uma lista de vinte coisas que precisam ser aprimoradas imediatamente, você talvez se sentisse sobrecarregado e nenhuma delas aconteceria. Se lhe desse duas ou três, você conseguiria trabalhar nelas, realizá-las, sentir-se bem e, uma vez que se tornassem rotina, estaria estimulado e pronto para passar para os próximos itens. O mesmo vale para nossos filhos. Você só é capaz de dedicar atenção a alguns comportamentos de cada vez, ou então todos saem de controle. Já vi quadros de comportamentos tão sofisticados que você precisaria de um doutorado para segui-los.

Se está trabalhando com apenas alguns comportamentos de cada vez, o que deve fazer quando se manifestar um inaceitável? Ignore-o. Esta é provavelmente a parte mais difícil para os parentais. *Ignorar o mau comportamento?!* Sei que parece contraintuitivo, mas funciona. Lembre-se de que a atenção é uma forma de recompensa, e você não quer recompensar inadvertidamente o mau comportamento ao mesmo tempo em que está tentando se focar no desenvolvimento de um bom. Priorize os comportamentos mais significativos e ignore o resto (por ora). Então, se está trabalhando na rotina da noite, e seu filho ainda está fazendo barulhos para sugar o leite na tigela de cereal, ignore. Ignorar significa sem contato verbal, físico ou visual. Se for preciso, saia da sala.

Obviamente, você não pode ignorar atitudes como bater ou arremessar coisas, ou não seguir suas instruções. Mas devemos ignorar muitas coisas irritantes das crianças, incluindo choramingar, fazer birras, fazer beicinho, exibir-se, incomodar para chamar atenção. Lembre-se: uma vez que comece a ignorar, continue ignorando, o que provavelmente vai piorar o comportamento – seu filho tentará ainda mais chamar sua atenção. Caso ceda, recompensará a piora do mau comportamento. Portanto, seja firme! Esta é uma estratégia de longo prazo; com o tempo, prometo que o mau comportamento diminuirá. E quando a criança parar de choramingar? Recompense-a imediatamente! "Muito obrigada por ficar quietinha enquanto a mamãe fala ao telefone!" Não importa que tenha passado quinze minutos choramingando e só esteja sentada em silêncio porque se exauriu; não fale disso.

Apenas elogie imediatamente esse comportamento e finja que o outro nunca aconteceu. É uma competência a ser cultivada.

Use recompensas para impedir o mau comportamento. Como se focar em recompensas quando você quer que sua criança *pare* de fazer alguma coisa? Vestir-se com lentidão pela manhã, provocar o irmão, deixar roupas sujas espalhadas – há uma série de comportamentos infantis irritantes com os quais nós, parentais, gostaríamos de acabar. Existe uma maneira de usar recompensas para tais situações também. Dr. Alan Kazdin, psicólogo infantil em Yale, que fez extenso trabalho com famílias, denomina-a de "focar no oposto positivo". Em outras palavras, em vez de chamar a atenção para o comportamento que você quer interromper, foque-se no que você quer que ela faça – o oposto positivo do comportamento problemático. Nesse sentido, no lugar de tentar interromper a lentidão ou as brigas, foque-se em recompensar seu filho quando ele fizer o que deve – arrumar-se de manhã em tempo hábil, não brigar com um irmão durante uma refeição, retirar do chão do quarto as meias. Quando isso acontecer, recompense tais comportamentos; com o tempo, você consegue substituir o comportamento irritante pelo oposto positivo.

RECOMPENSA CORRETA

Até agora, focamo-nos em recompensas verbais: elogiar o filho, e o poder delas não deve ser subestimado. Elogios efusivos e calorosos de um parental, acompanhados de abraços e carinhos, atuam como uma recompensa poderosa para crianças. Lembre-se: canalize seu torcedor fanático interior!

Contudo, para comportamentos mais desafiadores ou obstinados, talvez seja necessário um sistema de recompensas mais relevantes. É aqui que entram os quadros de recompensa: colocar um adesivo (ou uma marca) em um quadro para que a criança trabalhe por uma recompensa maior ou posterior. Qualquer coisa de que seus filhos gostem pode ser usada como recompensa: um passeio ao parque favorito, um jogo em conjunto, um tratamento especial. Trabalhe com eles para criar um "banco" de recompensas de coisas que anseiam conseguir. Quando as crianças participam do processo, é mais provável que se empolguem. Você pode até fazer um "período de experiência" para iniciar o estabelecimento da relação entre bom comportamento e recompensas. Por exemplo, se está trabalhando em escovar os dentes, e decide que a recompensa será colocar um adesivo no quadro, e que três adesivos ganham um tratamento especial, então diga: "Vamos praticar! Vá fingir que está escovando os dentes, e colocaremos um adesivo no quadro!". Supondo que seu filho cumpra (mesmo que de modo relutante ou em uma escovação sem entusiasmo), você coloca imediatamente um adesivo no quadro e diz: "Olha! Você já tem um adesivo! Só precisa de mais dois para receber sua recompensa!".

Se a sua criança se recusa a participar da experiência, apenas diga calmamente: "Tudo bem, podemos tentar novamente mais tarde quando estiver pronta". Sem sermões, sem insistência. Na minha vivência, após transcorrer tempo suficiente para meu filho achar que a ideia era "dele" e não minha, nove em cada dez vezes ele declarava: "Vou escovar os dentes agora". Assim que sua criança finalmente ceder e cumprir a tarefa, reaja com elogios efusivos (mesmo que esteja irritado). Não diga que ela poderia ter conquistado o adesivo uma hora atrás. Não diga com sarcasmo que você está feliz por ela ter escovado os dentes. Imagine se você falasse que ia dar um jeito na roupa suja e seu parceiro dissesse: "Aquela que você disse que ia ajeitar na semana passada?". Isso não iria inspirá-lo a ir mais rápido ao cômodo onde fica a lavanderia. Na verdade, é bem provável que ficasse mal-humorado e nem mais quisesse lidar com a roupa. Lembre-se, você só deseja associações positivas com o bom comportamento que quer desenvolver. "Excelente! Escovou os dentes, bom trabalho!" equivale a "Muito obrigado por lavar a roupa, amor!", e morder a língua para não falar mais nada.

Se você usar quadros de recompensa, lembre-se de que o adesivo de recompensa deve vir acompanhado de um elogio, para manter o processo simples e generoso. Uma criança que precisa conquistar dez adesivos para receber uma recompensa pode ficar entediada antes de obtê-la. Tenha em mente que você quer ter a oportunidade de relacionar o bom comportamento com as recompensas. Se o seu filho se frustra com a duração ou a dificuldade da conquista, você está detonando o propósito. Não há necessidade de ser mesquinho com recompensas.

Alguns parentais também me perguntaram se as crianças são mais propensas à empolgação com quadros de recompensa mais "divertidos", ou seja, com fotos de seus super-heróis favoritos ou mesmo muito coloridos. Se você quiser fazer um quadro de estrelas fabuloso, impressionante para postar no Pinterest, mais poder para você. E certamente, trabalhar com seu filho para criá-lo juntos pode ser uma divertida atividade de formação de vínculo. Mas não há evidências de que as crianças se empenhem mais com um fantástico quadro de recompensa de Frozen do que com algumas linhas desenhadas em um pedaço de papel. Então, se arte não é sua praia, não se preocupe. Contanto que você esteja usando as peças-chave (recompensando com entusiasmo, imediatamente e de modo coerente, e trabalhando em pequenos passos específicos), isso é tudo o que importa.

Retirada gradual

É possível que você se pergunte se vai usar quadros de adesivos para sempre. Não. Uma vez que nosso cérebro estabelece uma conexão entre comportamento e recompensa, gradualmente elimine a recompensa e persistirá o comportamento. Você pode ter recebido recompensas por usar o banheiro quando criança. Presumivelmente, não está mais esperando M&M's toda vez que vai ao banheiro. Prometo que você não dará estrelas ao seu concluinte do ensino médio por escovar os dentes (a menos talvez se tiver um garoto; não tenho certeza de que incorporarão a higiene regular algum dia).

Está se perguntando: quanto tempo levará para o estabelecimento dessa conexão antes de eliminar a recompensa? Isso vai depender da sua criança. Para a maioria, de algumas semanas a alguns meses. Uma vez que o comportamento se reitera regularmente e parece parte normal da rotina, provavelmente você já pode passar para o próximo comportamento no qual deseja trabalhar. Mas continue com os elogios verbais. E, se houver uma recaída na transição para o próximo comportamento, saberá que foi interrompido muito cedo. Ainda não estava incorporado. Sem problema: basta retornar ao seu sistema prévio e persistir um pouco mais.

Por que preciso recompensar meus filhos por coisas que já deveriam estar fazendo? E outras preocupações comuns

A pergunta mais comum que ouço dos parentais é: por que devo recompensar meus filhos por coisas que já deveriam estar fazendo? Na realidade, todos temos muitas coisas que deveríamos fazer. Eu deveria praticar atividades físicas com mais frequência. Deveria comer de modo mais saudável. Deveria arrumar a cama. Sim, cabe aos seus filhos recolher as coisas do quarto assim que você pedir, mas é tão provável que as recolham quanto você ir à academia todos os dias malhar às seis da manhã como prometeu a si mesma no Ano-Novo. Você pode divagar sobre o que as suas crianças deveriam estar fazendo, e talvez se sinta frustrado com elas por não estarem. *Ou* você pode usar a ciência para ajudar a moldar o comportamento dos filhos.

Outra preocupação comum levantada pelos parentais: não é uma má ideia subornar minhas crianças para fazerem a coisa certa? Vou ser clara: recompensas não são subornos, que se referem a pagamentos para levar alguém a fazer alguma coisa que *não deveria* estar fazendo. Você, ao contrário, está tentando incrementar o comportamento que a criança deveria ter. Todos trabalhamos por recompensas. Vamos trabalhar porque somos pagos. Malhamos porque nos sentimos mais saudáveis depois (e talvez para perder alguns quilos extras). É mais possível que eu arrume a cama quando meu marido me diz que gosta disso.

Lembre-se de que o cérebro humano é programado para recompensas. Continuamos a fazer o que achamos gratificante, e o fazemos com mais frequência. Recompensando seus filhos pelo comportamento que deseja que manifestem, você está simplesmente usando a ciência para ajudá-los a aprender um bom comportamento.

A OUTRA ALAVANCA: CONSEQUÊNCIAS

Então, agora você está praticando suas competências superiores de parentalidade: trabalha o bom comportamento; dá recompensas entusiastas, específicas, imediatas e coerentes; recompensa pequenas condutas específicas (ou passos para trabalhar até o comportamento completo); e ignora outro mau comportamento que não seja prioritário. Suas crianças agora são perfeitas, certo? Antes fossem. Inevitavelmente farão algo que você não poderá ignorar: bater no irmão, olhar para você de modo desafiador, sair da mesa sem tirar o prato, arremessar o brinquedo quando lhes disser que saiam do banho. Não ignore essas coisas. Então, agora vamos para a parte que tantos parentais parecem conhecer melhor: consequências.

Uma vez que entre na rotina de recompensar o bom comportamento, você precisará recorrer às consequências com muito menos frequência. Mas ainda terá de usá-las. Assim como acontece com as recompensas, há uma maneira certa de recorrer às consequências para torná-las eficazes. Primeiro, não peça aos seus filhos que façam algo, a menos que esteja disposto a verificar se fizeram – ou seja, se não fizerem, haverá consequência. Se não for tão relevante, ou se você não tiver condição de implementar uma consequência (está ocupado com outra coisa ou em um lugar público onde não quer aplicá-la), pratique sua habilidade de ignorar. Mas, uma vez dada uma orientação, se as crianças não a cumprirem, coloque em prática uma consequência. Caso contrário, estará ensinando que elas não precisam atendê-lo sempre.

Lembre-se de que é sempre melhor dar uma orientação positiva do que uma negativa. Diga "Mantenha as mãos no carrinho" quando estiver fazendo compras, em vez de "Não pegue coisas das prateleiras". Foque-se no positivo oposto – o comportamento que deseja, em vez

EMOCIONALIDADE: O FATOR "EM" **139**

daquele que não quer ver. (Observação: leva um tempo para se acostumar a isso, mas, uma vez no ritmo, garanto que será um processo natural.) Muitas vezes existem consequências naturais óbvias a que você pode recorrer. Por exemplo, se o seu filho pega algumas barras de chocolate da prateleira do supermercado, a consequência pode ser que as devolva direitinho.

Consequências colocadas em prática da maneira certa

Assim como acontece com as recompensas, para que as consequências funcionem – o que significa que ajudarão a reduzir um determinado comportamento no futuro –, devem ser implementadas de *imediato* e de modo *coerente*. Recorrer ao *time out*[9], ou cantinho do pensamento, é uma das consequências favoritas dos parentais porque pode ser implementado praticamente em qualquer lugar, seja em casa ou no supermercado. Esse recurso consiste essencialmente na remoção de recompensas positivas, ou seja, nenhum contato com você ou qualquer coisa que a criança ache gratificante. Uma boa regra é usar cerca de um minuto por ano de idade da criança; portanto, três minutos para uma criança de três anos. Muitos parentais têm uma cadeira em casa ou usam um canto de uma loja se necessário. Vários dos livros sobre parentalidade, incluídos em "Leituras recomendadas" no final deste livro (*A mágica do 1-2-3, O método Kazdin* e *Como educar crianças de temperamento forte*), têm informações adicionais sobre a implementação eficaz do cantinho do pensamento. Mas, para a maioria das crianças, funcionará qualquer variação que remova recompensas positivas (incluindo a atenção parental). A peça-chave é implementar uma consequência *toda vez* que a criança falha em seguir uma orientação.

---

9 Consiste em retirar a criança do local onde está ocorrendo o episódio problemático e levá-la para um outro local onde fique sentada e sem distrações. Deve-se dizer a ela que irá permanecer ali durante alguns minutos até se acalmar e que não tem permissão para sair enquanto não autorizarem. (N.T.)

Outro fato surpreendente sobre consequências é que a gravidade delas não afeta o quão bem funcionam para minimizar o comportamento no futuro. Em outras palavras, tirar o brinquedo favorito por uma semana não é mais eficaz do que o tirar pelo resto do dia. A maioria das consequências eficazes é leve, imediata e breve. Eu sei, vocês odeiam isso. Com certeza eu também. Parece que a punição não está adequada ao crime. Mas a parte mais importante para consequências funcionarem é, em primeiro lugar, haver uma consequência. Na verdade, consequências mais sérias podem não ter eficácia porque dão à criança muito tempo para criar ressentimentos em relação a você e perdem seu caráter de imediatismo. Quando a bicicleta é retirada por uma semana, e seu filho pede para usá-la vários dias da semana e você diz não, a razão pela qual se retirou a bicicleta está agora a dias de distância, então o ato parece apenas maldade sua. Perdeu-se a conexão direta entre o mau comportamento e a consequência.

Eis alguns últimos comentários sobre as consequências. Primeiro, nunca use como consequência um comportamento que você quer que a criança tenha. Por exemplo, não designe recolher folhas do quintal como consequência se quiser que a criança ajude regularmente no jardim. Não a mande lavar pratos se está tentando obter ajuda em casa como um bom comportamento desejado.

Finalmente, e talvez o mais importante, não determine consequências quando está com raiva. Sim, deixei a parte mais difícil para o final. Ocorre que os comportamentos que merecem consequências também podem nos irritar (Você falou mesmo desse jeito comigo?!). A raiva maximiza nosso desejo de aplicar consequências, além de ser o momento em que estamos mais propensos a empregá-las de modo ineficaz. Lembro-me de levar meu filho para jogar boliche quando era mais jovem, com a ideia de que teríamos uma divertida tarde de aprofundamento de vínculo. Mas o passeio terminou com ele surtando quando não mudei para uma pista com protetores de canaleta no meio do jogo, e eu gritando: "Nunca mais vou trazer você para jogar boliche, *nunca mais*!". Um bom exemplo da razão de não recorrer a consequências quando se está com raiva.

RESUMO DO KIT DE FERRAMENTAS DA PARENTALIDADE – E QUANDO ELE NÃO BASTA

O quadro a seguir reúne tudo o que aprendemos até agora sobre como usar recompensas e consequências de modo eficaz para moldar o comportamento infantil. Se seus filhos têm de baixo a médio nível de Emocionalidade, ele é um kit de ferramentas testado e comprovado com base científica, que fará uma grande diferença se você o implementar de maneira coerente.

MODIFICANDO O COMPORTAMENTO DA CRIANÇA DE MODO EFICAZ
Fique atento ao bom comportamento
Ignore o mau comportamento
Foque-se em um pequeno número de comportamentos por vez
Recompense pequenos passos
As recompensas devem ser: • Entusiasmadas – pense como um torcedor fanático   • Específicas – nomeie o bom comportamento   • Imediatas – recompense quando o comportamento ocorre   • Coerentes – recompense o comportamento sempre que ocorrer
As consequências devem ser: • Usadas apenas quando você não pode ignorar   • Imediatas e coerentes   • Menos é mais – quase nunca vão "fazer jus ao crime"   • Implementadas apenas quando você está calmo

Mas, se você tem um filho com alta Em, pode descobrir que as estratégias de parentalidade quanto à implementação de recompensas e consequências não estão funcionando. Na verdade, estão *agravando* o comportamento. Quando parentais de crianças com alta Em iniciam programas de recompensa e consequência, muitas vezes os filhos ficam muito tempo no cantinho do pensamento (ou sofrendo outras consequências) e raramente recebem recompensas. Crianças com alta Em podem começar a internalizar a ideia de que são "ruins" porque agora existe um sistema que documenta suas falhas em relação às expectativas dos parentais. Estes, por sua vez, sentem-se cada vez mais desanimados porque as coisas nunca melhoram. Perguntam-se o que estão fazendo de errado (ou condenam com veemência o que o *outro* está fazendo de errado), ou temem que possa haver algo de errado com seus filhos. Em suma, todo mundo fica irritado, o comportamento não está melhorando, e o relacionamento parentais-filho está piorando. O que acontece?

Recompensas e consequências funcionam ajudando as crianças a estabelecerem conexões entre o comportamento que você deseja ver (e, inversamente, não deseja) e dando-lhes um incentivo para se comportarem de acordo. Quando crianças com alta Em continuam a se comportar mal, tendemos a concluir que só precisam de mais incentivo para parar e implementamos a redução das consequências. Mas crianças com alta Em não carecem de *motivação* para se comportar corretamente; faltam-lhes as *competências*. Elas nasceram com uma disposição a emoções fortes, angústia e frustração, as quais não conseguem gerenciar naturalmente. Se você tiver um filho com dificuldade para ler, ou para álgebra, não espere que recompensas e consequências irão ensinar a ele o ABC, ou o teorema de Pitágoras. Punir pela incapacidade de ler ou fazer cálculos é cruel e provavelmente faria seu filho se ressentir com você.

E isso acontece quando crianças com alta Em são constantemente punidas por seu comportamento. Os parentais se tornam alvo da frustração e da raiva delas, o que os irrita ainda mais. No Capítulo 2, falamos sobre como nossos genótipos influenciam a maneira como outras pessoas reagem a nós. Crianças com alta Em evocam reações negativas dos seus parentais. Os genótipos de alta Em são bons em atuar como gatilhos da nossa fúria, e então entrar em um ciclo de feedback que intensifica o mau comportamento de todos, o que gera mais raiva e frustração. Você pede ao seu filho que faça algo, ele se recusa, você insiste, talvez acompanhando seu pedido com uma ameaça de consequência ("Você vai perder seu brinquedo favorito se não parar de chutar o encosto do banco!"), a criança maximiza o mau comportamento para que você saiba que ela não apreciou a ameaça, e logo você percebe que todos estão furiosos.

Uma querida amiga minha conta a história de como a recusa de sua criança com alta Em de parar de bater o garfo na mesa de jantar culminou com o marido saindo do quarto da filha com uma braçada de vestidos de princesa e bichinhos de pelúcia. Aparentemente, no calor de uma batida final de garfo antes de uma ida irritada e ofensiva até o quarto dela, o marido da minha amiga gritou para a criança: "Se você não voltar e terminar de jantar educadamente, vai perder seu vestido cor-de-rosa de princesa!". Ao que sua esperta criança com alta Em respondeu: "Tudo bem, tenho muitos outros", o que desencadeou também a retirada dos bichos de pelúcia, só por garantia!

Se você já teve uma versão dessa cena em casa, não se desespere. Não está condenado a dezoito anos de surtos e respostas atravessadas; bastarão alguns itens adicionais em sua caixa de ferramentas. Isso é o que veremos a seguir.

ESTRATÉGIAS DE PARENTALIDADE PARA CRIANÇAS COM ALTA EM (E DICAS PARA CRIANÇAS COM BAIXA EM TAMBÉM!)

Todas as crianças enfrentam desafios, e, se você tiver mais de um filho, é quase certo que cada um apresentará dificuldades diferentes. O primeiro passo para ajudar sua criança com alta Em é *lembrar que ela não pediu para ser assim*, não mais do que pediu para ter dificuldades em leitura ou ansiedade diante da matemática. Não é uma escolha. Está codificado em seus genes. No momento em que você aceita isso e começa a ver a situação através dessa lente, a vida se torna mais fácil.

O segundo passo é lembrar que o que as crianças com alta Em precisam – crianças que muitas vezes são terríveis e que podem desafiar seus limites – *não é de uma mão mais firme*, mas de uma disciplina mais afetuosa e amável. Às vezes é difícil aceitar essa realidade, por ser exatamente oposta à inclinação natural da maioria dos parentais, que tende a punir com rigor o comportamento que parece completamente errado.

Você fica furioso quando sua criança destrói o projeto de arte em que trabalhou a tarde toda. E, quando a explosão acontece em público, aparentemente com o mundo inteiro presenciando e desaprovando, a pressão aumenta para *faça alguma coisa quanto a esse comportamento inaceitável.*

Porém, de novo, esse tipo de reprimenda só cria um ciclo de feedback negativo. A criança fica mais aborrecida, o que deixa o parental mais chateado, o que, por sua vez, faz que ela se agite mais, e assim por diante.

Como parental de uma criança com alta Em, você precisa ajudá-la a aprender a controlar sentimentos fortes. O primeiro passo é desviar o foco do *comportamento* em direção aos *gatilhos* dessa tendência temperamental. Só assim conseguirá interromper o circuito do ciclo de feedback negativo. Em teoria, você será capaz de ajudar sua criança a canalizar toda essa energia emocional para reações mais adequadas.

Você identificou que tem um filho com alta Em, o que significa que o "mau" comportamento – explosões repentinas, birras – muitas vezes é um subproduto, um indício, e não a origem do problema. Sua criança com alta Em é, simplesmente, mais sensível ao ambiente, espera mais dele, de si mesma e de você! Isso é muito para um pequeno cérebro.

Como eu já disse, ainda que especialista em desenvolvimento comportamental, também sou mãe e, para mim, demorou um pouco para ir além da tendência natural de simplesmente recuar ao ser confrontada. Antes que conseguisse avaliar completamente o que estava acontecendo e me permitisse transferir o que eu sabia intelectualmente para a prática diária, as manhãs de sábado com meu filho foram algo assim:

> EU: "Adivinha? Vamos nos reunir com Jake, Madeline, Sara e Paul e suas mamães e papais, e todos vamos ao parquinho! Vai ser muito divertido! Ponha seus sapatos, e vamos sair!"
>
> MEU FILHO COM ALTA EM: "Não quero ir."
>
> EU: "É claro que você quer; vamos lá, vai ser divertido."
>
> MEU FILHO COM ALTA EM: "Não, não quero ir."
>
> EU: "Bem, mas nós vamos, então calce seus sapatos."
>
> MEU FILHO COM ALTA EM: "Eu não vou."
>
> EU: "Sim, vai; não é você quem faz as regras. Eu já disse que todos nós estaremos lá. Agora anda, senão vamos nos atrasar."

MEU FILHO COM ALTA EM: "EU. NÃO. VOU." (*E joga os sapatos em mim.*)

EU: "Isso é absolutamente inaceitável. Você não pode jogar coisas! Vá para o cantinho do pensamento."

MEU FILHO COM ALTA EM: "Não." (*Senta-se no chão e se recusa a se mexer.*)

EU (*elevando a voz*): "Eu disse Vá. Para. O. Cantinho."

MEU FILHO COM ALTA EM: "Não!"

Você não precisa ser um "especialista" para ver que essa situação não levará a nada de positivo. Certamente não levará a um dia divertido no parque com amigos.

Depois de pensar um pouco mais, alinhando minhas observações sobre meu filho com o básico do que eu sabia sobre predisposições genéticas, percebi o que contribuía para os desastres matutinos de sábado. Após ler o último capítulo, você provavelmente conseguirá identificar a origem do problema também. Como eu disse, por um lado, meu filho tem baixa Extroversão. Por outro lado, sou assumidamente uma "pessoa sociável", o que estava criando uma disparidade. No meu mundo, diversão significava estar com todos os meus amigos enquanto nossos filhos brincavam juntos nos escorregadores e balanços.

Mas o que parecia ser o dia perfeito para mim significava sofrimento para meu filho introvertido. Criar nele a ideia de que íamos sair para uma grande reunião de pessoas era mais do que ele conseguia suportar. Seu cérebro de criança não tinha maturidade para dizer: "Mãe, fico nervoso quando estou perto de muita gente; você não acha que deveríamos apenas nos reunir tranquilamente com um amigo mais chegado?". Em vez disso, seu impulso de angústia o levou ao pânico, que ativou sua alta Emocionalidade, e o sapato voando do outro lado da sala foi um mero dano colateral.

Como você descobre os gatilhos do seu filho com alta Em? A hora de fazer isso *não* é quando seu filho já está chateado. Nessa situação, ele vivencia uma reação fisiológica que bloqueia sua capacidade de pensar com clareza. E esse "apagão" mental não acontece apenas com crianças. Pense na última vez que seu parceiro fez algo que de fato o irritou. Provavelmente você não estava no seu melhor. Muito provavelmente experimentou elevação da frequência cardíaca, tensão e incapacidade de pensar lógica e claramente – todas as reações físicas ligadas à reação de "lutar ou fugir".

Curiosamente, muitas vezes enquadramos nossos filhos em um padrão mais elevado do que o nosso. "Acalme-se. Isso não é tão importante; não fique tão agitado". Imagine se seu parceiro dissesse "Qual é o problema?" quando você estivesse muito chateado com alguma coisa. Provavelmente a situação não teria um bom final. Na verdade, essa minimização talvez o deixasse ainda mais chateado. "Como ousa invalidar meus sentimentos! Não me diga o que é um problema e o que não é! Isso *é* um problema!"

Muitos anos virão antes que seu pequenino tenha um "cérebro executivo" desenvolvido o suficiente para manifestar sentimentos fortes de maneira calma. (Sejamos francos, isso é difícil até para aqueles de nós cujo cérebro já se desenvolveu!) Então, o que sua criança faz para tentar expressar medo, ansiedade e frustração? Atira os sapatos pela sala ou joga no lixo um projeto de arte. As palavras simplesmente não conseguem expressar de modo adequado "Estou muito chateado!". Seus sentimentos são intensos demais para que ela lide com eles.

Pense em como gostaria que seu parceiro reagisse quando você está preocupado com algo. Provavelmente o ouvindo, entendendo a origem da preocupação e tentando descobrir como a evitar no futuro. Quer que ele ou ela trabalhe com você, e não que lhe diga todas as razões pelas quais você está sendo ridículo, ou "infantil", ou como não gosta quando você age assim.

É exatamente disso o que sua criança com alta Em também precisa. Ser ouvida. Ser confortada. Ser amada por quem é. A melhor maneira de lidar com filhos com alta Em é ter compaixão – entender seus sentimentos e elaborar um plano de como trabalharão juntos para lidar com situações desafiadoras que, com certeza, aflorarão no futuro.

Já tive parentais me dizendo: "Mas você não consegue argumentar com crianças!" Isso é verdade, pelo menos no momento em que estão chateadas. Assim como é verdade que não quero ouvir do meu marido: "Querida, vamos falar sobre como podemos discutir de maneira mais produtiva nossas diferenças", quando estou realmente brigando sobre a roupa que *continua* empilhada no sofá uma semana depois de ele dizer que a guardaria.

Quando alguém está chateado – tenha três anos ou trinta e três –, não é o melhor momento para uma conversa produtiva. No entanto, uma vez que seu filho se acalmou, é possível conversar sobre o que o deixou tão perturbado e como evitar confrontos futuros. Apenas entendendo o *porquê* subjacente ao comportamento de alta Em você pode ajudar sua criança a se direcionar para algo melhor. E não há melhor maneira de descobrir o *porquê* do que conversando com ela.

Parceiros no crime: construindo uma relação colaborativa com seu filho com alta Em

Muitas vezes, a alta Emocionalidade leva parentais e crianças a um padrão em que são colocados um contra o outro, sem dúvida uma situação desagradável, ou improdutiva, para ambos. Um componente central para o caminho certo é deixar de viver em um impasse com seu filho com alta Em para estarem no mesmo lado. Vamos expor algumas etapas simples que você pode seguir para trabalhar com sua criança e ajudá-la a controlar sua tendência natural para emoções fortes.

Descubra os gatilhos do seu filho. Parte do que torna o comportamento das crianças com alta Em tão desconcertante são os surtos "por causa de nada", ou que afloram "do nada". O fato de que seu filho *pode* ser um serzinho encantador (às vezes) perpetua a ideia de que ele está *escolhendo* não se comportar. Em razão dessa mentalidade, entramos no ciclo de impor consequências – para tentar motivá-lo a se comportar bem. Mas lembre-se de que as crianças com alta Em não escolhem ser agitadas. Algo está *desencadeando* sua tendência a frustração, angústia ou medo. O trabalho dos parentais é trabalhar com o filho como detetives, para descobrir quais são esses gatilhos.

Há uma série deles comuns em crianças com alta Em (veja a tabela a seguir), o que inclui transição entre atividades, conclusão de tarefas desafiadoras, mudanças nos planos e situações em que as coisas não saem como elas esperavam. Todos os gatilhos se relacionam à disposição natural de crianças com alta Em para níveis mais elevados de frustração, angústia e medo. A maneira como a disposição da alta Em de seu filho se manifesta será específica para ele. Nem todas as crianças desse grupo têm dificuldades com todas essas tarefas (embora algumas sim). Veja esta lista como um ponto de partida para decodificar o que está provocando as birras do seu filho. Comece a elaborar uma lista de gatilhos e também exemplos de problemas específicos que ele esteja enfrentando. Se nenhum dos gatilhos se destacar, mantenha um diário de momentos e situações em que sua criança fica chateada, de modo que você possa começar a identificar padrões e criar sua própria lista.

GATILHOS COMUNS DE ALTA EM	EXEMPLOS
Mudança de planos	Está chovendo, então você não pode ir ao parque.
Conclusão de tarefas desafiantes	Uma atividade de classe que a criança não quer fazer.
As coisas não saem como esperado	Um desenho que não saiu legal.
Transição de atividade	Hora de parar de brincar no banho e colocar o pijama.
Indisponibilidade de algo/alguém	O amigo não pode ir a uma brincadeira já agendada.
Ações sob pressão	Em trinta minutos, saímos para a escola.
Gerenciamento da ambiguidade	Só poderemos ir ao parquinho se não chover amanhã.
Problemas sensoriais	As etiquetas das roupas "incomodam".
Ansiedade	Nervosismo por participar do teatro da escola.
Dificuldade em manifestar sentimentos	Chutes em outra criança.
Sobrecarregado pela presença de muita gente ou por excesso de atividades	Chateia-se em festas de aniversário ou em brincadeiras com muitas crianças.

Com crianças com alta Em, foque-se na *resolução de problemas*, não em atitudes de recompensa e punição. O uso de recompensas e consequências pressupõe que elas só precisam de incentivos para se comportar de uma certa maneira. Lembre-se: o problema não é que as crianças com alta Em não têm motivação, mas que elas não desenvolveram competências de gerenciar as próprias emoções intensas. Seus filhos provavelmente não querem perder o controle e surtar mais do que você deseja. Na verdade, a incapacidade de controlarem sentimentos fortes talvez os assuste tanto quanto a você.

Quando meu filho tinha cerca de cinco anos, surtou no consultório médico. Ele estava com a garganta inflamada. Fomos ao médico e precisaram limpá-la para o teste de estreptococo. A maioria das crianças detesta um cotonete longo enfiado na garganta, e uma criança com baixa Em pode protestar e até chorar. Mas meu filho com alta Em travou a boca e se recusou a abri-la.

Primeiro, tentamos persuadi-lo e prometemos uma recompensa: "Vai ser super-rápido e depois podemos tomar um sorvete! Não vai doer nem um pouco!". Ele não se mexeu. Mudamos de tática. Voz severa: "Sei que você está com medo, mas não é uma escolha. Temos de fazer o teste". Nada. Então, mudamos mais uma vez e passamos às consequências: "Rapazinho, você vai abrir a boca direito agora ou perderá seus Legos!". A frase desencadeou uma reação, mas não aquela que queríamos. Ele gritou com raiva "Não!" e chutou o médico. Vou poupá-lo dos pormenores seguintes, mas envolveram engatinhar por debaixo da mesa, empurrar cadeiras, e uma equipe inteira de enfermeiras que, por fim, conseguiu segurá-lo para passar o cotonete na garganta, enquanto ele gritava a plenos pulmões. Terrível. Quando chegamos a casa, nós dois fomos até os nossos respectivos quartos e choramos.

Então, por debaixo da minha porta, ele me passou um bilhetinho que guardo até hoje. Estava dobrado como um livrinho minúsculo, escrito com letra de pré-escola, que dizia:

Para mamãe. De Aidan. Querida mamãe, estou assustado de ter um ataque no medico. Vou tentar nunca mais fazer isso. Estou assustado por ter jogado seu telefone. Vou ~~tentar~~ nunca mais fazer isso. Eu senti [sinto] muito, muito, muito, muito, muito! Eu estava muito bravo porque os medicos estavam apertando muito meu quadril [descobrimos mais tarde que ele tinha um distúrbio raro no quadril]. Agora meu quadril doi muito, muito, muito. E eu não queria coloca a coisa comprida na minha boca porque eu senpre pensa nisso fica preso na minha gaganta. Então eu não gosto. Depois que eles colocaram a coisa comprida na minha boca fiquei com algodao preso na minha gaganta. Eu senti muito. Você me perdoa?

A) sim

B) não

Mantenho esse bilhete porque me lembra que meu filho não estava tentando se comportar mal. Crianças com alta Em não estão apenas sendo desafiadoras, ou malcriadas, ou tentando conseguir o que querem. Na verdade, elas têm programações diferentes, composição genética diferente, e tentam lidar com emoções avassaladoras que não sabem controlar. Quando duplicamos consequências (ou fazemos tentativas fugazes de recompensa), elas acabam se sentindo piores quanto a si mesmas. Ninguém vence.

Ah, e caso você esteja se perguntando, o teste de estreptococos deu negativo.

Colabore para resolver problemas. Depois de ter preparado sua lista de gatilhos acompanhada dos exemplos específicos de desafios para seu filho com alta Em, chegou o momento de iniciar o processo de resolver problemas. Em primeiro lugar, escolha alguns que representam suas preocupações mais relevantes. Isso não significa que nunca chegará aos outros, mas apenas que precisa começar em algum lugar, e é impossível lidar com tudo de uma vez. Lembre-se do chefe que você deseja ser – aquele que lhe dá fragmentos gerenciáveis de cada vez para trabalhar, sem o sobrecarregar com uma longa lista de tarefas, querendo que sejam resolvidas imediatamente.

O elemento fundamental para a resolução de problemas com sucesso é transformar seu filho em parceiro. Você provavelmente já tentou resolver problemas sozinho. Já deve ter lido conselhos sobre parentalidade e implementado coisas como recompensas e consequências, que discutimos anteriormente. Como parentais, sentimo-nos responsáveis por encontrar soluções para os problemas dos nossos filhos. Achamos que a resposta cabe a nós. Portanto, no início pode soar estranho trabalhar com sua criança para encontrar soluções.

No entanto, quando você mesmo cria um plano, está impondo-o ao seu filho. Embora esteja bem-intencionado, pense sobre isto por um instante: está *impondo suas ideias* a uma criança *facilmente frustrada e altamente emocional*. Infelizmente isso significa que a maioria das tentativas parentais de melhorar o problema tem, na verdade, o efeito oposto: criar outro gatilho para o filho com alta Em. Você é percebido como inflexível, o que não ajuda a criança a aprender a ser mais flexível. Portanto, é provável que ela reaja com inflexibilidade igualmente intensa, o que só perpetua ainda mais o ciclo negativo.

É possível mudar essa situação. Tente pensar nisto como um alívio – nem tudo está sobre seus ombros! Você começa a trabalhar com seu filho para descobrir como lidar com os desafios dele, o que precisa ser um processo colaborativo que os coloque na mesma equipe, atuando em conjunto para enfrentar a alta Emocionalidade dele. Juntos, vocês vão traçar um plano, que lhe permitirá transformar a reatividade em proatividade. A maioria das famílias com crianças com alta Em está no modo reativo – tentando controlar os danos quando seu filho tem uma explosão. Ao descobrir os gatilhos dele, e trabalhando nos problemas específicos apresentados, você pode sugerir, de maneira proativa, um plano de como gerenciar esses fortes sentimentos quando os gatilhos dispararem.

Esta não se limitará a uma única conversa com seu filho; será um processo. Escolha um horário para o diálogo quando você e ele estiverem bem descansados, de bom humor, e com tempo livre. Comece com empatia. Lembre-se de que os surtos de crianças com alta Em são, provavelmente, tão assustadores para elas quanto para você. Dê espaço para que seu filho fale sobre o que está acontecendo e para você entender a perspectiva dele sobre o que o leva a isso. Assim como com o bilhete do meu filho, quando as crianças com alta Em não estão passando por uma angústia avassaladora, quase sempre conseguem explicar o que as perturba. Até crianças pequenas costumam ter uma noção de onde estão vindo os problemas. Ouça as preocupações delas e tente entender suas frustrações. O primeiro passo para chegar a uma solução é entender a causa do problema.

Algumas crianças demoram mais do que outras para começar a falar. Não force seu filho e não se frustre com ele. Se não quiser falar, você sempre pode dizer: "Tudo bem. Pense sobre isso, e mais tarde conversaremos de novo".

Outra estratégia a que alguns parentais e filhos com alta Em recorrem é nomear as emoções intensas. Por exemplo, sua criança pode chamá-las de Bert, o que proporciona a vocês uma maneira fácil de falar sobre um assunto desafiador. A frase "Então, o que vamos fazer quando Bert aparecer?", colocará vocês em sintonia contra um inimigo comum, eliminará o sentimento de culpa da criança e a levará a se focar naquela disposição incômoda que leva o melhor dela. Seu filho também odeia quando Bert aparece! Nomear a onda de emoções às vezes irá ajudá-lo a perceber o impulso de angústia sendo ativado. Ensine-o a dizer: "Sinto que Bert está chegando", de modo que ele identifique e gerencie as próprias emoções. Isso pode ajudar a desativar a situação.

Livros que abordam a temática de crianças lidando com emoções fortes são outra maneira de ajudar a iniciar a conversa com seu filho. Ao ler sobre outras crianças (ou personagens) que ficam de fato chateadas, o seu filho entende que sentir raiva é normal e que precisa aprender a administrá-la. Focar a discussão em "outro" soa menos ameaçador e pode ajudar sua criança a entrar no assunto. Além disso, os livros criam uma oportunidade de explorar maneiras diferentes de como as crianças lidam com a raiva. Alguns exemplos de livros infantis que discutem a raiva incluem: *Quando estou zangado(a)*, de Cornelia Maude Spelman, e *When Sophie Gets Angry – Really, Really Angry*[10], de Molly Bang.

Para iniciar a conversa sobre solução de problemas com seu filho, diga: "Eu notei _____; o que acha que está acontecendo?".

---

10 *Quando Sofia fica zangada – muito zangada*, em tradução livre. (N.T.)

Nomeie o problema como você o vê. Expresse-o como um desafio ou uma dificuldade. Por exemplo, "Percebi que você está com dificuldade para se vestir de manhã; o que acha que está acontecendo?"; "Percebi que você acha difícil parar uma atividade quando chamo para comer; o que acha que está acontecendo?". Seja paciente e encorajador com seu filho. Esta é uma chance para ambos manifestarem suas preocupações.

Depois que cada um tiver a oportunidade de falar sobre elas, diga: "Vamos pensar em como podemos resolver o problema. Você tem algumas ideias?" ou "Vamos pensar em como podemos melhorar as coisas. Quais são suas ideias?".

Aqui entra a parte difícil: você precisa ouvir seriamente e considerar cada uma das ideias do seu filho. Algumas talvez sejam pouco realistas, mas não as descarte de imediato. Explique que você precisa encontrar uma solução que funcione para ambos. Então, se ele propõe comer chocolate no café da manhã como uma solução para os surtos matinais, você pode dizer: "Gosto que tenha ideias! Mas essa não funciona para mim, porque é meu papel como parental garantir que você tome um café da manhã saudável. Precisamos encontrar uma solução que funcione para nós dois. Vamos pensar em mais algumas coisas".

O lado negativo é a possibilidade de o seu filho também dizer que a ideia sugerida por você não serve para ele, o que, sem dúvida, é difícil para os parentais, mas não deixa de ser uma solução colaborativa de problemas. Realmente desejo que os meus colegas, o meu marido e os meus amigos reconheçam de imediato que minhas ideias são as melhores; porém, infelizmente, muitas vezes eles têm ideias próprias. A realização de qualquer coisa exige que concordemos de maneira colaborativa sobre um caminho a seguir. Se eu tentar impor o meu, é improvável que resulte em qualquer ação. Acredite em mim, tentei. A máquina de lavar louça ainda não foi carregada de acordo com minhas especificações.

O mesmo vale para o seu filho. Se você usa a solução de problemas como um pretexto para implementar seu plano preconcebido, ele perceberá e perderá a confiança no processo. Isso será reconhecido como uma maneira dissimulada de impor unilateralmente a vontade parental e vai colocá-lo de volta em um impasse com seu filho com alta Em.

Tenha em mente o cerne do problema: sua criança não é naturalmente disposta a lidar com emoções fortes e com situações desafiadoras. Trabalhar esses problemas com ela provavelmente evocará emoções fortes e será uma situação desafiadora para *você* como parental. Nesse papel, a criação dos nossos filhos é o único espaço onde estamos acostumados a poder fazer as coisas à nossa maneira.

De maneira irônica, exatamente por essa razão, resolver problemas de modo colaborativo com o filho é eficaz. Isso o ensina a lidar com emoções intensas e trabalhar com situações desafiadoras para chegar a uma solução. Ensina-o a identificar problemas de maneira proativa, apresentar ideias de como enfrentá-los, vivenciá-las, ver como funcionam e ajustá-las conforme necessário. Na verdade, este é um excelente livro de regras para a vida: trabalhar colaborativamente com seu filho, discutir as preocupações mútuas e, em seguida, trabalhar em conjunto para encontrar soluções, o que ainda ensinará a ele as importantes competências de empatia e tomada de perspectiva.

Parentais perguntaram se crianças pequenas conseguem de fato resolver problemas de modo colaborativo. A feliz resposta é sim! Crianças são como pequenos cientistas desde muito cedo, explorando e tentando entender seus mundos (o que acontece quando empurro esse copo de suco para fora da mesa?). Aos três ou quatro anos, já podem começar a trabalhar com você sobre o que está acontecendo em suas cabecinhas quando ficam muito chateadas. Claro, essa competência vai se aprimorar conforme crescem e o cérebro se desenvolve – até certo ponto. Os adolescentes parecem regredir; às vezes é mais fácil resolver problemas de maneira colaborativa com minha criança pequena (sobretudo brincando)!

Coloque um plano em prática. Então você conversou com seu filho sobre o problema; cada um teve a chance de manifestar suas preocupações e, colaborativamente, chegaram a uma solução aceitável. Pode não ter sido sua primeira escolha, mas é alguma coisa. Por exemplo, talvez o problema fosse que seu filho tendia a surtar em longos passeios de carro. Viajar para a casa de seus pais era horrível. Por meio da conversa, descobriu que ele se sentia encurralado e cada vez mais frustrado quanto mais tempo passava no carro. Seu plano inicial de lhe oferecer uma surpresinha se a viagem de carro transcorresse sem problemas não funcionou; sua criança com alta Em simplesmente não tinha o conjunto de competências para isso, mesmo que quisesse muito a surpresa. A sugestão dada por ela de não mais fazer longas viagens de carro não era uma opção; você queria conseguir viajar em família para visitar seus pais. Então, resolveu o problema e elaborou um plano: parar no meio do caminho para uma pausa no parquinho da lanchonete da estrada. Não era sua primeira escolha, porque alongava o tempo de viagem, mas, se funcionasse, seria preferível aos episódios de chutes e gritos que se tornaram rotina nas viagens em família.

Você tem um plano. E agora?

Na teoria, uma beleza, mas vamos ver na prática. Você experimenta e vê o que acontece. Não espere milagres. Não será um sucesso da noite para o dia. Por sua criança ser geneticamente predisposta à alta Emocionalidade, o processo exigirá muita prática, tentativa e erro, e provavelmente muito fracasso enquanto ela trabalha no desenvolvimento da competência de controlar emoções fortes. Mantenha-se firme. Comemore e recompense os pequenos sucessos. Este é um espaço onde as recompensas *são* apropriadas e eficazes para crianças com alta Em.

Mantenha uma linha de comunicação aberta com seu filho. Quando as coisas não saírem como planejado, converse com ele sobre o que aconteceu, mas não no momento, só quando todos estiverem calmos. "Parece que o plano de parar no caminho para a casa da vovó não o ajudou a viajar sem ficar chateado. Por que será?"; "O plano não pareceu ajudar a sair mais rápido do banho na noite passada. O que acha que aconteceu?" Incentive seu filho. Mostre-lhe que você acredita na capacidade dele de fazer melhor no futuro. Lembre-o de que é preciso prática. Sua criança precisa de incentivo.

Pense nisso como o desenvolvimento de uma competência que seu filho não tem naturalmente. Se ele quiser aprender a tocar piano, não será possível simplesmente se sentar na banqueta, começar a pressionar teclas e tocar como Beethoven. É preciso prática, e muita. E você terá de lidar com muitas "marteladas" e música ruim durante o percurso.

Caso não perceba melhora nenhuma ao longo de várias semanas, revisite o plano e, em conjunto com seu filho, elabore outro. Lembre-se de que a parentalidade é uma maratona, não uma corrida de cem metros rasos. Meu filho agora tem treze anos. Quando eu estava passando por situações desse tipo, admito que, muitas vezes, achei que nunca acabariam, mas hoje rimos juntos da grande quantidade de loucas explosões emocionais desde os primeiros dias de sua infância.

O AUTOCUIDADO

Crianças com alta Emocionalidade – cuja tendência natural é reagir com angústia, frustração ou medo – representam grandes desafios para os parentais. Se o seu filho tem baixa Em, você teve sorte nesse ponto, pois é provável que enfrente muito menos surtos nos primeiros anos de vida dele. É claro que desafios existirão, mas todos os pedidos parentais são menos suscetíveis de receberem um obstinado "Não!" ou uma sapatada. Conversamos muito sobre como todas as disposições incorporam vantagens e desvantagens; não há temperamentos "bons" ou "ruins". Mas na realidade o ponto no qual as crianças se enquadram na emocionalidade se relaciona ao quão "fácil" parece a parentalidade.

Espero que a leitura deste capítulo ajude os parentais de filhos com baixa Em a entenderem melhor a situação e ajudarem parentais amigos que estão sofrendo com filhos com alta Em e seus surtos astronômicos. Eles não estão fazendo nada de errado. Não estão falhando em implementar recompensas e consequências adequadas. Os filhos deles não precisam aprender a se comportar de maneira apropriada, pois apenas herdaram um temperamento voltado a sentimentos muito fortes, que ainda estão aprendendo a administrar.

É normal que os parentais de filhos com alta Em se sintam frustrados, sobrecarregados e até mesmo ressentidos com suas crianças às vezes. Passei por cinco *au pairs* em dois anos. A babá da minha melhor amiga se demitiu – nada menos que no aniversário dela – porque se constrangia com as birras da menina no parquinho e os olhares que recebia dos parentais de outras crianças. Criar filhos com alta Em é difícil. Aprender a deixar de lado a culpa relacionada a sentimentos negativos em relação a sua criança é fundamental para o próprio bem-estar e para a sua competência parental. Vivenciar o ressentimento não significa que você seja um mau parental, mas somente que é um ser humano que não gosta de gritaria ou de ter seus pedidos atendidos sem qualquer reação, na melhor das hipóteses, ou reações desagradáveis, na pior. Uma criança com alta Em pode trazer muito estresse inesperado para sua casa e, potencialmente, para seu casamento.

Por isso é tão importante o autocuidado. Parentalidade de um filho com alta Em demanda paciência extra, e é ainda mais difícil se você não está bem mentalmente. Existem excelentes recursos disponíveis para promover bem-estar. Um dos meus favoritos é o *Greater Good Science Center*, na Universidade da Califórnia, Berkeley (greatergood.berkeley.edu), que disponibiliza uma variedade de artigos e ferramentas com base científica. Atenção plena, meditação, ioga, longas caminhadas, atividades físicas, alegria nas pequenas coisas. Sei que soa difícil levar a sério esse conselho: "Verdade mesmo? Como um banho de espuma vai impedir meu filho de destruir o próprio quarto em um ataque de fúria?"; "O que exatamente devo fazer com a gritaria da criança enquanto dou longas caminhadas para sentir a fragrância das rosas?"

Crianças, sobretudo as desafiadoras, podem ocupar tanto de nosso tempo, e consumir tanta energia nossa, que muitas vezes parece que não sobrou mais nada para nós. *Mas exatamente por isso é tão importante.* Ser um bom parental se torna inviável caso não reserve um tempo para si. Cuidar dos outros *exige* que você se cuide. Descubra suas necessidades para que consiga se recentrar a fim de ter a paciência de que precisa para lidar com seu filho de alta Em. Assim como o processo que realiza para resolver problemas com ele, escolha uma ou duas coisas e trabalhe para implementá-las. Por exemplo, talvez você gostasse de ioga, mas esteve focado demais em dificuldades com seu filho para encontrar tempo. Reserve uma manhã para se levantar trinta minutos mais cedo e aproveitar esse tempo para você. Ou talvez adorasse ler, mas agora despenca na cama exausto e não consegue se lembrar da última vez que verificou a lista de best-sellers do *New York Times*. Encomende um livro que gostaria de ler e reserve dez minutos antes de dormir para uma rápida escapada literária. Não se desespere se não atingir seu objetivo: quando a ioga matinal for interrompida pelo despertar do bebê, ou o banho de espuma for interrompido por brigas de irmãos, apenas respire fundo e tente de novo no dia seguinte.

Diálogo interno é uma excelente maneira de ajudar parentais de filhos com alta Em a manter a serenidade no momento. Descubra seu mantra e repita-o enquanto respira fundo quando seu filho está surtado. Aqui estão algumas possibilidades para começar: "A vida é mais difícil para algumas crianças"; "Elas também não querem se sentir assim". Ou o meu predileto para surtos gigantescos: "Ame o seu filho, culpe os genes [inspire, expire]. Ame o seu filho, culpe os genes...". Seja qual for o seu mantra, ele é sempre um ótimo mecanismo de enfrentamento.

Finalmente, embora crianças com alta Em nem sempre facilitem, não se esqueça de se deliciar com o espírito ardente delas! Você pode lamentar o fato de elas surtarem ou pode reestruturar a alta Emocionalidade para se focar em como ela servirá ao seu filho bem no futuro. Quase sempre, os filhos que consideramos mais desafiadores para criar, quando crescem, tornam-se particularmente interessantes. Como a eminente professora Laurel Thatcher Ulrich, da Universidade de Harvard e vencedora do Prêmio Pulitzer, escreveu: "Mulheres bem--comportadas raramente fazem história", o que se aplica também para todas as crianças. Algumas das mais desafiadoras são aquelas que, no futuro, mudam o mundo. Continue lembrando-se disso quando seu filho bater os pés ou discutir sem parar. Essas intensas emoções podem ser canalizadas para uma busca constante por paixões importantes à medida que as crianças vão ficando mais velhas.

AVALIAÇÃO DA SUA PRÓPRIA EMOCIONALIDADE

Há uma última peça que influencia em como é difícil a parentalidade: o ponto em que *você* se enquadra na Emocionalidade. O quanto naturalmente tende a angústia, frustração e preocupação influenciará no quanto o comportamento da sua criança – com baixa ou alta Em – o aborrece. Parentalidade requer muita paciência, e aqueles de nós com alta Emocionalidade não estão naturalmente dispostos a isso! Nossa disposição para a angústia, por exemplo, pode nos levar a reagir energicamente ao mau comportamento do nosso filho, o que não é bom para ninguém. Eu sei; passei por isso.

Na verdade, muitos de nós podem se beneficiar dos mesmos tipos de estratégias que estamos tentando ensinar aos nossos filhos: respirar fundo, focar-se em manter a calma, descobrir um plano de como lidar com as fortes emoções que nossos filhos evocam, agir com gentileza com nós mesmos quando não cumprimos o nosso plano e tentar fazer melhor da próxima vez. Se você tem alta Emocionalidade, não receie conversar sobre isso com seu filho de alta Em. Não receie usar-se como modelo de alguém que também esteja trabalhando no gerenciamento de sentimentos fortes. Isso ajudará sua criança a entender que não há nada "errado" com ela e fornecerá oportunidade para modelar o processo de desenvolvimento.

IRMÃOS: ISSO NÃO É JUSTO!

Se você tem mais de um filho, é provável que tenham níveis de Emocionalidade diferentes. Um filho com alta Em pode ser difícil para os irmãos com baixa Em. Os surtos talvez lhes soem assustadores. Sua criança com alta Em provavelmente exigirá mais tempo e energia, e os irmãos com baixa Em podem se sentir perdidos no processo. O fato de você ter de implementar diferentes estratégias parentais para seus filhos muitas vezes será considerado injusto.

Para lidar com as diferenças entre irmãos, mantenha linhas de comunicação abertas na família. Como acontece com as diferenças na Extroversão, as diferenças de Emocionalidade entre irmãos são uma grande oportunidade de ensinar-lhes empatia – como entender que todo mundo é diferente e valorizar essas diferenças. As estratégias de parentalidade essenciais para trabalhar com crianças com alta Em ensinam importantes lições também para crianças com baixa Em. Você estará modelando o processo de respeitar as opiniões dos outros, discutir abertamente as preocupações, soluções de resolução de problemas e trabalhar em conjunto.

Irmãos sempre serão tratados de maneira diferente e talvez reajam com um "Não é justo!". Afinal, só conseguem ver o mundo através das próprias lentes genéticas, e o cérebro deles ainda não desenvolvido não compreende totalmente o funcionamento distinto de outros cérebros. Mas justo não significa igualitário. Se um filho tem disposição para o futebol e o outro para música, você deve apoiá-los para que cada qual se destaque à sua maneira. Se um filho precisa de ajuda extra com matemática, você o auxilia, e não exigiria que o irmão sem problemas nesse aspecto participe das aulas de reforço. Seus filhos com diferentes níveis de Emocionalidade precisarão de coisas diferentes de você, e tudo bem. A melhor parentalidade é personalizada para cada filho – e não do tipo que se ajusta a todos.

Mensagens-chave

- A maneira mais eficaz de moldar o comportamento futuro das crianças é trabalhar para promover bom comportamento em vez de focar na punição do mau comportamento; entretanto, as estratégias que você implementa precisam ser adaptadas à Emocionalidade do seu filho.
- Para crianças com baixa Em, as recompensas e as consequências devidamente implementadas são bastante eficazes na modelação do comportamento.
- As recompensas devem ser entusiásticas, específicas, imediatas e coerentes. Foque-se em um pequeno número de comportamentos por vez e recompense pequenos passos na direção certa. Consequências devem ser empregadas com mais parcimônia e quase nunca "serem

proporcionais ao crime". Cultive a competência de "não se desgastar com as pequenas coisas".

- Crianças com alta Emocionalidade quase sempre evocam reações severas e negativas dos parentais, mas são elas que precisam e se beneficiam mais da disciplina *afetuosa e gentil*; as consequências parentais típicas, implementadas nos momentos dos surtos, costumam piorar o comportamento, não melhorar.
- Foque-se nos *gatilhos* de comportamentos sem moderação (ter acessos de raiva, atirar objetos, bater) em vez de se concentrar no *comportamento* propriamente dito.
- Reduza surtos emocionais trabalhando com seu filho para identificar o *porquê* das reações emocionais dele, a fim de que resolvam em conjunto os problemas e cheguem a um plano que o ajude a controlar emoções fortes.
- Criar um filho com alta Em pode ser um desafio. Lembre-se de que a parentalidade é uma maratona, não uma corrida de cem metros; por isso, esteja em forma! Cuide-se para ter energia mental e conseguir trabalhar com sua criança com alta Em.

CAPÍTULO 6

ESFORÇO DE CONTROLE: O FATOR "EF"

Na década de 1960, uma equipe de pesquisadores da Universidade de Stanford apresentou a crianças em idade pré-escolar a possibilidade de fazerem uma escolha: uma guloseima no momento (por exemplo, biscoito, marshmallow ou outro doce que quisessem) ou duas guloseimas depois. Para receber o dobro de coisas, elas tinham de se sentar em uma sala, olhando para a tentadora guloseima por até vinte minutos, à espera de que o pesquisador voltasse, quando então receberiam as duas. As crianças diferiram significativamente quanto ao fato de poderem esperar para receber a recompensa maior ou de agirem por impulso no *momento presente*. O experimento ficou conhecido como Teste do Marshmallow.

Mais interessante ainda é o fato de os pesquisadores continuarem acompanhando o crescimento das crianças. Se elas conseguiram esperar uma recompensa maior em idade pré escolar, previam-se todos os tipos de resultados na vida. As crianças desse grupo alcançaram pontuações mais altas no SAT[11] e melhores competências sociais e acadêmicas na adolescência. Elas cederam menos à tentação e foram mais capazes de se focar, pensar no futuro e planejar. Na fase de jovens adultos,

---

11 O *Scholastic Aptitude Test* (Teste de Aptidão Escolar) ou, como é mais conhecido, SAT é um dos exames mais comuns dos Estados Unidos, utilizado pelas universidades estadunidenses em seus processos de admissão para graduação. (N.T.)

usaram menos drogas, alcançaram níveis educacionais mais elevados e tinham índices de massa corporal (IMC) mais baixos. E mais, lidaram bem com o estresse e a frustração, por isso se saíram melhor na busca pelos seus objetivos.

Aplicou-se o teste do marshmallow no mundo todo com resultados semelhantes. Estudos que acompanharam grupos de crianças desde a primeira infância até jovens adultos descobriram que o autocontrole avaliado em crianças pequenas é preditivo de uma série de resultados de vida. Por exemplo, um famoso estudo longitudinal conduzido na Nova Zelândia acompanhou um grupo de mil crianças nascidas no início dos anos 1970 por quase cinco décadas, começando no nascimento. Os pesquisadores descobriram que o autocontrole da infância se relacionava à saúde física, aos problemas de uso de substâncias, às finanças pessoais e aos malfeitos criminosos, acima e além da inteligência das crianças e da sua classe social. O autocontrole até mesmo foi preditivo dos resultados nas famílias – com irmãos que tinham baixo autocontrole alcançando resultados inferiores em relação aos irmãos mais controlados.

E aí surge a pergunta: como a capacidade de uma criança de esperar um segundo marshmallow pode revelar tanto das conquistas futuras? E o que isso significa para nós, parentais, com filhos que sem dúvida teriam as bochechas estufadas de doces?

O teste de marshmallow tem caráter preditivo porque acaba centrado no nível de Esforço de Controle, que se refere à capacidade de um indivíduo de regular comportamento, emoções e atenção próprios. Crianças com alto Ef conseguem esperar pacientemente o dobro da sua recompensa; crianças com baixo Ef saboreiam o marshmallow antes mesmo que o pesquisador saia da sala!

O Esforço de Controle é conhecido por muitos outros nomes: autocontrole, controle comportamental, controle de impulso. Crianças com baixo Esforço de Controle são chamadas de *impulsivas* ou *distraídas*. Crianças com alto Esforço de Controle são chamadas de *conscienciosas* ou *confiáveis*. Prefiro o termo Esforço de Controle porque (1) gosto do som e, para mim, é mais fácil lembrar os Três Grandes Es dos estilos disposicionais das crianças (*Extroversão, Emocionalidade e Esforço de Controle*) e (2) enfatiza que é preciso *Esforço*.

O autocontrole é uma coisa complicada! Se não fosse, todos nós manteríamos nossas resoluções de Ano-Novo e nossas fantasias. Em razão de o autocontrole ser geneticamente influenciado, ele se torna mais difícil para algumas pessoas do que para outras. O ponto em que nos enquadramos no Esforço de Controle começa com a sorte do sorteio dos genes que herdamos. Como o teste do marshmallow ilustra, as diferenças no Esforço de Controle aparecem desde cedo no desenvolvimento e são estáveis. No entanto, existe uma boa notícia: o Esforço de Controle também é maleável. Podemos desenvolver competências que não afloram naturalmente em nós; basta... esforço. Para nós, parentais que adoramos marshmallow, isso significa que ainda há esperança, que há coisas que podemos fazer para ajudar nossos filhos a desenvolver mais autocontrole.

A CIÊNCIA CEREBRAL POR TRÁS DO ESFORÇO DE CONTROLE

A capacidade de se esforçar para controlar comportamento e emoções se relaciona a duas áreas principais do cérebro. A primeira – o sistema límbico – tem sido denominada de cérebro *quente*. Localizado nas profundezas do cérebro, é a parte mais básica e primitiva: emocional, reflexiva e inconsciente, sintonizada com reações do tipo "vá". Produz fortes reações aos estímulos emocionais, sobretudo à dor, ao prazer e ao medo. Também é plenamente funcional no nascimento, razão pela qual os bebês choram tão logo sentem fome ou dor. Eles não precisam aprender como chamar nossa atenção quando estão desconfortáveis ou com fome. Sabem por instinto. É evolutivamente adaptativo que o cérebro quente esteja no lugar desde o início. É também por isso que as crianças pequenas têm tão pouco autocontrole – elas têm apenas cérebros quentes altamente desenvolvidos; são como motorezinhos sem freios.

Os freios vêm de uma segunda e mais complexa área do cérebro – o córtex pré-frontal, localizado atrás da testa. O desenvolvimento do córtex pré-frontal é lento e só se completa em torno dos vinte e poucos anos (com algumas evidências de que amadurece um pouco mais tarde nos meninos do que nas meninas, o que não surpreende a nós, mulheres). Essa parte "fria" do cérebro está envolvida em tomadas de decisão mais reflexivas e complexas. Curiosamente, empresas seguradoras "descobriram" que o desenvolvimento do cérebro não se estabiliza até os vinte e poucos anos; os bancos de dados delas mostraram que os acidentes de carro se reduziam drasticamente após os 25 anos, o que justifica os valores elevados das taxas de seguro para adolescentes, e o fato de nem sequer se poder alugar um carro nos Estados Unidos antes dos 25 anos. Conforme o córtex pré-frontal vai atingindo um estado totalmente maduro, ele capacita pensamentos complexos de ordem superior, como planejamento e tomada de decisão, o que ajuda a manter nossas tendências impulsivas sob controle – e tudo isso resulta em melhores motoristas e menos acidentes.

De modo mais abrangente, nosso córtex pré-frontal nos ajuda a postergar a gratificação e a ir atrás de objetivos de longo prazo. Em suma, é a parte mais complexa e desenvolvida do cérebro. Todas as crianças apresentam um aumento no Esforço de Controle à medida que crescem e seu córtex pré-frontal se desenvolve. Mas *quanto* Esforço de Controle elas desenvolvem é um produto de suas conexões cerebrais únicas.

Nossas disposições naturais para o Esforço de Controle dizem respeito ao nível de atividade do nosso cérebro "quente", em comparação com nosso cérebro "frio". No teste do marshmallow, as crianças que o comeram no momento tinham cérebros muito diferentes das que esperaram a recompensa em dobro. Aquelas que optaram por comer marshmallow de imediato tinham regiões cerebrais quentes mais ativas, em especial na presença de estímulos tentadores. As partes do cérebro sintonizadas com o prazer, o desejo e a recompensa instantânea dominavam. Em contrapartida, as crianças que conseguiram esperar pacientemente uma recompensa maior tinham córtex pré-frontal mais ativo

– a região fria do cérebro que controla o planejamento e as tomadas de decisão complexas. Em outras palavras, as crianças que comeram o marshmallow rapidamente tinham motores mais fortes, e aquelas que esperavam ganhar dois marshmallows tinham freios mais fortes.

Embora o cérebro "quente" às vezes tenha má reputação, ele é importante por uma série de razões. É a parte envolvida na luta ou na fuga, a qual toma decisões rápidas por nós. Moldado por dezenas de milhares de anos de evolução, ele foi fundamental para a sobrevivência de nossos ancestrais. Em épocas longínquas, era muito mais importante ser capaz de entrar em ação diante de um animal selvagem do que planejar a moradia ideal em uma caverna. Hoje, não mais precisamos nos confrontar com muitos ataques surpresa de leões, mas ainda precisamos tomar decisões rápidas para nos afastar do perigo – correr de um intruso, fugir de uma cobra, desviar quando algo está voando em nossa direção. Nosso cérebro é bastante útil ao tomar decisões reflexivas e instantâneas, em vez de ficar perplexo diante de todas as possibilidades. O cérebro quente pode salvar nossa vida.

Elementos importantes para a sobrevivência e a reprodução – por exemplo, comida e sexo – também produzem reações do cérebro quente, despertando sentimentos gratificantes. Nosso cérebro quente aprecia tais sensações e busca por mais. É ele que nos mantém alimentados e garante que a raça humana se perpetue geração após geração. Cérebros sintonizados para a recompensa e para a atenção às necessidades presentes são essenciais.

No entanto, reagir aos nossos desejos imediatos também pode nos colocar em dificuldades, sobretudo em um mundo onde existem muitas tentações. Nosso cérebro quente se predispõe para o aqui e agora, e há muitas tentações aqui e agora no mundo hoje, as quais têm potencial para gratificação imediata. É mais divertido comer o biscoito agora, mas pode causar ganho de peso no futuro. É mais divertido sair com os amigos, mas pode interferir na realização dos trabalhos escolares. É mais divertido dormir do que ir à academia, mas não o ajudará a ser mais saudável no longo prazo. A hiperatividade na região quente do cérebro se relaciona à obesidade e ao vício – distúrbios em que o controle dos impulsos desempenha um papel. Em suma, nosso cérebro quente desempenha muitas funções relevantes, mas também pode nos conduzir a situações problemáticas.

Então, é aí que nosso cérebro "frio" entra em ação, ajudando-nos a planejar o futuro e a tomar decisões difíceis rumo ao alcance dos nossos objetivos de longo prazo. Recompensas tardias não nos propiciam gratificação instantânea, então elas exigem reflexão. O cérebro quente diz: "Coma o marshmallow!". E o cérebro frio retruca: "Calma aí! Se eu *não* comer o marshmallow, será melhor para mim no futuro". O cérebro frio ajuda as crianças a resistirem à tentação de pular no sofá porque você lhes disse que não o fizessem, e elas terão problemas se não obedecerem (mesmo que seja muito divertido...). Conforme elas crescem, o cérebro frio as auxilia a dizer não ao convite de sair com os amigos, e estudar para a avaliação do dia seguinte, para conquistarem notas melhores, para que entrem em sua universidade preferida, para conseguirem um emprego melhor, para que tenham mais estabilidade financeira... Em razão da complexidade do processo em pensar em tudo isso, é mais fácil deixar o cérebro quente dizer: "Sim, vamos lá. Festa, aí vou eu!".

O Esforço de Controle se relaciona a diversos resultados positivos na vida, pois a capacidade de planejar o futuro nos ajuda em uma multiplicidade de frentes. Podemos inclusive tomar decisões difíceis que retardam a gratificação, mas que resultam em recompensas mais significativas no futuro. Desse modo, seguimos em busca de todos os tipos de objetivos diferentes – saúde, família, escola ou trabalho –, afastados de coisas que nos colocarão em apuros. Lamentavelmente, nossos filhos começam a vida com muito pouco disso porque o cérebro ainda não está desenvolvido o bastante.

COMPREENSÃO DAS MUITAS FACES DO ESFORÇO DE CONTROLE

O modo como o Esforço de Controle se desenvolve na criança se relaciona ao ponto em que ela se enquadra nas outras dimensões do temperamento: Extroversão e Emocionalidade. Crianças com baixo Ef e alta Ex são mais impulsivas e turbulentas, constituindo os proverbiais touros em uma loja de porcelanas. São daquele tipo que acha uma excelente ideia pular da árvore para impressionar os amigos. E vamos a uma rápida olhada no futuro: como as crianças alta Ex/baixo Ef adoram estar cercadas de gente, e o autocontrole não lhes é natural, elas também têm mais probabilidade de se meter em encrencas na adolescência. À medida que os colegas se tornam cada vez mais importantes nessa fase, é bem provável que o cérebro quente as impulsione a correr atrás da diversão. Em adolescentes, isso significa maiores chances de priorizar festas em vez de estudos, e ainda de beber e fazer sexo sem proteção. Porém, neste momento, é mais provável que você tenha de se preocupar com braços quebrados e visitas ao pronto-socorro.

Já as crianças com baixo Esforço de Controle e alta Emocionalidade tendem a acessos de birra. Aborrecem-se facilmente e lutam para controlar esses sentimentos intensos. Na verdade, em razão de a Emocionalidade envolver a capacidade de controlar as emoções, não é incomum que crianças com alta Em tenham baixo Esforço de Controle. Mas há um lado positivo: conforme as crianças com alta Em/baixo Ef aprendem mais estratégias de Esforço de Controle, a competência de administrar as próprias emoções se aprimorará e elas serão mais capazes de trabalhar com os parentais nas estratégias colaborativas de resolução de problemas que discutimos no último capítulo. A maturação natural do córtex pré-frontal também melhorará o Esforço de Controle dessas crianças e, por consequência, sua capacidade de controlar as emoções. O tempo está ao lado dos parentais.

Além disso, lembre-se de que as pessoas com baixo Esforço de Controle nao são necessariamente baixas em todas as situações, ou seja, podem ter melhor autocontrole em algumas circunstâncias do que em outras. Existem diversos aspectos diferentes do Esforço de Controle. Às vezes precisamos nos motivar para fazer alguma coisa (levantar e ir à academia); às vezes precisamos nos fazer parar (comer aquele pedaço extra de bolo); às vezes, temos de nos inserir em coisas que são enfadonhas (trabalhar, pagar contas). E, às vezes, temos de evitar fazer alguma coisa de que nos arrependeremos, seja quando estamos de muito bom humor (por exemplo, uma noite de excessos depois de uma promoção), seja quando estamos de muito mau humor (por exemplo, uma repreensão do chefe). Com as crianças, o princípio é o mesmo: o Esforço de Controle delas também varia em diferentes ambientes.

Em geral, superestimamos a coerência com que esperamos que as pessoas se comportem. Considere o último capítulo, em que falamos sobre como as crianças com alta Em quase sempre enfrentam situações específicas que funcionam como gatilho para a emocionalidade. Elas não são altamente emocionais o tempo todo. Indivíduos com baixo Ef em geral também vivem determinadas situações mais desafiadoras do que outras. Por exemplo, algumas crianças com baixo Ef não têm problemas para concluir os trabalhos escolares, mas podem não ter controle quando se trata de pular na cama ou correr pela casa. Outras crianças com baixo Ef geralmente são boas em seguir instruções – até que vejam algo que as empolgue e então corram para cumprimentar um amigo.

Pense nos desafios do Esforço de Controle resumidos em duas áreas básicas:

É difícil PARAR de fazer as coisas que queremos (mas não deveríamos).

É difícil COMEÇAR a fazer coisas que não queremos (mas deveríamos).

Desafios PARAR envolvem situações em que seu filho está correndo como louco em uma festa de aniversário, derrubando as decorações. Os desafios COMEÇAR se referem a coisas como guardar os brinquedos no final de uma reunião com amigos.

Ambos os desafios decorrem do fato de que o presente (o que se deseja agora) é mais notável do que o futuro (o que pode ser melhor no longo prazo), em especial para crianças com baixo Ef. Christopher está se divertindo tanto correndo pela festa com os amigos que nem pensa em como poderá se sentir quando a mesa com os presentes for derrubada. O constrangimento diante de embrulhos espalhados pelo chão enquanto todos olham para ele, ou a repreensão dos parentais em tal situação, está bem distante de sua mente. Isabela está se divertindo tanto com as bonecas que não quer parar de brincar para guardar tudo e comer. Focada em fingir dar banho no bebê, ela não pensa em como os parentais ficarão furiosos quando tiverem de se levantar da mesa para pegá-la no quarto e descobrir as roupas de bebê ainda espalhadas pelo chão.

A boa notícia é que, se você tem um filho com baixo Ef, independentemente da área em que tenha dificuldades, um conjunto simples de estratégias irá ajudá-lo a aprender mais sobre autocontrole. Isso porque todas as situações que exigem Esforço de Controle são auxiliadas por *pense no futuro*, na tentativa de torná-lo *mais presente*. Algumas pessoas conseguem fazer isso de modo natural e fácil (indivíduos com alto Ef), mas o resto de nós precisa de algumas peças adicionais em nossa caixa de ferramentas para praticar o autocontrole.

ESTRATÉGIAS PARA DESENVOLVER O ESFORÇO DE CONTROLE

O fundamental para desenvolver o Esforço de Controle é reduzir o esforço.

Lembre-se de que crianças com baixo Ef têm vieses cerebrais quentes, isto é, o cérebro delas se inclina para o aqui e agora. Isso significa que, quando seu filho não aparece quando o chama, ou não para de correr quando você pede, ele não está necessariamente tentando ser desafiador ou ignorá-lo. Na verdade, o cérebro quente dessas crianças é programado para se focar no presente, e o cérebro frio não é proficiente para pensar nas consequências futuras.

Ajudar seu filho a desenvolver mais Esforço de Controle envolve o aproveitamento desse *insight* básico e o uso dele para trabalhar pela criança, em vez de contra ela (e você). Vamos tirar proveito do sobrecarregado cérebro quente para ajudá-lo a fazer o trabalho do cérebro frio. Para isso, você precisa iludir o cérebro quente para que preste mais atenção ao futuro e menos ao momento presente. Como disse Walter Mischel, o psicólogo que projetou o teste do marshmallow: você quer aquecer o futuro e esfriar o presente. Traga o futuro para o aqui e agora, momento no qual seu filho com baixo Ef vive, e invente maneiras de administrar as tentações do presente. Vamos percorrer as estratégias de autocontrole que se concentram em cada um desses fragmentos: reduzir o esforço, aquecer o futuro e esfriar o presente.

Antes de começarmos, eis algumas notícias encorajadoras para parentais com filhos com baixo Ef: crianças geneticamente mais propensas a ter desafios com o Esforço de Controle também são aquelas que têm maior probabilidade de se beneficiarem da intervenção. Em outras palavras, as crianças com autocontrole mais baixo são as que demonstram maiores avanços com as estratégias de autocontrole. Então, vamos começar.

Faça o processo com menos esforço

Como tornar mais fácil alguma coisa que, por definição, exige esforço?

Faça de modo automático.

Os *planos Quando-Então* são o elemento fundamental para que a coisa aconteça. Parte do que torna o Esforço de Controle tão difícil (para nós e para nossos filhos) é que, no momento, quando queremos de fato fazer algo (ou não fazer), o cérebro quente está no comando. Para nossas crianças com baixo Ef, o não desenvolvido cérebro frio não teve ainda a oportunidade de levá-las a raciocinar sobre o que é melhor. Os planos Quando-Então eliminam a necessidade de um cérebro frio para guiá-los para o melhor caminho; eliminam totalmente a necessidade de reflexão.

Os planos Quando-Então são simples: *quando* X acontecer, *então* você fará Y. Deixe o cérebro quente, que registra o gatilho, fazer o trabalho. *Quando* meu alarme disparar, *então* vou sair da cama. *Quando* minha mãe disser para calçar os sapatos, *então* irei colocá-los.

Você conecta a situação que quase sempre resulta em um colapso do Esforço de Controle com uma reação pré-planejada. Toda vez que o *Quando* acontece, você reage com o seu *Então*. Não pensa sobre isso. Não se permite tomar decisões no momento. *Quando* X acontece, *Então* faça Y. Com o tempo, isso vira um hábito e não requer mais o Esforço de Controle.

Para ter sucesso, é preciso mirar alguns dos comportamentos de seu filho em que você deseja focar seu esforço. O *Quando* pode ser quase tudo; pode ser um gatilho interno (Quando começo a me sentir furioso; Quando fico muito empolgado), ou um gatilho externo (Quando mamãe ou papai me pedem para vir; Quando vejo um cachorro na rua o qual quero acariciar). O *Então* também é qualquer coisa que você queira inventar e dependerá da situação. O principal é que seja uma ação aceitável para você e seu filho, e que resolva o desafio do autocontrole.

Você pode fazer planos Quando-Então para qualquer situação em que seu filho enfrente problemas de autocontrole, com a ressalva de que deverá se focar em dois de cada vez. Você não pode resolver todas as dificuldades de autocontrole do seu filho de uma vez (desculpe). Lembre-se de que está tentando eliminar o elemento referente à reflexão, e caso seu filho se veja diante de mais de um ou dois planos quando-então, será demais para o cérebro dele desenvolver aquela tão relevante reação automática.

Quanto mais seu filho ensaiar e praticar, melhor ele se sairá. *Quando* a luz verde acender, *então* devo sair da cama. *Quando* entro em casa, *então* tenho de tirar os sapatos.

Comece o processo listando as áreas em que sua criança apresenta dificuldades de Esforço de Controle. Lembre-se de que existem diversas maneiras pelas quais o baixo Ef pode se manifestar, uma vez que ele envolve a capacidade de controlar comportamento, emoções e atenção. O quadro a seguir lista algumas áreas comuns em que as crianças enfrentam dificuldades de autocontrole. Muitas destas situações são momentos em que elas sentem intensas emoções, por exemplo, quando estão frustradas, zangadas, chateadas, entediadas ou, alternativamente, quando se sentem agitadas ou ridículas. Emoções fortes tendem a ativar nosso cérebro quente, por isso não surpreende que nossa capacidade de pensar racionalmente (ou seja, usar nosso cérebro frio) fique comprometida. Isso vale para todos nós. Certamente sou culpada de gritar com meus filhos quando me sinto frustrada porque o sujeito que fará o reparo está uma hora atrasado.

SITUAÇÕES FREQUENTES INFANTIS DE ENFRENTAMENTO DE PROBLEMAS REFERENTES AO ESFORÇO DE CONTROLE
Dificuldades para corcluir tarefas enfadonhas (arrumar brinquedos, realizar afazeres, escovar os dentes, vestir-se etc.).
Dificuldades para gerenciar emoções intensas (raiva, frustração).
Dificuldades para interromper uma atividade a fim de fazer algo menos "divertido".
Tendência a comportamentos de risco (por exemplo, pular de lugares altos, correr para o mar).
Dificuldades para resistir às tentações (por exemplo, uma guloseima, alguma coisa que não deveriam tocar).
Hiperatividade (correr pela casa, energia excessiva quando empolgado).

Lembre-se: trabalhe poucas coisas de cada vez. Portanto, escolha uma ou duas daquelas que o estão enlouquecendo (ou, mais generosamente, as mais preocupantes). Você pode não ter problemas em definir as áreas em que seu filho tem dificuldades com o autocontrole, ou nomeá-las pode despertar um sentimento de opressão. Alguns parentais me dizem: "Mas existem tantos problemas que não sei por onde começar!". Manter um diário é sempre bom para tentar controlar o comportamento da sua criança. Registre as áreas em que ela manifesta problemas com o autocontrole e, em seguida, para começar, escolha as mais frequentes, mais problemáticas ou potencialmente perigosas. Se você costuma carregar o celular, faça uma anotação rápida nele para ajudá-lo a rastrear diferentes situações.

Depois de identificadas as áreas em que seu filho está tendo dificuldades, trabalhe com ele para identificar e nomear os gatilhos. Desse modo, estará essencialmente trabalhando o *Quando*. Lembre-se de que o *Quando* pode ser um gatilho interno (emoção) ou um externo (alguma coisa que acontece). Aqui estão alguns exemplos:

- *Quando* meu irmão me deixa realmente furioso
- *Quando* acontece alguma coisa injusta
- *Quando* estou me sentindo cheio de energia
- *Quando* meu alarme dispara
- *Quando* minha mãe me chama

Em seguida, passe para o *Então*. Se o *Quando* do seu filho se relaciona a uma emoção intensa (raiva, frustração), você deve escolher uma atividade *Então* que o ajude a se tranquilizar (mais sobre isso em "Tenha estratégias de resfriamento"). Pode ser respiração profunda ou uma ida ao quarto para uma atividade calma e relaxante (como desenhar ou olhar um livro). Se o *Quando* dele se relaciona ao sentimento de energia exacerbada ou hiperatividade, pense em um *Então* que seja uma maneira aceitável de liberar essa energia sem consequências indesejáveis:

- *Então* vou fazer polichinelos
- *Então* vou respirar lenta e profundamente
- *Então* vou ao meu quarto para colorir um desenho

O plano Quando-Então também pode envolver um comportamento de "início": *Quando* eu chamar você, *Então* vai parar o que estiver fazendo e vir. *Quando* seu irmão roubar um brinquedo, *Então* você virá me contar em vez de bater nele. *Quando* eu disser que é hora de escovar os dentes, *Então* você irá de imediato ao banheiro e escovará os dentes. Seu plano Quando-Então será norteado pela área que deseja trabalhar com seu filho.

Comunique à sua criança que um plano Quando-Então significa que *toda vez* que o *Quando* acontecer, ela deverá logo em seguida fazer o *Então*. Sem questionamentos. Sem exceções.

E aí vem a recompensa pelo fato de seu filho ter seguido o plano Quando-Então. (Entenda por que abordamos o Esforço de Controle por último – ele incorpora todos os aspectos dos capítulos anteriores!) Lembre-se de recompensar efusiva e imediatamente sua criança: "Que coisa excelente correr para escovar os dentes na hora em que eu pedi!".

Para estimular os planos Quando-Então, você precisa praticar com seu filho. Faça-o fingir que está na situação *Quando* e pratique imediatamente a reação *Então*. Em seguida, recompense-o e repita. Lembre-se de que você está tentando tornar o comportamento automático, e isso é feito por meio de treino repetitivo. Isso ajuda o cérebro a estabelecer uma nova conexão entre *Quando* e *Então*.

Por exemplo, se o Quando-Então do seu filho é *Quando* minha mãe chama, *Então* eu paro o que estou fazendo e vou até ela, peça a ele que vá ao quarto e finja que está brincando, chame-o e faça-o praticar parar tudo de pronto e vir até você. Se estiver disposto, tente fazê-lo exagerar no comportamento. Por exemplo, se sua filha está empolgada brincando de casinha, ela deve largar imediatamente todas as pecinhas e correr até você. Se seu filho está brincando de duelo de espadas, ele larga a arma no ar e se dirige até você na velocidade da luz. Recompense-o com elogios vigorosos: "Olha como você veio rápido! Uau!".

Se o Quando-Então do seu filho é *Quando* fico furioso, *Então* faço cinco respirações longas e lentas, estimule-o a praticar isso. Crie um cenário relacionado a algo que o fez perder a calma no passado. Diga-lhe que imagine como se sente: "Você se sente ficando cada vez mais e mais bravo, como se fosse explodir". Então você o lembra do comportamento do *Então*. Assim que ele tiver praticado, recompense-o. Torne o processo divertido. Lembre-se: cérebros quentes gostam de prazer; portanto, conectar uma sequência Quando-Então a sensações agradáveis ajudará a solidificar o comportamento.

Você perceberá muitos pontos semelhantes entre a estratégia Quando-Então e as estratégias de resolução de problemas que discutimos no último capítulo para crianças com alta Em. As referentes ao Quando-Então podem ser aplicadas a qualquer tipo de desafio de autocontrole, não apenas para controlar as emoções. Elas funcionam bem para crianças que têm dificuldades de controlar o próprio comportamento ou a atenção.

Para um futuro mais quente

Outro elemento importante para ajudar no Esforço de Controle é tornar as consequências negativas futuras mais iminentes. Seu filho não para imediatamente de brincar e coloca o pijama assim que você pede em razão de estar focado na diversão do presente. Ele não está pensando nem em dez minutos no futuro quando você esbraveja furioso pelo quarto dele por não descobrir progresso algum em relação à hora de dormir. Lembre-se de que cérebros quentes se focam no presente. Portanto, você deseja que seu filho se foque *agora* nas consequências futuras. Para ajudá-lo, peça que imagine como vai se sentir no futuro *como se fosse o presente*.

Os adultos conseguem fazer muito bem isso por meio da imaginação. Quando seu companheiro lhe pede que o ajude em alguma coisa, mesmo que você não queira, há aquela vozinha na sua cabeça que diz que seria muito grosseiro ignorá-lo, e que você não quer entrar em uma briga. É o seu córtex pré-frontal trabalhando, ou seja, seu cérebro frio o ajuda a pensar considerando a cadeia de consequências lógicas futuras. Se você está tentando se motivar para lidar com a roupa, mesmo que na verdade queira assistir a outro episódio de *Modern Family*, pensa em como será irritante quando ninguém tiver roupas íntimas limpas no dia seguinte.

Entretanto, o pensamento das crianças – sobretudo as com baixo Ef – não consegue ainda tecer toda essa complexidade futura. Portanto, cabe a você ajudá-las a visualizar consequências futuras mais evidentes no aqui e agora. Crie mais emoção relacionada às consequências futuras, por exemplo, encenando com seus filhos. A encenação ajuda a extravasar as intensas emoções negativas associadas a uma escolha ruim, para lembrar a seu filho que ele não quer seguir tal caminho. Isso lhe dá uma "prévia emocional," que ativa o cérebro quente.

Vejamos o funcionamento. Vamos retomar o caso de Isabela, que tem dificuldade para parar de brincar quando o parental a chama. Mamãe ou papai se sentam para conversar com a filha sobre esse comportamento desafiador e explicar como agirão. Eles elaboram um plano Quando-Então e dizem: "Vamos imaginar o que acontece quando você não para de brincar". Isabela provavelmente falará: "Mamãe/papai fica *muito bravo*". "Isso mesmo", mamãe confirma. "Então, vamos fingir que isso acontece." Mamãe faz Isabela fingir que está brincando; ela a chama e a menina continua brincando (como planejaram). Então mamãe finge irromper furiosa pelo quarto, usa uma voz meio enlouquecida para dizer a Isabela que está chateada e implementa qualquer consequência que de fato ocorreria: "Mocinha, eu disse a você que é inaceitável me ignorar quando eu chamo! Agora vá para o cantinho do pensamento".

Outro exemplo é levar o seu filho já mais crescido a imaginar que deveria estar no quarto fazendo a lição de casa, mas, em vez disso, começou a brincar no celular. Finja que entrou no cômodo e o viu agarrado ao telefone, e use sua voz de brava para dizer: "Você me disse que estava fazendo a lição de casa, mas pegou o celular. Agora não poderá ir mais tarde à casa do seu amigo porque ainda tem lição para fazer". O fundamental é seu filho entender que você se sente muito mal quando ele não o escuta. Uma criança não gosta de se sentir assim. Não gosta da consequência. Por meio da encenação, a consequência será mais real e imediata.

De maneira crítica, é importante que a encenação acompanhe a prática do plano Quando-Então para um determinado cenário. Então, você deve despejar uma pilha de elogios no seu filho quando ele tiver a reação desejada. "Fantástico! Você veio assim que eu chamei!"; "Que legal! Você terminou a lição de casa antes de começar a brincar!"

Caso você esteja pensando: "Não é horrível fingir que estou com raiva do meu filho?!", lembre-se de que ele sabe que é fingimento. Mesmo assim, a encenação ainda produzirá uma reação emocional que o ajudará a aprender a controlar com esforço o próprio comportamento no futuro. É melhor dramatizar uma falsa consequência quando sua criança está aprendendo com você do que uma verdadeira quando todos estão aborrecidos. E a prática do Quando-Então, seguida de elogios, encerrará as coisas de modo positivo. Além disso, o contraste (é ruim quando não presto atenção ao que devo fazer; é bom quando o faço) reforçará o ponto em que as escolhas podem desencadear resultados muito diferentes; ajudará o seu filho a aprender a controlar o resultado, você está ensinando a ele uma competência para a vida. Seu filho está aprendendo que é responsável pelos resultados de sua vida por meio das escolhas que faz. Você não pode fazer essas escolhas por seus filhos (por mais que deseje), mas é assim que começará a incentivá-los a tomar boas decisões.

Para um agora mais frio

A outra maneira de edificar o Esforço de Controle é recorrer a estratégias que esfriem a necessidade dele no momento presente. A seguir, apresento algumas técnicas.

Remova a tentação. Este é um método a que muitos de nós recorremos, para nós mesmos e para os nossos filhos. A ideia centra-se em organizar nossos ambientes de modo que tenhamos menos gatilhos ao nosso redor. Por exemplo, não compro batata frita, pois acho quase impossível não comer o saco inteiro. Não deixamos pacotes de biscoitos largados pela casa, pois sabemos que nossos filhos, ao vê-los, começarão a resmungar pedindo. Se você sabe que seu filho vai implorar para parar no parquinho e está sem tempo, escolha um trajeto da escola para casa que não passe pelo parque. É difícil evitar a tentação quando está tão à frente e no centro. É ainda mais difícil para pessoas com baixo Ef. Remover as tentações talvez seja uma das maneiras mais fáceis de reduzir as batalhas pelo autocontrole, ainda que só valha em determinadas situações. Às vezes, há uma grande tigela de batatas chips a centímetros de você em uma festa! Seu filho enfrentará ambientes semelhantes que estão fora de controle. E então, em última análise, você precisa desenvolver o músculo do autocontrole dele.

Crie distrações. Quando remover a tentação não é possível, a distração é outra excelente técnica. E recorremos muito a ela com nossos filhos. Eles começam a choramingar por alguma coisa e nós dizemos: "Veja, há pedrinhas de calçada; vamos fazer um desenho!". Redirecionar a atenção para longe do objeto tentador é sempre uma boa opção, em especial para crianças muito pequenas, para as quais as estratégias Quando-Então talvez ainda sejam desafiadoras. Em síntese: se você pode evitar o *Quando* (a situação do gatilho), quase sempre seguirá o caminho mais fácil. As crianças em idade pré-escolar nos experimentos com marshmallow usaram uma série de técnicas hilárias de distração que você pode encontrar no YouTube, incluindo olhar para o lado, tamborilar os dedos, fazer caretas engraçadas ou bater de leve os pés – qualquer coisa para manter a mente longe do marshmallow!

Experimente a técnica "Fly on the Wall"[12]. Aprender como se afastar dos próprios sentimentos e observá-los a distância é um elemento essencial de muitas terapias e práticas que minimizam efetivamente o sofrimento e fomentam o bem-estar. É uma parte central da terapia cognitivo-comportamental, uma das mais eficazes para muitos desafios psicológicos. E mais, é fundamental no que se refere à atenção plena, para a qual há evidências crescentes de muitos benefícios. Aprender a se afastar da intensidade dos sentimentos e observá-los com mais objetividade ajuda a superar o imediatismo de emoções fortes e desafiadoras.

Nossos filhos também vivenciam emoções fortes e desafiadoras (oh, eles nunca!). Ensiná-los a se posicionarem fora deles e refletir sobre a situação é uma maneira de ajudá-los a aprender a administrar os próprios sentimentos e fomentar o Esforço de Controle. Peça à sua criança que se imagine uma mosca na parede observando o desenrolar de uma situação. Em geral, isso não ajuda no momento, mas é bom para "*debriefing*" psicológico[13]. Pode ser assim:

---

12 No Brasil, usa-se o termo em inglês, ou então "mosca na parede". (N.T.)
13 Intervenção conduzida com base em perguntas. (N.T.)

PARENTAL: "Vamos tentar descobrir o que aconteceu quando começamos aquela discussão sobre nos prepararmos para dormir na noite passada. Imagine que você é uma mosca na parede do seu quarto e diga-me o que a mosca viu".

Norteie seu filho durante a conversa. Ainda que não haja uma maneira certa para isso, o fundamental é o desejo de que seu filho fale objetivamente sobre as ações e os sentimentos de cada pessoa, ou seja, tente abranger os comportamentos e as emoções de cada um.

PARENTAL: "O que a mosca está vendo você fazer?".
CRIANÇA: "Estou brincando com meus brinquedos".
PARENTAL: "E o que eu estou fazendo?".
CRIANÇA: "Você está me mandando para meu quarto, dizendo para eu colocar o pijama".
PARENTAL: "E o que a mosca vê você fazer depois disso?".
CRIANÇA (*sorrindo meio encabulada*): "Continuo a brincar com meus brinquedos".
PARENTAL: "Então o que aconteceu?".
CRIANÇA: "Você entra no quarto".
PARENTAL: "E o que a mosca vê a mamãe fazendo?".
CRIANÇA: "Gritar!".
PARENTAL: "Como a mamãe parece estar se sentindo?".
CRIANÇA: "Furiosa".
PARENTAL: "Por que você acha que a mamãe está tão furiosa?".
CRIANÇA: "Porque não fiz o que ela pediu".
PARENTAL: "O que a mosca vê depois?".
CRIANÇA: "Eu também começo a gritar".

Insira humor na situação: "Uau, aquela mosca com certeza pousou no lugar errado; ela teve de ouvir muitos gritos!".

O objetivo do exercício *Fly on the Wall* é ajudar seu filho a aprender a assumir perspectivas múltiplas, afastando-se do próprio ponto de vista (sejamos sinceros, no qual muitos de nós podemos ficar atolados) e vendo os dois lados. Pesquisas mostram que se afastar e tentar compreender uma situação na terceira pessoa ajuda as crianças (e os adultos) a superar os sentimentos de raiva ou mágoa. Ajuda a seguirem em frente. Já demonstraram que funciona para crianças de todas as origens. Todos nós nos beneficiamos em assumir uma perspectiva.

Tenha estratégias para resfriar "o momento". É sempre uma boa ideia ter algumas estratégias tranquilizadoras prontas para os momentos em que o Esforço de Controle se faz necessário, mas seu filho simplesmente não está sentindo isso (sua versão de "A serenidade agora!", para os fãs de *Seinfeld* por aí). Precisamos dessas estratégias como parentais, e as crianças também necessitam delas. Propicie ao seu filho uma técnica que ele invoque com facilidade ao sentir a aproximação da perda do Esforço de Controle. Pode ser parte do plano Quando-Então. As estratégias de resfriamento podem incluir: fazer respiração profunda, contar até dez ou comprimir as mãos com força como se estivessem espremendo limões. Também vale pedir-lhe que faça uma pausa ou dedique-se a uma atividade tranquila e relaxante (ler, colorir, ouvir música) que o ajudará na recuperação do controle. Descubra o que se ajusta ao seu filho. O meu, por exemplo, odiava a ideia de espremer as mãos como limões; ele achava que parecia ridículo e ficava ainda mais perturbado. Então, descobriu que ir ao quarto e sentar-se sozinho em um pufe constituía um jeito muito melhor de se acalmar e se controlar.

Outras coisas para os parentais ajudarem no desenvolvimento do Esforço de Controle do filho

Até agora, falamos sobre estratégias específicas para você trabalhar em áreas particulares em que seu filho tenha dificuldades com o autocontrole. Mas também existem algumas áreas mais abrangentes que você pode influenciar como parental, as quais são conhecidas por impactar a capacidade das crianças de controlar com esforço o próprio comportamento.

Coma, durma e seja alegre. Todos – crianças *e* adultos – têm um autocontrole mais aprimorado quando não estão cansados ou com fome. De alguma maneira, todos nós sabemos disso, mas às vezes as coisas mais simples acabam sendo negligenciadas. Hábitos saudáveis de sono e de alimentação nos mantêm no nosso melhor. Fazer seu filho dormir e acordar na mesma hora, criar uma rotina noturna e evitar atividades estimulantes ou tempo de tela antes de dormir são maneiras de promover crianças bem descansadas, que acordam prontas para se comportar muito bem (sorriso). Renunciar àquela última incumbência que você realmente quer quando todos estão "acabados" de tanto andar no shopping, certificar-se de que as refeições não sejam puladas e manter lanchinhos saudáveis no carro para emergências (eu escondo um estoque inteiro no porta-luvas – sobretudo para mim) são formas de promover dias mais tranquilos.

Monitorar níveis de estresse. Estresse pode ter um impacto tremendo no desenvolvimento do cérebro. Ele nos coloca no modo lutar ou fugir. Crianças que crescem em um estado de constante estresse têm sistemas cerebrais "quentes" superativados e em alerta máximo. Isso dificulta o aprendizado de controlar seus impulsos e desenvolver Esforço de Controle. A evolução preparou nosso cérebro quente para assumir quando o mundo está imprevisível e perigoso.

Portanto, como parental, uma das coisas mais importantes que pode fazer é ajudar o seu filho a se sentir seguro, protegido e amado; ajudar o mundo dele a ser mais estável e previsível. Discussão intensa ou violência doméstica em casa, adultos falsos e desleais, bairros perigosos – todas essas coisas podem dificultar o processo de a criança cultivar a própria competência de pensar e planejar. Em vez disso, ela se vê forçada a atender o aqui e agora. Na medida em que os parentais são capazes de ajudar a minimizar as origens do alto estresse crônico na vida dos filhos, estes se beneficiam.

Incentive a autonomia. Minimizar o estresse não significa tentar controlar todos os aspectos do ambiente da criança. Na verdade, ser muito protetor com o filho também compromete a capacidade dele de desenvolver o Esforço de Controle. Cabe aos parentais apoiar e incentivar a autonomia. As crianças desenvolvem competências de Esforço de Controle vivenciando coisas e aprendendo com as consequências. Assim como uma avaliação de álgebra, o domínio do autocontrole não é algo que os pais podem fazer pelos filhos. Estes têm de aprender por si mesmos. Em contraste com a álgebra, a competência de Esforço de Controle é provavelmente muito mais importante para os resultados da vida! Portanto, dê às crianças oportunidades de praticá-la e desenvolvê-la. Elas nem sempre acertarão. Mas vão ficar melhores nisso.

Por exemplo, seu filho pergunta se pode jogar um game antes de começar a lição de casa. Você tem dúvidas de que ele consiga interromper o jogo e passar para o modo de trabalho. No entanto, permitir à sua criança tentar pode dar-lhe a oportunidade de praticar a competência de Esforço de Controle. Talvez se surpreenda positivamente. No mínimo, ao dar uma chance ao seu filho, você evita a resistência, as discussões e o ressentimento decorrentes do estabelecimento de limites. E, se ele não estiver à altura do evento, então aprenderá que esta é uma área em que ainda precisa trabalhar; tal situação cria a oportunidade para uma conversa colaborativa com sua criança sobre a construção do autocontrole.

Permita consequências naturais. Uma das maneiras pelas quais as crianças aprendem o autocontrole é vivenciando as consequências. Isso pode ser difícil para nós, parentais, pois achamos que parte de nosso papel está na proteção aos filhos. No entanto, ao "protegê-los" das consequências de suas ações, na verdade os prejudicamos no longo prazo, tendo em vista que o cérebro deles não estabelece as conexões de causa e efeito entre comportamento e resultados. Por exemplo, se seu filho está à toa de manhã e esquece a mochila: não a leve até a escola. Um dia sem livros não é o fim do mundo, e vivenciar esse desconforto o tornará mais propenso a se focar em organizar o material escolar no futuro. As crianças precisam aprender que as escolhas têm consequências e que elas podem optar. Ao permitir o afloramento das consequências, as crianças aprendem que boas escolhas geram boas consequências e que más escolhas geram más consequências. Ajude-as a estabelecer a conexão entre comportamento e consequência (para o melhor ou para o pior), a fim de que comecem a desenvolver esse *insight* básico e percebam que têm o poder de afetar o resultado.

Saiba quando implementar o controle de danos. Existem determinadas tarefas que simplesmente excedem a capacidade de algumas crianças de exercerem o Esforço de Controle; portanto, nesse contexto, permitir consequências naturais não é uma opção. Se o seu filho tem muito pouco autocontrole em uma área particular que poderia levar a problemas, às vezes o curso de ação mais prudente é saber que ele não desenvolveu o autocontrole necessário para a tarefa, e descobrir como minimizar os danos colaterais. É por essa razão que colocamos cercas de proteção ao redor das piscinas e ficamos de olho nos nossos filhos na praia. Crianças pequenas (ou com baixo Ef) não têm autocontrole para tomar boas decisões com segurança (por exemplo, não pensam no fato de que não sabem nadar antes de correr para a água). Às vezes, nosso papel como parentais é simplesmente protegê-las e não esperar que estejam à altura do desafio. Isso também pode se aplicar a tarefas menores, que não impliquem risco de vida. Minha colega da faculdade de psicologia do desenvolvimento tem uma filha que, com mais ou menos um ano de idade, passou por uma fase em que costumava arremessar comida. Ciente de que o controle de impulso ainda não fazia parte do domínio de desenvolvimento da criança, a família resolveu mudar o lugar da mesa da cozinha, para que todos os móveis estofados ficassem fora da linha de fogo, enquanto trabalhavam com ela para manter a comida no prato.

Proporcione exemplos de Esforço de Controle. As crianças aprendem observando e, como o cérebro de todas elas ainda está desenvolvendo o Esforço de Controle (alguns mais rápido do que outros, vocês, parentais sortudos de crianças com alto Ef!), existem muitos recursos por aí para ajudar as crianças no aprendizado do autocontrole. Se você pesquisar no Google "livros de autocontrole para crianças", encontrará centenas de histórias que pode ler com seu filho, as quais foram elaboradas para ajudá-lo a desenvolver compreensão do autocontrole. Se você é um bom contador de histórias, invente contos sobre crianças fictícias cujo autocontrole varia. As temporadas de 2013 e 2014 do programa *Vila Sésamo* foram desenvolvidas com a consultoria de Walter Mischel, o psicólogo do Teste do Marshmallow, focadas em ajudar as crianças a aprenderem estratégias de autocontrole enquanto viam Come Come aprender a controlar os próprios desejos por biscoitos. Narrativas vívidas podem, aos poucos, ajudar as crianças a estabelecer a conexão entre as escolhas comportamentais e os resultados.

Recorra a jogos que pratiquem o Esforço de Controle. Muitos jogos populares para crianças de fato as ajudam a desenvolver o autocontrole. No jogo Luz Vermelha, Luz Verde (*Red Light, Green Light*), a criança só pode avançar da linha de partida em direção à linha de chegada quando o líder disser "luz verde", mas deve parar de se mover quando disser "luz vermelha". As crianças que ainda estão se movendo após o comando "luz vermelha" devem voltar para a linha de partida. No jogo "O mestre mandou", as crianças devem executar qualquer comando que o jogador designado "Mestre" diga (por exemplo, "O mestre mandou tocar o nariz"; "O mestre mandou pular em um pé"), mas apenas quando precedido pela expressão "O mestre mandou". Se o jogador disser só "Tocar o nariz" e a criança executar a ação, ela será eliminada da brincadeira. Esses jogos permitem a prática do controle dos impulsos – e a melhor parte? As crianças se divertem e nem mesmo percebem que estão praticando competências de autocontrole!

Seja modelo do Esforço de Controle. As crianças também aprendem muito sobre o Esforço de Controle por meio da observação e ganham um lugar na primeira fila observando os parentais. Quando nossos filhos nos testam, como reagimos? Ao vivenciarmos sentimentos fortes, as emoções podem ativar nosso cérebro quente e nos levar a agir de maneira reativa, em vez de ponderada. Assim como nossos filhos, todos nós diferimos na forma como o Esforço de Controle vem naturalmente até nós. Reflita sobre as áreas em que o autocontrole lhe é mais desafiador. Pense nos seus gatilhos, sobretudo no que se refere ao seu filho. É bom que tenha um plano de como reagirá quando sua criança desafiar seu Esforço de Controle. Mas há uma boa notícia: todas as técnicas que abordamos funcionam também para adultos. Planos Quando-Então, estratégias de resfriamento, distância dos próprios sentimentos – todos são métodos a que podemos recorrer como ajuda para uma parentalidade melhor e mais calma.

Confesso que vez ou outra deixo meu cérebro quente assumir o controle ao lidar com meu filho. Todos nós vivemos momentos em que nosso Esforço de Controle chega ao mínimo. Uma amiga próxima me contou recentemente sobre como, ao final de um longo dia de quarentena com os filhos, ela estava verificando a lição de casa em que sua filha deveria ter trabalhado o dia todo e descobriu que estava em branco. Depois de uma discussão acalorada e enrolada sobre como talvez o computador tivesse falhado em salvar o trabalho, minha amiga enfim gritou uma versão menos educada de: "*Apenas me diga onde diabos está a lição de casa!*".

Às vezes, não somos o que temos de melhor, apesar dos nossos planos mais definidos. Assim é a vida, e é uma lição importante para seu filho aprender também. Se você perceber que está perdendo o controle e tendo uma explosão da qual poderá se arrepender mais tarde, seja franco com seu filho. Converse com ele sobre o que aconteceu (tão logo todos estejam calmos), assim como você faria se o Esforço de Controle da sua criança estivesse em colapso. Use tal situação como uma oportunidade para lembrar ao seu filho que todos cometemos erros e devemos nos desculpar, e então seguimos em frente e tentamos fazer melhor no futuro. Esse é um modo de modelar o processo de desenvolvimento do Esforço de Controle que deseja que seu filho aprenda.

É POSSÍVEL TER AUTOCONTROLE DEMAIS?

Em geral, o Esforço de Controle é bom e relaciona-se a muitos resultados positivos na vida, como falamos neste capítulo. Mas às vezes as crianças com muito Esforço de Controle podem ser "supercontroladas". Inclinadas a estar no controle, tendem a ser muito cautelosas, relutantes em correr riscos, rígidas e inflexíveis, e ainda enfrentarem problemas diante de mudanças nos planos. O elevado nível de autocontrole pode levá-las a viver conflitos com outras crianças que não são tão orientadas para regras, causando contratempos com os colegas.

Se o seu cauteloso filho com alto Ef demonstra qualquer uma dessas tendências, trabalhe com ele nas áreas em que tem dificuldades. Desafie-o, com sutileza, a tentar algo novo. Comece com coisas pequenas e elogie-o por sair de sua zona de conforto. Se a inflexibilidade da sua criança está causando problemas, tente usar as estratégias de resolução de problemas que discutimos no Capítulo 5, sobre emocionalidade. Se ele mostra frustração por outras crianças que não têm o mesmo nível de autocontrole, use isso como uma oportunidade para conversarem sobre as diferenças individuais e como existem aspectos positivos e inconveniências para todas as características, incluindo coisas como assumir riscos. Peça-lhe que pense nos prós e contras com você, para que apreciem melhor as diferentes maneiras de ser.

E quanto a comer o marshmallow?

Enquanto você lê este capítulo, deve estar pensando: "Mas por que é tão ruim devorar o marshmallow?". Afinal, *carpe diem*, aproveite o dia!

Na verdade, existem situações em que faz sentido aproveitar as oportunidades que estão bem diante de você. Quando o ambiente é imprevisível, ou há dúvidas de que as pessoas cumprirão sua palavra sobre recompensas futuras, faz sentido aproveitar a ocasião (ou o marshmallow!) bem ali. Na verdade, no teste do marshmallow, os pesquisadores descobriram que as crianças tendiam mais a esperar se tivessem experiência com outras pessoas que fizeram o que prometeram. Se não houver razão para crer que alguém cumprirá a promessa de dois marshmallows mais tarde, então faz sentido comê-lo quando se tem a chance.

Também há momentos em que agarrar as oportunidades conforme surgem pode ser vantajoso. CEOs e outros líderes tendem a ter um nível de impulsividade mais alto, por exemplo, para assumir riscos.

No entanto, o excesso tem potencial para ser desastroso. Seguir rapidamente o que parece certo no momento pode nos trazer muitos problemas: uso de drogas, vício em jogos, sexo desprotegido... devorar o saco inteiro de batatas fritas. Existem muitas situações em que agir segundo nossa vontade no momento não é o melhor para nós no longo prazo. Portanto, sim, ainda que assumir riscos relativos e lançar-se às oportunidades possa ser uma coisa boa, o fundamental é encontrar o equilíbrio e aprender a assumir riscos *calculados*. E é aí que entra o Esforço de Controle. Ele não elimina as vantagens associadas a ser afeito a riscos, mas ajuda a controlá-los.

Diferenças de gênero

Não falamos muito sobre diferenças de gênero nos capítulos anteriores, pois, para a maioria das disposições temperamentais, elas inexistem. No entanto, o Esforço de Controle constitui a exceção. Como um grupo, as meninas pontuam muito mais alto nesse quesito do que meninos (como qualquer mãe de garoto poderia ter lhe dito!). Isso também valida a observação reiterada de que, em ambientes escolares, as meninas em geral são percebidas como mais focadas e complacentes, demonstrando mais autocontrole. Elas conseguem sentar-se atentamente em suas carteiras por mais tempo e saem-se melhor na conclusão das tarefas. Os distúrbios relacionados ao controle do impulso (por exemplo, TDAH e agressividade em crianças, problemas de uso de substâncias na idade adulta) também ocorrem mais em meninos do que em meninas. Não está claro se essas diferenças no controle do comportamento se devem a questoes biológicas ou sociais. Como a maioria das coisas, provavelmente é uma combinação de ambos. Também é importante lembrar que, embora em média as meninas mostrem níveis mais altos de Esforço de Controle do que os meninos, ambos os sexos têm uma distribuição de curva em forma de sino, o que significa que algumas meninas e alguns meninos estão nas extremidades inferior ou superior, e muitos ficam no meio.

EM SÍNTESE

Todas as crianças enfrentam dificuldades com o autocontrole. Elas batem no irmão logo depois de prometerem que não o fariam. Ignoram os pedidos de organização e continuam brincando. Chutam a bola de futebol dentro de casa e quebram o novo abajur. Lapsos de autocontrole estão no topo da lista de coisas-que-nossos-filhos-fazem-que-nos--enlouquecem.

Parte da razão de isso tudo ser tão frustrante é porque parece que nossos filhos *deveriam* ser capazes de se comportar e estão optando por não o fazer. Afinal, acabaram de dizer que "as mãos não são para bater" ou "compartilhar é cuidar". Isso se chama *lacuna de expectativa*, ou a ideia de que os parentais acreditam que seus filhos são capazes de Esforço de Controle em uma idade mais jovem do que a pesquisa sobre o desenvolvimento cerebral indica ser possível. Em outras palavras, só porque seu filho consegue, obedientemente (e de modo sincero), recitar de cor a regra, não significa que o cérebro dele tenha aptidão de segui-la. Os cérebros quentes são totalmente funcionais, mas os frios têm um longo caminho pela frente, razão pela qual é incrivelmente difícil controlar os impulsos. Além disso, o cérebro individual deles é programado de maneira diferente, que depende de seu código genético único. Crianças com baixo Ef têm vieses cerebrais intensos que se estendem por toda a vida.

Este capítulo abordou estratégias que ajudam as crianças no aprendizado de Esforço de Controle, mas elas não são mágicas. Os planos Quando-Então visam às áreas de alta prioridade, mas lembre-se de que você está trabalhando contra milhares de anos de programação evolutiva. O cérebro do seu filho está programado para reagir ao aqui e agora, sobretudo se for uma criança com baixo Ef. O processo para um comportamento se tornar automático é demorado e, mesmo quando seu filho desenvolver Esforço de Controle, vez ou outra ainda escorregará.

E é aí que nós, parentais, precisamos também praticar nosso Esforço de Controle. Faça respirações profundas e lembre-se de que o cérebro da criança está em construção. Este *insight* básico – que elas não estão sendo más intencionalmente; seus cérebros ainda estão em desenvolvimento – pode atuar como uma estratégia de resfriamento para você. Com certeza me ajudou a manter minha sanidade quando meu filho pequeno saiu da cadeirinha pela décima vez, depois de eu ter dito a ele várias vezes que ficasse sentado. Também enfatiza por que repreender, ou mesmo gritar com crianças, não é uma forma eficaz de ensinar Esforço de Controle. Lamentavelmente, esse comportamento parental não agilizará o crescimento do cérebro da criança, e puni-la por algo que está além de sua capacidade só desperta nela a sensação de mal-estar consigo mesma. No teste do marshmallow, a maioria das crianças com menos de quatro anos não conseguiu esperar o segundo marshmallow – e algumas crianças sempre estarão predispostas a ir para o deleite imediato. Continue dando-lhes uns empurrãozinhos em direção ao Esforço de Controle, mesmo quando eles levarem você ao seu limite!

Mensagens-chave

- O Esforço de Controle se refere à capacidade de um indivíduo de autorregular comportamento, emoções e atenção. É geneticamente influenciado, com diferenças aparecendo no início do desenvolvimento, mas também é maleável.
- A capacidade de controlar com esforço o comportamento se relaciona ao desenvolvimento de duas áreas principais do cérebro, conhecidas como *cérebro quente* (sistema límbico) e *cérebro frio* (córtex pró-frontal). O cérebro quente se foca no aqui e agora; o cérebro frio está envolvido em tomada de decisão e planejamento.
- O desenvolvimento do cérebro frio é demorado, razão pela qual as crianças enfrentam dificuldades no autocontrole de uma forma ou de outra. Crianças com baixo Ef têm vieses do cérebro quente que persistem, mesmo quando ficam mais velhas.

- Variadas estratégias ajudam as crianças a desenvolverem mais Esforço de Controle: planos Quando-Então, dramatização de consequências e estratégias de resfriamento.
- Lembrar que seu filho não está tentando ser desafiador – ocorre que o cérebro dele está predisposto para o aqui e agora – pode ajudá-lo a ser mais paciente (e praticar mais Esforço de Controle!) com a sua criança.

CAPÍTULO 7

ALÉM DE VOCÊ E SEU FILHO: PREDISPOSIÇÕES E PARCERIAS

Nesse ponto, você já compreende bem a si mesmo e ao seu filho, as tendências naturais e o funcionamento do cérebro. Você já aprendeu como usar esse conhecimento para criar Qualidade de Ajuste – adaptar de modo flexível sua parentalidade às necessidades de seu filho para ajudá-lo a desenvolver o melhor dele, minimizar o estresse desnecessário e os conflitos familiares.

No entanto, é bem possível que você não seja o único adulto importante na vida da sua criança. Outros adultos na vida dela – parentais, outras pessoas significativas, cuidadores, avós, professores, treinadores – também se mostram relevantes na criação de Qualidade de Ajuste. E eles possuem ideias próprias sobre parentalidade e sobre a melhor forma de moldar e disciplinar as crianças. Neste capítulo, demonstraremos de que maneira dialogar para estabelecer a Qualidade de Ajuste com outras pessoas importantes na vida do seu filho, e como lidar com os diferentes estilos de parentalidade e de crenças entre os responsáveis. A primeira parte do capítulo aborda conversas com coparentais, um termo que uso aqui como referência a qualquer outro adulto importante que desempenhe um papel na parentalidade da criança. A segunda parte do capítulo se dedica ao ambiente escolar e ao desenvolvimento de parcerias com os professores, incluindo informações que também podem ser colocadas em prática em conversas com treinadores e com outras pessoas que desempenhem papéis importantes na vida da criança, como as babás.

NAVEGAÇÃO PELA PARENTALIDADE

Se você é casado ou tem um companheiro, seu cônjuge/outra pessoa significativa é quase com certeza aquela que desempenha um papel importante em disciplinar o seu filho e lidar com ele no dia a dia. E se você for como muitos casais, talvez não compartilhe exatamente a mesma filosofia sobre parentalidade. Se você não é mais casado ou tem um relacionamento com o outro parental biológico de seu filho, chegar a um acordo sobre a parentalidade talvez seja ainda mais desafiador. Em algumas famílias, outros adultos importantes residem na casa, como avós ou familiares, e também desempenham um papel na criação dos filhos. Ao longo desta seção, uso a palavra *parceiro* para abranger esses muitos tipos de outros indivíduos adultos que podem estar participando do exercício da parentalidade.

Então, o que você faz quando outros adultos importantes na vida do seu filho incorporam ideias muito diferentes sobre parentalidade? Talvez tenham sido criados sob disciplina rígida e pensem que a adaptação às necessidades das crianças é uma versão do movimento Nova Era de ser flexível. Talvez tenham opiniões sólidas sobre a maneira "certa" de criar filhos e não acreditem na adaptação flexível da parentalidade aos filhos. (Sugiro que lhes dê um exemplar deste livro para lerem como ponto de partida.) Talvez seu filho com alta Em ande meio reativo e seu parceiro esteja lhe dizendo que a criança só precisa de mais disciplina. Talvez seu parceiro pense que a inexistência de regras contribua para as explosões temperamentais ou o comportamento inaceitável do seu filho. Não é raro que um dos parentais pense que o outro é muito permissivo, enquanto o coparental vê o outro pai/mãe como muito rigoroso ou intransigente. Como você navega por essas diferenças, que podem constituir mais uma fonte de estresse em sua casa?

Vamos começar retomando a pesquisa sobre estilos de parentalidade.

A compreensão do estilo de parentalidade

Os psicólogos falam sobre os estilos de parentalidade em duas dimensões principais: afetuosa (que envolve reatividade) e autoritária (que envolve exigência e rigidez). Cada um é um continuum, com os parentais percorrendo do alto ao baixo em cada dimensão. Quando eles se enquadram nessas duas dimensões, criam-se quatro "estilos" diferentes de parentalidade, que foram rotulados como Autoritativo, Permissivo, Indulgente e Autoritário.

Fonte: García, Fernando & Gracia, Enrique. "Is Always Authoritative the Optimum Parenting Style? Evidence from Spanish Families." *Adolescence* 44, n. 173, fev. 2009, p.101-131.

Parentais autoritativos têm alta afetuosidade e alta exigência. Estabelecem altas expectativas, definem padrões claros para os filhos e comunicam essas expectativas de maneira afetuosa. Adotam regras e explicam o raciocínio subjacente a elas. Permitem que as crianças participem de objetivos e atividades.

Parentais permissivos também têm alta afetuosidade, mas oferecem orientação ou direção mais limitada aos filhos. Estes parentais adotam menos regras e são mais tolerantes quando as crianças as infringem. Tendem a querer ser amigos dos filhos, a deixar que descubram as coisas por conta própria, e não são tão rígidos. Ainda que sejam afetuosos e acolhedores, não costumam estabelecer altas expectativas para que suas crianças as sigam.

Parentais autoritários apresentam alto nível de exigência, como os autoritativos, mas não têm alta afetuosidade. Tendem a criar e colocar em prática regras rigorosas e inflexíveis para os filhos, com pouca participação deles. Infringi-las resulta em punição; negociar é inaceitável. A comunicação tende a ser unilateral: dos parentais para as crianças, e esperam que elas as sigam sem questionar. Parentais autoritários tendem a ser menos afetuosos e acolhedores.

Parentais indulgentes apresentam baixa afetuosidade e baixa exigência. Tendem a deixar os filhos fazerem o que quiserem, com pouca direção e poucos limites. A comunicação é rara. Recorrem a poucas regras ou expectativas. Vivem ausentes ou focados em outras prioridades. No limite extremo, esses parentais são negligentes.

Vejamos como esses estilos de parentalidade funcionam em algumas situações:

Ethan, de cinco anos, está fazendo compras com a mãe. Sentindo a demora e frustrado, ele derruba a caixinha de suco, que começa a esparramar pelo chão. Eis como parentais com diferentes tipos de parentalidade podem reagir:

PARENTAL AUTORITATIVO (*com voz firme, mas amável*): "Ethan, sei que você está cansado, mas precisamos ir ao supermercado para termos comida no jantar. O que conversamos sobre jogar as coisas? Não é certo fazer isso quando você está irritado. E agora, o que vai fazer com o suco derramado no chão?"

PARENTAL PERMISSIVO (*dá a Ethan um olhar meio brincalhão*): "Ethan, você sabe que não deve fazer isso. Mas entendo que fazer compras é bem chato. Vamos terminar e voltar para casa, e farei o jantar para você".

PARENTAL AUTORITÁRIO (*eleva o tom de voz e fala asperamente*): "Ethan, isso é absolutamente inaceitável! Você vai para o seu quarto assim que chegarmos em casa, e sem sobremesa!"

PARENTAL INDULGENTE: Não percebe que Ethan jogou a caixinha de suco no chão.

Avancemos dez anos. Aqui está outro cenário. Ethan, de quinze anos, chega a casa depois da meia-noite, horário estabelecido para o retorno:

PARENTAL AUTORITATIVO: "Ethan, já falamos sobre seu horário de voltar para casa: meia-noite. Não é aceitável que se atrase trinta minutos sem um bom motivo. Como conversamos, como você voltou para casa tarde, não terá permissão para sair com seus amigos amanhã à noite. Vamos pensar em algumas maneiras de monitorar o horário da próxima vez".

PARENTAL PERMISSIVO: "Ethan, tente não se atrasar da próxima vez".

PARENTAL AUTORITÁRIO (*tom de voz mais alto*): "Ethan, é inaceitável chegar atrasado! O que estava pensando? Não está nada certo me desobedecer. Você está de castigo até que eu decida o contrário".

PARENTAL INDULGENTE: Ethan não tem hora para voltar.

Ao ler os cenários apresentados, você provavelmente se reconhece em algumas das possíveis reações dos parentais. A que tipo de estilo de parentalidade você costuma recorrer? É bem possível que se identifique mais com um dos estilos, ainda que veja elementos de si mesmo em cada um deles. Você também pode se ver adotando estilos diferentes de parentalidade em situações diferentes, ou com filhos diferentes, ou em momentos diferentes na vida dos seus filhos. Isso se explica porque o comportamento das crianças muitas vezes impulsiona as reações dos parentais, como discutimos no Capítulo 1. Por exemplo, crianças com alta Em podem começar a evocar uma parentalidade Autoritária à medida que os pais, inicialmente, tentam reprimir o "mau" comportamento. Daí pode surgir uma parentalidade mais permissiva, pois os parentais começam a desistir na medida em que, aparentemente, nada está funcionando.

Considera-se o estilo de parentalidade Autoritativa o mais benéfico para o desenvolvimento infantil, pois são parentais que estabelecem limites apropriados para os filhos, ao mesmo tempo que estimulam a capacidade deles de aprender com os erros e de pensar por si mesmos. A parentalidade Autoritativa, caracterizada por afeto e controle, foi associada a uma série de resultados positivos para a criança em inúmeros estudos, incluindo níveis mais elevados de desempenho acadêmico e competência social, e níveis mais baixos de agressividade, ansiedade e depressão, e menos problemas comportamentais.

Vamos desvendar a reação de parentalidade Autoritativa ao Ethan fazer birra jogando a caixinha de suco no chão, e entender por que é particularmente benéfico para o desenvolvimento infantil. "Ethan, eu sei que você está cansado [*mostra empatia com a criança e reconhece seus sentimentos*], mas precisamos ir ao supermercado para termos comida para o jantar [*reitera o que ambos precisam fazer e explica o porquê de a atividade ser necessária*]. O que conversamos sobre jogar as coisas? Não é certo fazer isso quando está irritado [*lembra à criança que já conversaram sobre esse assunto antes e qual é a regra familiar*]. E agora, o que vai fazer com o suco derramado no chão? [*enfatiza a responsabilidade da criança por sua ação e por agir de modo correto, sem ser pejorativo. Trata o comportamento impróprio como um erro, não como um reflexo de que a criança é má. Engaja o filho na busca de uma solução para o erro].*

Claro, a maneira com que lidamos com um episódio de suco derramado no chão não vai destroçar uma criança. E todos nós já passamos por momentos em que não somos os melhores na parentalidade. Meu filho definitivamente pressionou, choramingou e azucrinou até que eu enfim respondesse: "Porque eu sou a mãe e disse isso!" (frase que não demonstra *nenhuma* das boas qualidades da parentalidade Autoritativa). Mas, em geral, há muitas pesquisas sugerindo que a adoção desse estilo de parentalidade se associa a uma variedade de resultados positivos para a criança.

Não se trata só de você

Mas aqui está um ponto relevante. A maneira como vemos a parentalidade é um reflexo de nossos estilos temperamentais únicos, geneticamente influenciados. Isso é verdade para todos os envolvidos no processo da parentalidade: as disposições influenciam o modo como *nossos filhos* veem nossa parentalidade, o modo como *nos vemos* como parentais, o modo como vemos a parentalidade *do nosso parceiro* e o modo como *nossos parceiros veem* nossa parentalidade. Nossas disposições genéticas singulares também influenciam a maneira como percebemos o comportamento dos nossos filhos e o fato de encararmos ou não alguns como problemáticos.

Vamos desenredar essas diferentes peças. Primeiro, você e seu parceiro podem discordar sobre o comportamento do filho ser problemático. Na pesquisa centrada em desenvolvimento infantil, não é incomum os pesquisadores ouvirem várias pessoas relatando o comportamento de uma criança – pais, professores e outros. E uma descoberta se refere ao fato de os adultos na vida de uma criança nem sempre concordarem sobre o comportamento geral dela, talvez em parte porque as crianças se comportam de maneira diferente perto de pessoas diferentes e em ambientes diferentes. Eu sempre me surpreendia quando os parentais dos amigos do meu filho me contavam como ele era bem-comportado e bem-educado – espere, estamos falando do *meu* filho? Sem dúvida, eu gostaria de ter presenciado mais desse tal comportamento! E sei que muitos pais viveram essa experiência. O professor delira sobre seu filho estudioso e condescendente, e você se pergunta se ele confundiu os alunos. Estar no "melhor comportamento" pode ser exaustivo para as crianças, sobretudo quando as demandas da situação desafiam as tendências naturais delas; por essa razão são capazes de se aguentar na escola, mas depois desmoronam quando voltam "seguras" para casa na companhia dos parentais, lugar onde sabem que são amadas, mesmo se não estiverem no seu melhor.

No entanto, levemos em consideração que as pessoas podem perceber o mesmo comportamento de maneiras diferentes, conforme discutimos no Capítulo 2. Minha amiga, psicóloga infantil, completou uma série de questionários de temperamento sobre sua filha pequena e pediu ao marido e à babá que fizessem o mesmo. Ela disse que descobriu que cada um dos participantes criava uma criança diferente! Thomas Achenbach, psicólogo infantil, tem liderado a análise de como diferentes pessoas percebem o comportamento da mesma criança. Em um estudo, ele revisou mais de 250 amostras com relatos sobre o comportamento infantil feitos por vários informantes, incluindo mães, pais, professores, colegas, profissionais de saúde mental e as próprias crianças. Então descobriu que relatores que viram a criança em situações semelhantes (por exemplo, coparentais) compartilharam avaliações do comportamento infantil com mais frequência (correlacionando em média cerca de 0,6) do que pessoas que viram as crianças em ambientes diferentes (que se correlacionaram em média apenas em 0,28). Os relatos das crianças sobre o próprio comportamento se correlacionaram apenas 0,22 com os relatos de outras pessoas sobre o mesmo comportamento! No geral, os resultados indicam com clareza que diferentes pessoas podem perceber o mesmo o comportamento da criança de maneiras muito distintas.

Portanto, o primeiro ponto de discordância pode ser sobre as percepções dos parceiros em relação ao comportamento dos filhos, e se isso representa um problema ou não. Mas o aspecto seguinte de discordância pode implicar o modo como os parceiros percebem a parentalidade um do outro. Em síntese, é possível que você perceba sua parentalidade de uma maneira, mas seu parceiro – ou seu filho – pode ter uma experiência diferente. Talvez você se considere um parental afetuoso com limites e expectativas bem definidas, mas seu parceiro (ou seu filho) pode não o perceber dessa forma.

Tente este exercício com seu parceiro: Desenhe os eixos da parentalidade da figura já apresentada (afetuoso/exigente; baixa para alta) em duas folhas. Você e seu parceiro indicam com um X, cada qual no próprio papel, no qual você acha que se enquadra, e no qual acha que o outro parental/parceiro se enquadra, nas duas dimensões. Dessa forma, cada coparental/parceiro irá avaliar a si e ao outro. Quando terminarem, comparem seus Xs. Eles coincidem? As percepções da parentalidade um do outro se aproximam?

Fazer este exercício com o pai do meu filho foi revelador. Nós tivemos muitos conflitos referentes aos nossos estilos de parentalidade quando minha criança era pequena. No entanto, no processo de autoavaliação, ambos nos considerávamos como pertencentes ao quadrante da parentalidade Autoritativa. Dentro do quadrante, eu me classifiquei em um nível um pouco mais alto em afetuosidade e mais baixo em exigência, e ele, um pouco mais alto em exigência e mais baixo em afetuosidade, mas a questão é que ambos nos considerávamos os parentais Autoritativos "ideais".

Contudo, nossas visões mútuas não coincidiam. Achei que ele estivesse enquadrado no estilo de parentalidade Autoritária, e ele achou que eu estivesse no estilo Permissivo. Em outras palavras, concordamos que eu era mais afetuosa e ele mais exigente, mas diferimos no grau em que percebíamos o equilíbrio de afetuosidade e exigência um do outro. Ele achava que eu era muito afetuosa, mas sem regras e limites suficientes (Permissivo); eu o achava muito rigoroso e com regras e limites, ainda que sem afetuosidade suficiente (Autoritário).

Então, quem estava certo?

Naturalmente eu, pois sou uma acadêmica com doutorado.

Brincadeira! No entanto, com toda sinceridade, passei muito tempo pensando que "objetivamente" eu tinha uma percepção mais precisa da melhor forma de ser parental. E, se você for franco consigo, talvez descubra que quase sempre pensa que o seu jeito é o "certo" também. E isso ocorre porque reflete o funcionamento cerebral. É o que é certo para nós. E é a nossa realidade.

Aí está a razão de a parentalidade ser tão difícil – temos julgamentos profundamente enraizados a ela com base nas lentes pelas quais vemos o mundo. A parentalidade no vácuo seria muito mais fácil. No mundo real, todos os envolvidos no processo têm uma visão potencialmente distinta sobre amor, limites, recompensas, consequências e muito mais.

O consenso

Então, o que fazer na situação em que você e os Xs de seu parceiro divergem muito? Use isso como um ponto de partida para uma conversa. Revezem-se, pedindo um ao outro que explique cada uma das próprias percepções sobre a parentalidade do parceiro.

O que o faz pensar que você é menos afetuoso? Ou mais exigente? Cada parceiro deve tentar gerar exemplos específicos um para o outro que justifiquem sua percepção.

Por que acham que é importante ter regras mais rigorosas (ou menos)?

Por que enfatizam mais (ou menos) a flexibilidade?

Durante essas conversas, é importante seguir cinco etapas para que os momentos sejam produtivos.

Ouça a perspectiva do parceiro. O objetivo da conversa *não* está em tentar convencê-lo do erro de sua visão de parentalidade, ou induzi-lo a adotar outro ponto de vista (o seu); é tentar entendê-lo. Quando seu parceiro estiver compartilhando ou exemplificando, não o interrompa para dizer por que ele está interpretando as coisas de modo errado. Cabe a você ouvir *de fato* a outra pessoa e tentar entender a perspectiva dela. Quase sempre, quando temos uma conversa com alguém cujos pontos de vista diferem dos nossos, gastamos a maior parte do tempo em que ele fala com pensamentos sobre todos os motivos pelos quais está errado e em preparativos para nossa contestação. Essas competências talvez funcionem em uma discussão, mas não vão aproximá-lo da construção de um relacionamento de coparentalidade sólido e unificado. Você pode não concordar com tudo (ou com alguma coisa) que o outro diz, mas terminará a conversa com uma compreensão mais profunda de como ele percebe o mundo. Isto é tudo o que você está tentando fazer no início: compreender a perspectiva do outro. Você não está decidindo ou discutindo se a acha certa ou errada. Está apenas ouvindo e aprendendo.

Tentem chegar a um consenso. Comecem a trabalhar juntos. Em que aspectos concordam? Talvez ambos concordem que manter um relacionamento afetuoso com o filho seja importante, mas difiram no significado disso. Talvez você concorde que algum nível de regras e limites é necessário, mesmo se divergir nas regras e em como as aplicá-las. Talvez você só concorde que não gosta de birras ou de um comportamento específico do seu filho. Comece com qualquer consenso que consiga encontrar.

Listem suas diferenças. Existe poder em nomear alguma coisa: elimina parte da energia do proverbial elefante na sala. Use afirmações "eu" ao criar uma lista dos pontos em que ambos divergem nos estilos de parentalidade. Por exemplo, não diga: "Você nunca disciplina Sally quando ela se comporta mal"; diga: "Acho fundamental que as crianças vivenciem consequências para aprender o que esperamos delas. Não vejo você colocando-as em prática". Ao listar os pontos divergentes, sinta-se à vontade para fazer questionamentos do tipo "por quê" de modo que continue compreendendo mais a perspectiva do outro. O elemento principal é lembrar que nenhum dos parceiros pode criar argumentos com a perspectiva do outro aqui; você está apenas se limitando a registrar as áreas divergentes.

Planejem como lidar com os pontos de divergência. É aqui que a coisa realmente esquenta. Agora você já listou os pontos em comum

– expectativas ou preocupações compartilhadas sobre o seu filho. E tem em mãos as divergências relativas a como cada um de vocês está disposto ao exercício parental. Usando as ideias dos capítulos anteriores sobre a criação da qualidade de ajuste para crianças com estilos temperamentais diferentes, tente propor um pequeno número de ações que concordam em colocar em prática. Talvez seu parceiro não esteja pronto para modificar as estratégias disciplinares relacionadas à Emocionalidade do filho, mas sente-se disposto a tentar um plano Quando-Então para melhorar o Esforço de Controle da criança. Faça uma lista das diferentes estratégias de parentalidade recomendadas para o temperamento de seu filho e trabalhe com o parceiro para identificar aquelas que ele topa implementar. Caso ele se oponha a uma em específico, assinale-a e comece com aquelas com as quais vocês concordam.

Avaliem e reagrupem. Como cientista e pesquisadora, odeio dizer que a parentalidade é arte e ciência. Sim, podemos nos nortear pela pesquisa, mas, por mais que tentemos, nós, pesquisadores, nunca devemos levar totalmente em consideração a miríade de fatores que impacta o resultado de qualquer criança em um determinado momento. O comportamento infantil é produto de uma infinidade complexa de fatores: predisposições genéticas em muitas dimensões, ambientes domésticos, vizinhança, culturas, escolas, colegas, irmãos, adultos, eventos ambientais que vivenciaram. As crianças são seres complexos. E a parentalidade é igualmente complexa.

A parentalidade se enquadra em um continuum e é, até certo ponto, "aos olhos de quem vê", ou seja, há muitas maneiras de ser um "bom parental" – exatamente dentro do quadrante Autoritativo, mas diferindo em regras e estratégias específicas. Na verdade, a natureza singular de cada filho deve levar os parentais a se movimentarem nesse quadrante, recorrendo a estratégias diferentes para filhos diferentes. A extensão de "não existe uma maneira certa de ser parental" significa que pode haver jeitos distintos de implementar as estratégias delineadas neste livro. Parentalidade se resume a uma questão de tentativa e erro.

Lembrar-se do mantra "crianças são complexas; parentalidade é complexa" pode ajudá-lo a trabalhar com seu parceiro na criação conjunta de estratégias. Ter em mente que ninguém está objetivamente "certo" deve auxiliá-lo a se comprometer com a busca de estratégias com as quais ambos possam viver. Afinal, nada precisa ser para sempre. Concorde com uma estratégia para testá-la, implementá-la e ver sua funcionalidade. E é aqui que a ciência está do seu lado. Mesmo que você não esteja empolgado com uma estratégia de parentalidade que seu parceiro deseja usar, presumindo que não cause danos físicos ao seu filho, defina um período para experimentá-la, com um plano para reagruparem e reavaliarem juntos como ela está indo no final do período de experiência. Certifique-se de que seu filho tenha tempo para se adaptar a qualquer novo conjunto de regras. Pense sempre que as crianças são propensas a reagir mal quando as regras mudam ou quando se introduz qualquer coisa nova, então espere pelo menos algumas semanas para entrar em uma nova rotina e ver como ela se desenrola. Em seguida, esteja disposto a ajustá-la e adaptá-la, dependendo do resultado.

Concorde em discordar

Compreender os pontos de vista do parceiro sobre parentalidade não significa que você tenha de concordar. Você pode entender a perspectiva e a origem deles, mas ainda achar que a sua é "melhor". Em vez de tentar submeter o parceiro à sua vontade, o que talvez gere o efeito indesejado de criar mais tensão em casa, às vezes é mais produtivo concordar em discordar. Sim, é ideal quando os parentais concordam com sua estratégia de parentalidade. Mas, mesmo quando concordam em princípio, tenho visto os parceiros mais afetuosos discordarem na prática da parentalidade. Pode ser difícil para muitos de nós ver nosso parceiro parental de maneiras que não estão *exatamente* alinhadas com o que faríamos.

Na realidade, às vezes o que funciona para um dos parentais não funciona para o outro. Seu parceiro talvez até esteja colocando em prática a mesma estratégia, mas, como ele vem com uma disposição diferente, o filho a percebe de outra maneira. Crianças são espertas e descobrem com rapidez que os adultos têm estilos e maneiras de ser diferentes. Então aprendem, consciente e inconscientemente, a adaptar o próprio comportamento a cada um dos adultos com os quais convivem. E essa é uma importante competência para a vida. Portanto, não se preocupe tanto se você e seu parceiro pensam em estratégias um pouco diferentes para lidar com o filho.

Meu ex-marido e eu descobrimos que preservaríamos determinadas regras e estratégias em nossas famílias (meu filho dividia o tempo entre nossas casas), e existiam coisas que cada um de nós implementava em nossa própria casa, com base em nossos estilos de parentalidade. Por um lado, por exemplo, eu queria mais quadros gráficos compartilhados e sistemas de recompensa que fossem transferidos entre nossas famílias; ele queria regras mais firmes sobre como lidávamos com nosso exigente bom de garfo. Em última análise, nenhum de nós se dispunha a adotar o sistema do outro; não funcionava para o outro parental. Em contrapartida, nas questões que envolviam lição de casa e uso da mídia, ambos estávamos convictos de que devíamos ter as mesmas ações em vigor em nossas casas e, assim, propusemos um conjunto de diretrizes com as quais concordávamos. No início, eu me preocupava muito com a menos do que ideal "coerência plena" (na minha opinião) aquém do que esperávamos em nossa equipe de parentais, mas no final tudo deu certo. Meu filho se adaptou e, enfim, acabou inadvertidamente conduzindo nossos estilos de parentalidade para mais semelhanças do que no início.

Quando seu filho for mais velho, inclua-o no exercício de estilos de parentalidade e peça-lhe que indique com X os itens em que ele julga que cada parental se enquadra. Você achará as respostas reveladoras. Mas prepare-se: o olhar do seu filho quase com certeza será diferente do seu. Se fizer este exercício com ele, certifique-se de seguir a regra número 1 já apresentada: seu objetivo é aprender a percepção dele; nunca dizer que está errado.

A experiência talvez seja muito difícil. Recentemente fiz este exercício com o meu filho, que agora tem treze anos, que me avaliou como menos afetuosa do que eu percebia, e apontou razões esclarecedoras, mas para mim não particularmente precisas ou justas: "Você se lembra daquela vez em que quebrei meu braço e não me levou para o hospital?". Precisei de muito controle para não dizer: "Você está brincando! Refere-se àquela vez que eu estava fora em viagem de negócios, e não fala nada das toneladas de vezes que estive com você no hospital e em consultas médicas! Tenho um grau bem alto de afetuosidade!"

Tudo bem, confesso, devo ter realmente dito isso. No entanto, eu deveria dizer: "É bem interessante que você veja dessa forma. Sabe, nem sempre posso estar por perto para protegê-lo de se machucar, e isso faz parte do crescimento. Mas garanto-lhe que você é sempre amado e cuidado para que, quando alguma coisa acontecer, entenda que sempre tomarei conta de você. Por essa razão eu me considero com um nível alto na afetuosidade".

A ideia é recorrer ao exercício como meio de compartilhar perspectivas, o que, no entanto, não significa que você sempre concordará. Portanto, esteja prevenido: o resultado pode lhe dar o que pensar como parental. Por exemplo, se você aspira a um estilo de parentalidade autoritativo, mas seu filho o vê como autoritário, haverá maneiras de você permitir a ele que lhe dê mais sugestões? Existem regras que possam ser flexibilizadas para que a criança perceba alguma colaboração no processo de tomada de decisão? O estilo autoritário percebido pelo seu filho talvez reflita um valor familiar relativo à importância de respeitar os parentais. Esse é um valor compreensível que você deseja transmitir à sua criança, ainda que provavelmente não a queira sempre obedecendo aos adultos; é bem provável que deseja que seu filho também aprenda a pensar por si mesmo. Ainda que uma criança expansiva às vezes pareça questionar as regras, conversar com ela sobre parentalidade deverá ajudá-la a entender a perspectiva de cada um.

Observe que "dar o que pensar" não significa que seu filho é quem assume as rédeas. Estou certa de que teria adorado que meus pais fossem mais permissivos quando eu era adolescente. Percebia as regras deles (tenho toque de recolher?!) como autoritárias. Mas eles eram simplesmente bons parentais que insistiam em saber por onde andava a filha adolescente, na companhia de quem, e fazendo o quê. Como psicóloga do desenvolvimento (e hoje mãe de um adolescente), aprecio a importância do monitoramento parental de uma forma que não apreciava na adolescência. Lembre-se de que o cérebro da criança ainda está em desenvolvimento e, provavelmente, suas percepções mudarão ao longo do desenvolvimento.

Há ainda um outro elemento a considerar relativo às mudanças ao longo do tempo: o temperamento da sua criança poderá se manifestar diferentemente em distintos estágios de desenvolvimento, desencadeando uma qualidade de ajuste diferente com parentais diferentes (ou com outros adultos) em momentos diferentes, conforme ela cresce. Por exemplo, o baixo Esforço de Controle em uma criança pequena pode causar tumulto e itens domésticos espatifados, situação que muitas vezes se revela desafiadora para o parental que, por exemplo, projetou cuidadosamente o design da casa, enquanto o outro pode não a achar desconcertante. Entretanto, o baixo Esforço de Controle em um adolescente pode levar a comportamentos de alto risco, como o uso de álcool ou o consumo de outras drogas, situação talvez muito mais difícil para o outro parental. Portanto, se você acha que seu temperamento e o do seu filho têm potencial para o estranhamento, ou talvez você sinta ciúmes porque seu filho parece se "ajustar" muito melhor com o outro parental, saiba que tais situações podem mudar com o tempo.

SUCESSO NA ESCOLA

O temperamento de nossos filhos influencia a maneira como se movimentam pelo mundo, o que vale também para o ambiente escolar. As disposições genéticas da criança terão um grande impacto nas interações escolares, influenciando os relacionamentos dela com outras crianças, o jeito como navegam pelas muitas demandas do ambiente escolar e os relacionamentos com os professores. Uma criança com alta Extroversão pode não ter problemas para fazer novos amigos na sala de aula, enquanto aquela com baixa Ex costuma levar mais tempo para se familiarizar com novos colegas. Uma criança com alta Em pode enfrentar problemas com as transições entre as atividades diárias da escola. Uma criança com baixo Esforço de Controle pode considerar impossível estar em uma sala de aula que envolve muito aprendizado sem se levantar de sua carteira. Assim como as diferenças entre as disposições de nossos filhos criam desafios únicos em casa, crianças com disposições diferentes enfrentarão variados desafios no ambiente escolar.

A escola traz muitas demandas – interagir com outras crianças e aprender o que fazer e o que não fazer, quando está tudo bem para falar e quando precisa ficar quieto; quando tem de ficar sentado, e quando é apropriado se movimentar. As diferenças individuais nas disposições das crianças se evidenciam diante de qualquer pessoa que já passou um tempo em uma sala de aula. Há a criança que despeja respostas; a criança que fica quieta; a criança que se foca no professor; a criança que com facilidade se sente entediada; a criança que consegue permanecer sentada na carteira; a criança que está constantemente inquieta; a criança que faz muitos amigos; e a criança que se mantém na dela.

No ambiente escolar, as diferenças individuais influenciam o sucesso de cada criança – acadêmico e social –, o que impacta o feedback que recebem dos colegas e professores. Esse feedback, positivo ou negativo, pode afetar ainda mais a maneira como ela se vê e a maneira como se relaciona com as pessoas que a cercam. Ela se considera inteligente e simpática? Ela vê as outras pessoas como amigáveis e dignas de confiança?

As disposições naturais das crianças podem influenciar diretamente seu aprendizado; por exemplo, a criança com baixo Ef, com problemas para se focar na aula, talvez também tenha dificuldades no aprendizado do material didático. Tais disposições impactam ainda indiretamente o nível acadêmico, por exemplo, influenciando o quão disruptiva ela é na sala de aula, o que afeta a avaliação do professor sobre a criança como aluna. Isso, por sua vez, ainda pode afetar se o professor vai selecioná-la para programas acadêmicos especiais ou méritos.

Existem muitos aspectos do ambiente escolar sobre os quais os professores não têm controle, como o número de alunos na sala de aula, o espaço disponível e muitas rotinas na programação escolar diária. Entretanto, existem outras coisas que os professores podem ajustar, incluindo a organização da sala de aula (quem se senta onde), a estruturação das atividades em aula (contemplam atividades em grupos pequenos ou grandes), o gerenciamento das transições (há muitas ou poucas) e a administração do comportamento. Essas diferenças na sala de aula contribuem para o ajuste de qualidade de crianças na escola. Por exemplo, um professor priorizar atividades em grupos grandes e planos de aula que envolvem toda a turma pode ser uma excelente opção para uma criança com alta Ex, que se sente confortável falando na frente dos colegas e sendo o centro das atenções. No entanto, a criança com baixa Ex pode se sentir perdida nos grandes grupos e prosperar nos trabalhos individuais ou em atividades em pequenos grupos. Como outro exemplo, as crianças com baixo Esforço de Controle podem enfrentar dificuldades em uma sala de aula onde se espera que permaneçam sentadas na maior parte do dia, mas conseguem se sair muito melhor em uma sala de aula com muita atividade, onde ficam menos limitadas. Em suma, a "mesma" sala de aula não é a mesma para todas as crianças, pois será mais adequada para algumas do que para outras. Crianças com temperamentos que geram problemas em uma sala podem ser bem-sucedidas em outra.

É evidente que não somente as características da sala de aula diferem, mas também os professores, que têm as próprias disposições naturais, e estas influenciam o jeito como eles interagem e veem os alunos. Alguns são altamente extrovertidos e cheios de energia, outros têm baixa Ex e, às vezes, são até retraídos. Outros apresentam alta Em, e podem achar a frustração do comportamento inadequado na sala de aula mais desconcertante e difícil de lidar. Outros ainda são mais capazes de seguir a correnteza. Uma criança que fala reiteradamente na aula pode ser apenas inoportuna para um professor, mas francamente irritante para outro. Alguns podem achar cativante a explosão de entusiasmo dela.

Às vezes, um professor e um aluno têm uma Qualidade de Ajuste natural, e às vezes não. Por exemplo, um professor com baixa Ex estará atento para garantir que seus alunos também com baixa Ex não sejam negligenciados. Mas um professor com alta Ex pode se perguntar por que as crianças com baixa Ex não participam mais da aula, presumindo que não são tão motivadas ou talentosas academicamente. A experiência vivida também é importante. Um professor que cresceu com muitos irmãos indisciplinados pode não ter problemas para entender e gerenciar garotos com baixo Ef, enquanto outro pode achar esse comportamento muito perturbador.

Existem evidências convincentes de que a forma como os professores percebem os alunos é relevante: estudos apontam que o temperamento das crianças está correlacionado com as notas atribuídas pelos professores, e que esse efeito é bem mais intenso quando os professores atribuem um papel mais subjetivo nas avaliações (em oposição a, por exemplo, questões de múltipla escolha). Os professores têm ideias sobre quais são os alunos mais "ensináveis" ou promissores, e essas noções preconcebidas afetam as avaliações que fazem do desempenho acadêmico deles.

E mais, as interações das crianças com os professores afetam as avaliações de si mesmas como alunos e como pessoas. Os professores que dão muito feedback negativo talvez provoquem sentimentos de rejeição nas crianças, assim comprometendo sua motivação acadêmica e autoestima. Enquanto os professores que acolhem cada criança e trabalham com ela no desenvolvimento dos seus pontos fortes e enfrentamento dos desafios podem ter um impacto positivo importante no autoconceito acadêmico dos alunos, na motivação e, consequentemente, no desempenho acadêmico deles.

Excelentes professores entendem que a consciência das diferenças disposicionais pode ajudá-los, no sentido de aliviar o estresse e permitir que minimizem os desafios na sala de aula, assim como o reconhecimento das diferentes disposições das crianças e a adaptação a elas pode ajudar os parentais em casa. Quando há uma discrepância entre temperamento e demandas do ambiente, as crianças tendem a se comportar mal – para algumas delas, o estressor pode ser uma sala de aula caótica; para outras, a estruturação exagerada do espaço. Algumas crianças não reagem bem a um professor que as chama na aula para falar diante dos colegas; outras precisam de mais reconhecimento individual de sua perseverança e esforço.

Assim como acontece com os parentais, se um professor vê o comportamento de uma criança (negativa de se sentar em sua carteira, recusa em falar na classe) como intencional, e não como uma diferença individual enraizada na disposição, ele tem mais probabilidade de puni-la. Sem entender as disposições naturais dos alunos, ele percebe que alguns deles carecem de motivação para o próprio desempenho ou o comportamento, em vez de necessitarem de competências.

Então, como os parentais podem agir? Os professores quase sempre estão exaustos e são mal remunerados, como muitos parentais entenderam melhor durante a pandemia de covid-19 de 2020, quando de repente foram empurrados para o *homeschooling*. Enquanto os parentais enfrentam apenas a disposição dos filhos, os professores têm uma sala de aula inteira com diferentes disposições para administrar e todas as interações únicas entre eles. Além disso, a combinação de coisas que precisam discutir muda a cada ano! E ainda são responsáveis por ensinar o conteúdo didático às crianças, ao mesmo tempo em que cuidam do desenvolvimento emocional e comportamental delas. Como eles enfrentam um cotidiano complicado!

Você conhece seu filho melhor do que ninguém, e com frequência os professores apreciarão o *insight* que lhes oferecer. Se acha que sua criança enfrenta desafios específicos no ambiente escolar, não receie falar com os professores sobre isso. É melhor que tenha essas conversas proativamente, antes que os problemas aflorem. Mostre aos professores o contexto da disposição natural do seu filho, para conscientizá-los de como conseguem discernir essa situação no espaço da sala de aula. Tento agir desse modo no início do ano letivo, em qualquer fórum que seja mais apropriado para a escola. Por exemplo, algumas escolas reservam "horários de atendimento" para encontrar o professor antes das aulas; outras têm reuniões de pais e mestres no começo do ano. Algumas enviam formulários para casa perguntando aos parentais se há "algo que eles deveriam saber" sobre a criança; aproveite essa oportunidade para informar aos professores as características temperamentais que podem afetar o comportamento ou o desempenho do seu filho no ambiente escolar. Se a escola onde sua criança estuda não oferece opções para uma conversa particular com os professores, envie-lhes um e-mail ou telefone para eles, dependendo do método de comunicação preferido pelos professores do seu filho.

Aqui estão alguns exemplos de como você pode conduzir a conversa:

> *"Oi, sr./sra. professor(a), minha filha, Taylor, está em sua classe este ano. Como é uma criança naturalmente introvertida, eu gostaria de avisar que, às vezes, ela precisa de incentivo para falar em classe. Ela se sai muito bem em grupos pequenos, mas muitas vezes se sente intimidada para levantar a mão na frente da classe toda."*

> *"James é um garoto cheio de energia! Ainda estamos trabalhando com ele em termos de autocontrole, e às vezes ele tem problemas para se conter, falando muito ou interrompendo a aula. Descobrimos que, quando ele parece estar tendo problemas nesse sentido, pode ajudar se houver alguma coisa mais movimentada que ele faça para se refocar. Por exemplo, o professor do ano passado lhe dava uma incumbência de levar recados para a secretaria da escola, ou pôr em ordem papéis no fundo da sala de aula."*

> *"Brianna é naturalmente uma criança emotiva, que às vezes enfrenta problemas quando fica frustrada. Em casa, descobrimos algumas coisas que a acalmam..."*

Em conversas desse tipo, você está ajudando o professor a entender as tendências naturais do seu filho e, sempre que possível, fornecendo-lhe ideias para enfrentar os desafios, as quais você está usando em casa ou que funcionaram no passado. Observe que o objetivo não é você dizer ao professor o que fazer; também não espere que o professor, por exemplo, coloque em prática o mesmo programa comportamental que você está implementando em casa, ou um que outro professor usou no ano passado. Os professores, como a maioria de nós, têm muitas demandas impostas a eles, e vão reagir muito melhor a você (e, por extensão, ao seu filho) quando a conversa soar como um esforço para lhes fornecer informações úteis com o objetivo de que entendam a criança e trabalhem com ela, em vez de tentar dizer-lhes como comandar a sala de aula.

Alguns parentais manifestam preocupação com o fato de que essas conversas iniciais afetem a impressão do professor em relação à criança. Mas ele acabará descobrindo a disposição dela – para o bem e para o mal – quer você converse sobre isso, quer não. É sempre melhor ser proativo do que reativo. Determinadas disposições têm potencial de criar desafios no ambiente escolar, mas, em muitos casos, as alterações que estão sob o controle do professor ajudarão a minimizar alguns deles. Conversar de antemão pode ajudar o professor a pensar em métodos para apoiar seu filho e o crescimento dele, em vez de desencadear uma situação que cause problemas para todos.

Pense em alguns aspectos das tendências do seu filho que talvez levem a desafios escolares: ele tem problemas com transições? Acha difícil sentar-se em silêncio? Fica superestimulado? Tem problemas em trabalhar com grupos grandes? Converse proativamente com o professor sobre a disposição da sua criança e as áreas em que ela pode ter dificuldade, e trabalhem juntos em maneiras de lidar com os desafios ou minimizá-los, o que ajuda a preparar o seu filho para o sucesso na escola. No fim das contas, ambos, professores e parentais, têm o objetivo comum de querer que a criança seja bem-sucedida. Aqui estão alguns desafios comuns associados a diferentes traços de disposição na escola para ajudar a orientá-lo ao considerar seu filho:

- Crianças com alta Ex, que tendem a gostar de estar cercadas de outras crianças e se engajar em novas atividades, muitas vezes se sentem em casa no ambiente escolar. No entanto, se tiverem também baixo Esforço de Controle, podem ter dificuldades em se abster de dar respostas ou em falar com os colegas durante o horário da aula. Trabalhe com seu filho alta Ex e baixo Ef para desenvolver suas competências de autocontrole e discuta a necessidade de aplicar essas estratégias quando ele está na escola e em casa.

- Crianças com baixa Ex podem ser negligenciadas no ambiente escolar, sobretudo em salas de aula amplas, onde são menos propensas a se manifestar, em especial com crianças altamente extrovertidas. Se os professores não estão cientes das crianças de natureza mais quieta, talvez as percebam como menos motivadas ou menos inteligentes porque participam menos ativamente nos grupos. A preferência das crianças com baixa Ex por um número menor de bons amigos pode criar desafios quando mudarem de sala de aula e se separarem.

- Crianças com baixo Esforço de Controle podem ter dificuldades na escola em razão de existirem muitas tarefas que exigem o exercício do autocontrole – sentar-se em silêncio, focar-se nas tarefas escolares, não conversar com os amigos, não interromper o professor. Trabalhar com seu filho em estratégias de autocontrole também o ajudará no ambiente escolar.

- Alta Emocionalidade pode levar a inúmeros desafios na escola. Por definição, crianças com alta Em têm problemas com angústia, frustração ou medo, e a escola pode criar muitos cenários que desencadeiam esses sentimentos! Os gatilhos de alta Em da sua criança irão ajudá-lo a pensar em cenários específicos que talvez sejam desafiadores para ela. Por exemplo, ela pode ser mais propensa a se angustiar com as demandas de transição entre as atividades, ou com os requisitos para se engajar em novas atividades que extrapolam sua zona de conforto, como uma excursão ou o teatro escolar.

- Uma palavra importante a mais sobre crianças com alta Em: às vezes, o mau comportamento em casa pode se relacionar a um problema escolar estressor, ainda que não fique óbvio imediatamente.

Quando meu filho estava no início do ensino fundamental, teríamos uma excelente manhã juntos, mas, no caminho até o carro para ir à escola, ele, de repente, jogou a mochila no chão, voltou para casa e declarou que não iria à escola. Perplexa, pensei: "Que diabos?". Naturalmente, isso parecia acontecer com mais frequência quando eu precisava participar de uma importante reunião de trabalho logo após deixá-lo na escola. É desnecessário dizer que, em minha frustração e confusão (e pressa), não exerci a melhor parentalidade. Este é o problema de ser reativo em vez de proativo.

Com o tempo, descobri que essas explosões emocionais resultavam de ele se lembrar de alguma coisa relacionada à escola que o deixava ansioso enquanto íamos até o carro. Havia muitas coisas que disparavam o gatilho da reação de angústia: ele perceberia que havia se esquecido de fazer o dever de casa ou lembraria que trabalhariam em um projeto com o qual estava tendo problemas. Ou – o pior de tudo para uma criança com alta Em e baixa Ex, propensa ao medo – era dia de prática teatral na escola. Tive muitas conversas com os professores ao longo dos anos sobre a temida peça escolar e a devastação que ela causava em nossa casa. Não precisa nem dizer que eu não poderia ter ficado mais orgulhosa (e aliviada) ao ver minha Rocha de aparência miserável (sim, em um ano ele foi escalado para ser uma rocha na peça da escola) no palco no dia da apresentação. Encontre seus filhos onde eles estão – e às vezes isso significa ficar feliz em vê-lo atuar como a Rocha, em vez de no papel principal.

A maioria dos professores sente-se feliz por ter pais engajados que estão tentando ajudá-los a preparar os filhos para o sucesso. A maioria, mas não todos. Assim como com os coparentais, avós e outros adultos, existem alguns professores que seguem determinados em seu jeito de trabalhar, têm opiniões fortes sobre como gerenciar o comportamento das crianças e não estão dispostos a modificar seu estilo para se adaptarem com flexibilidade a alunos diferentes. Infelizmente, alguns professores não se interessam em ser parceiros ativos dos parentais. Quando você encontrar um desse tipo, e quando também não houver uma intensa qualidade de ajuste (tanto para você quanto para seu filho!), mesmo assim trabalhe em casa com sua criança em estratégias para lidar com os desafios escolares. Lembre-se de que também essa situação passará, e seu filho terá um novo professor no ano seguinte.

FORMAÇÃO DA ALDEIA

Existirão muitos adultos significativos na vida do seu filho conforme ele crescer: treinadores, avós, vizinhos, líderes de atividades. A qualidade de ajuste da sua criança com cada um deles influenciará o desenvolvimento dela de maneiras que não são totalmente previsíveis. Como parental, você obviamente não deve esperar que todos se adaptem ao seu filho, ou adotem o estilo de parentalidade que você descobriu que funciona melhor para ele. Então, como decidir quando vale a pena ter uma conversa sobre a disposição de seu filho? Esta é uma imensa preocupação para parentais de crianças cujas tendências naturais representam desafios em uma variedade de cenários. Não há uma resposta certa e clara (odeio isso!). Uso a seguinte regra: se for uma pessoa que vai passar muito tempo com meu filho *e* acho provável que o ambiente em que interagem crie desafios de disposição, terei a conversa proativamente. Se as interações de alguém com meu filho são mais limitadas e considero que a situação provavelmente não desencadeará problemas (últimas palavras famosas), então quase sempre vejo como a coisa anda e só abordo as dificuldades se e quando surgirem. Avós chegando para cuidar dos meus filhos durante uma semana, quando meu marido e eu saímos de férias: conversa proativa. Avós que visitam uma vez por ano em uma viagem rápida: espero o melhor. Com a babá que cuidará do meu filho depois da escola, tenho uma longa conversa proativa (quase sempre antes de decidirmos contratá-la); a babá ocasional em geral apenas recebe algumas instruções rápidas sobre a rotina da hora de dormir. Como adultos, tomamos decisões o tempo todo em relação às informações necessárias para qualquer indivíduo em um determinado momento (minha melhor amiga recebe um relato completo da desavença da noite passada com meu marido, mas não o sujeito que conserta o ar-condicionado); conversas sobre as disposições dos seus filhos não são diferentes.

Mensagens-chave

- Parentais tendem a variar em duas dimensões principais: afetuosidade e exigência.
- A maneira como vemos a parentalidade é um reflexo de nossos estilos temperamentais únicos e geneticamente influenciados. Isso se aplica ao modo como nossos filhos veem nossa parentalidade, ao modo como nos vemos enquanto parentais, ao modo como vemos a parentalidade do nosso parceiro e a como eles veem a nossa.
- É importante que os coparentais se empenhem para o entendimento da perspectiva um do outro sobre parentalidade.
- A disposição de cada parental irá interagir com a disposição do filho de maneiras diferentes, razão pela qual as estratégias que uma pessoa adota nem sempre funcionam para a outra.
- As características temperamentais das crianças afetarão sua Qualidade de Ajuste na escola.
- Conversas com os professores sobre as tendências naturais do seu filho podem ajudá-los a criar uma parceria para enfrentar potenciais desafios, e auxiliar sua criança a conquistar sucesso acadêmico.

CAPÍTULO 8

ᴆᴘᴁ

PREOCUPAÇÃO E AÇÃO

Parentais quase sempre me perguntam: "Como posso saber se meu filho tem um distúrbio?".

Quando a alta Emocionalidade se transforma em ansiedade? Quando a impulsividade é exacerbada? Os surtos da minha criança são normais? Meu filho tem baixo autocontrole ou TDAH? Essas são perguntas com as quais muitos pais se debatem.

Mesmo com doutorado em psicologia clínica, não sou exceção. Sofri esses problemas com meu próprio filho. Mas às vezes é difícil identificar o que está "dentro da faixa normal", sobretudo porque, a menos que trabalhe em meio a muitas crianças (por exemplo, professor ou cuidador em uma creche), em geral você tem um número pequeno de amostra de pontos de referência a partir do qual trabalhar. O que é "normal" quando se trata de crianças? Meu filho dormiu perfeitamente confortável em travesseiros no chão ao lado de sua cama *por um ano*. Quando criança, eu me recusei a comer qualquer coisa além de bananas por meses. É difícil delimitar o que é "normal" em crianças ou mesmo clinicamente preocupante.

A razão dessa dificuldade está na ausência de uma resposta clara. O comportamento humano cai em um continuum em forma de sino, com algumas pessoas em níveis mais baixos em qualquer atributo, a maior parte de nós no meio e algumas na extremidade mais alta. Em estatística, chamamos esse padrão de variabilidade de *distribuição normal*.

Portanto, por definição, é normal que algumas pessoas estejam em um nível mais alto em alguma característica. Nossas predisposições genéticas impactam onde nos enquadramos nesse continuum. Ao definirmos distúrbios clínicos – ansiedade, depressão ou transtorno de déficit de atenção e hiperatividade (TDAH) –, estamos definindo uma linha arbitrária nessa curva e afirmando que pessoas acima de uma determinada dimensão de tristeza, preocupação ou impulsividade excedem um limite que consideramos problemático. Mas não há uma linha clara entre a variação comportamental normal e distúrbios comportamentais. Não há teste definitivo ou biomarcador para indicar se uma criança porta um distúrbio ou não.

Mesmo os especialistas não têm uma maneira muito precisa de definir quando um comportamento cruza a linha para um transtorno. Diagnosticam-se os transtornos comportamentais com base em listas de verificação de sintomas criadas por comitês de psiquiatras e psicólogos, as quais, por sua vez, se baseiam nos julgamentos e nas experiências deles. Nos Estados Unidos, fazem-se os diagnósticos com base no *Manual Diagnóstico e Estatístico de Transtornos Mentais* (DSM-5), publicado pela American Psychiatric Association (Associação Americana de Psiquiatria), atualmente em sua quinta edição. A metodologia a que recorrem para a definição dos distúrbios muda a cada edição, às vezes só um pouco, às vezes drasticamente (a homossexualidade já foi classificada como um transtorno). A cada dez a quinze anos, o DSM é revisado, em um processo que envolve centenas de pesquisadores e clínicos, e leva anos de discussão e debate acalorado. A Organização Mundial da Saúde tem sua própria maneira, meio diferente, de definir distúrbios na *Classificação Estatística Internacional de Doenças e Problemas Relacionados com a Saúde* (CID). A CID está hoje em vias de lançar a *décima primeira* versão, e segue um processo semelhante.

Em outras palavras, os distúrbios comportamentais são definidos de modos imprecisos e em constante mudança. Mas sabemos que desafios comportamentais e emocionais são extremamente comuns em crianças. As estimativas variam, mas aproximadamente uma em cada cinco crianças preenche os critérios para diagnóstico de distúrbio de saúde mental. Um relatório recente das Academias Nacionais de Ciências, Engenharia e Medicina afirma que os distúrbios mais comuns em crianças são a ansiedade, afetando cerca de 30% daquelas entre seis e dezessete anos; distúrbios comportamentais, tais como TDAH, ou transtorno desafiador de oposição (TDO), que afeta cerca de 20% das crianças; e depressão, que atinge cerca de 15% delas. Crianças que atendem aos critérios para esses transtornos são aquelas cujos medos, frustrações ou impulsividade são suficientemente altos para lhes causar dificuldades significativas.

Psicólogos falam sobre problemas comportamentais e emocionais em crianças caindo em duas dimensões, chamadas de *internalização* e *externalização*, que refletem como uma criança canaliza os desafios emocionais: interna ou externamente. *Internalização* se refere a problemas que as crianças vivenciam em seu interior, como ansiedade ou depressão. *Externalização* se refere à manifestação externa de problemas, o que implica ação das crianças. Hiperatividade, déficit de atenção e transtorno desafiador de oposição são exemplos de externalização. Ambos os termos – *internalização* e *externalização* – nos lembram que esses comportamentos são continuums, com distúrbios representando a extremidade superior da variação comportamental, em vez de "coisas" separadas que as pessoas herdam. Ninguém herda um transtorno de saúde mental; nós simplesmente herdamos maneiras diferentes de funcionamento cerebral, algumas das quais são mais propensas a criar desafios ao extremo.

Crianças com alta Em enfrentam mais riscos de transtornos de internalização e externalização, uma vez que, por definição, têm uma predisposição elevada para o medo e a frustração. Algumas crianças com alta Em são mais inclinadas à internalização: internalizam seus medos e aborrecimentos, resultando em taxas elevadas de ansiedade ou depressão. Em outras crianças com alta Em, com tendência natural de se sentirem facilmente frustradas, o transtorno pode ter caráter externo, levando-as a bater, atirar coisas ou manifestarem outro comportamento explosivo. Se tais comportamentos forem graves, podem atender aos critérios para o transtorno de externalização chamado *transtorno desafiador de oposição* (TDO). Crianças com baixo Esforço de Controle, por definição, enfrentam dificuldades para controlar as próprias tendências impulsivas e correm um risco elevado de desenvolver distúrbios de externalização, em particular o TDAH. À medida que ficam mais velhas, também se inclinam a transtornos por uso de substâncias.

Vou acompanhá-lo na apresentação dos distúrbios mais comuns de internalização e externalização em crianças, para ajudá-lo a compreender melhor os sintomas associados a cada um. À medida que avançarmos em diferentes diagnósticos, lembre-se de que atender aos critérios para um distúrbio de saúde mental não significa a existência de algo "errado" com seu filho; significa apenas que ele herdou um cérebro que está programado para tendências mais extremas: a criança está na extremidade superior dos traços que variam continuamente entre a população. E a constituição genética única torna mais difícil para que funcione em seu ambiente. Portanto, essa criança talvez necessite de alguma ajuda extra – intervenções comportamentais mais intensas para lidar com seus desafios ou, em alguns casos, medicação que ajude o cérebro a chegar a um nível de funcionamento menos extremo, permitindo-lhe operar melhor no dia a dia.

Tenha em mente, enquanto revisamos vários sintomas, que as crianças diagnosticadas com um distúrbio de saúde mental correm risco maior de serem diagnosticadas também com outros distúrbios. Chamamos isso de *comorbidade,* que se refere ao fato de que muitos desafios comportamentais e emocionais se agrupam e às vezes se torna difícil separá-los. Em geral, crianças com problema de internalização (por exemplo, ansiedade) apresentam mais risco de terem também outros problemas do mesmo tipo (por exemplo, depressão). De maneira similar, crianças diagnosticadas com um transtorno de externalização (por exemplo, TDO) têm mais riscos de sofrerem outros distúrbios de externalização (por exemplo, TDAH). Isso se explica porque os transtornos de internalização compartilham influências genéticas, ou seja, há genes comuns que dão origem a vários tipos de internalização. O mesmo vale para distúrbios de externalização:

existem genes que podem elevar o risco de uma variedade de problemas de externalização.

Desafios comportamentais também podem criar o efeito cascata: uma área de dificuldade pode levar a outros problemas. Por exemplo, se a ansiedade de uma criança interfere na capacidade de ela fazer amigos, isso pode causar solidão, que, por sua vez, pode causar depressão. Além disso, a ansiedade de outra criança talvez a leve a vivenciar intensa frustração e raiva, gerando o transtorno desafiador de oposição. Por essa razão, é muito importante identificar os desafios comportamentais desde o início e buscar ajuda.

TRANSTORNOS DE INTERNALIZAÇÃO – DESAFIOS VIVIDOS INTERIORMENTE

Ansiedade

Ansiedade é o problema de saúde mental mais comumente diagnosticado em crianças e em adultos. Embora esse tipo de transtorno seja tratável, muitas pessoas nunca recebem tratamento. Com frequência, isso ocorre porque, apesar das muitas maneiras pelas quais a ansiedade interfere na vida de alguém, a maior parte das pessoas não percebe que não precisa ser assim e, infelizmente, assume que o seu quinhão é viver com ansiedade. Dessa maneira, vamos discutir a ansiedade mais a fundo, para que você saiba que indícios procurar em seu filho.

Pessoas com ansiedade vivenciam preocupação e medo em um nível tão elevado que acaba interferindo no cotidiano delas. Alguns erroneamente acreditam que crianças com ansiedade vão "superá-la" quando crescerem, ou precisam apenas "tornar-se mais firmes". A ansiedade, no entanto, não é resolvida por conta própria e ainda tende a piorar com o tempo. Assim, quanto mais cedo buscar ajuda, mais cedo seu filho conquistará competências para controlar os próprios medos.

Se você não sofre de ansiedade em nível clínico, talvez lhe seja difícil entender por que crianças com ansiedade não podem simplesmente "superá-la". Afinal, todos temos alguma experiência com ela: ficamos nervosos ou com medo quando tentamos algo novo ou quando não temos certeza sobre como algo vai acabar. É normal sentir-se meio ansioso antes de entrar no palco para uma apresentação ou fazer um discurso diante de um público. O nível de ansiedade atingido em várias situações é um produto da configuração genética (propensão natural ao medo e à preocupação) e das experiências de vida. Por sua vez, se você deu dezenas de palestras, provavelmente irá se sentir menos ansioso do que na primeira vez. Mas, se não se saiu bem na última vez que falou para uma plateia, então poderá se sentir mais nervoso na próxima. Essas são experiências humanas normais.

Pode parecer difícil acreditar, mas algum grau de ansiedade é bom – é o que nos faz estudar para uma avaliação ou ensaiar para uma peça de teatro, por medo de nos sairmos mal. O medo é evolutivamente adaptativo. A cautela ajuda na sobrevivência dos seres humanos. Se os primeiros humanos não tivessem medo, teriam sido comidos por leões, tigres e ursos (meu Deus!). Nossa capacidade de reconhecimento de coisas ruins nos mantém seguros. Traços comportamentais que ajudam a nos manter vivos são transmitidos às futuras gerações, razão pela qual os seres humanos continuam a ter algum nível de medo e preocupação.

Entretanto, o cérebro de crianças ansiosas pende demais para o lado da preocupação. A parte dele que processa o medo e percebe a ameaça, chamada de *amígdala*, é hiperativa, razão pela qual crianças ansiosas veem perigo potencial em todos os lugares. O cérebro delas está em alerta máximo para possíveis resultados negativos, e elas superestimam a possibilidade de coisas ruins acontecerem. Assim, uma criança com ansiedade é bem capaz de olhar para o oceano e pensar: "Perigo! Tubarões!". Normalmente, o córtex pré-frontal, do qual se lembrará do Capítulo 6, é a parte do cérebro que permite uma reação lógica fria e ajuda a contextualizar a reação medo; isso nos lembra que ataques de tubarão são raros, e que há salva-vidas de olho. Mas, em uma criança com ansiedade, o córtex pré-frontal não é páreo para a amígdala hiperativa, que continua gritando: "PERIGO! TUBARÕES!", e afoga todo o resto. Dessa maneira, a ansiedade sem controle começa a interferir no modo de agir da criança, em vez de apenas a manter segura.

A ansiedade não é tecnicamente uma coisa isolada; há toda uma classe de transtornos de ansiedade, incluindo:

Transtorno de ansiedade generalizada – caracterizado por preocupação excessiva com muitas coisas, desde a escola a amigos e esportes.

Fobias específicas – caracterizadas por medo intenso e irracional de um objeto ou de uma situação particular (por exemplo, medo de cães ou de avião).

Transtorno de ansiedade social – caracterizado por medo intenso de situações e atividades sociais.

Transtorno obsessivo-compulsivo (TOC) – caracterizado por pensamentos intrusivos indesejados (obsessões) e uma necessidade premente de completar um comportamento ritualizado (por exemplo, uma série de batidas) em um esforço para aliviar a ansiedade resultante.

Transtorno de pânico – caracterizado por ataques repentinos de medo opressivo, muitas vezes acompanhados por sintomas fisiológicos, como elevação da frequência cardíaca e falta de ar.

Transtorno de estresse pós-traumático (TEPT) – caracterizado por intenso medo ou ansiedade provocada por vivenciar ou testemunhar um evento traumático.

Os sintomas específicos variam para cada tipo de transtorno de ansiedade, motivo pelo qual é importante conversar com um profissional, que ajudará a determinar um diagnóstico e formular um plano de tratamento adequado. Mas aqui estão alguns sintomas comuns que podem indicar que seu filho sofre de algum transtorno de ansiedade:

- Sua criança parece se preocupar em exagero com muitas coisas, de um jeito aparentemente fora de proporção?
- A quantidade de dias em que ela se preocupa é maior do que a quantidade em que isso não ocorre? A preocupação está começando a dominar a rotina ou atividades diárias dela?

- É difícil para sua criança controlar a preocupação? Empenhar-se em tentar argumentar e contextualizar a preocupação parece não ter impacto algum?
- A preocupação está afetando negativamente a capacidade de sua criança de participar de algumas atividades – ir à escola, interagir com os amigos? Está interferindo nas rotinas e nas atividades familiares?
- Sua criança reclama de dores de cabeça ou de estômago, ou diz regularmente que não se sente bem na hora de ir à escola ou sair para qualquer outra coisa?
- Sua criança tem dificuldade para dormir ou sofre com pesadelos frequentes?
- Sua criança fica excessivamente preocupada com o fato de os outros estarem chateados com ela ou preocupada com o que os outros pensam dela?
- Sua criança se recusa a participar de atividades escolares ou esportivas?
- Sua criança fica facilmente angustiada ou irritada com situações estressantes?
- Você passa muito tempo consolando seu filho sobre a angústia que o acomete em situações comuns?
- Sua criança expressa preocupações constantes do tipo "e se" que não melhoram nem com uma conversa?

Se a resposta a uma ou mais das perguntas acima for sim, considere buscar ajuda profissional.

Uma última coisa a ter em mente é que algumas crianças, sobretudo meninos, reagem à ansiedade com más ações ou comportamento inadequado. Isso pode soar confuso porque está no limite entre a internalização (o que ela está sentindo internamente) e o comportamento de externalização (sua ação). Em vez de dizer: "Estou muito tenso para ir à escola", seu filho jogará o material no chão enquanto caminha para o ônibus e declara desafiadoramente: "Eu não vou à escola e você não pode me obrigar!". Crianças que reagem à ansiedade subjacente com irritabilidade ou surtos podem acabar provocando consequências e a raiva dos parentais, em vez de empatia. E é possível que transcorra muito tempo até perceber que esse comportamento reflete ansiedade. Se você descobrir que sua criança está tendo surtos que coincidem com situações sociais (ir à escola, participar de esportes ou acampamentos, as temíveis brincadeiras escolares), então a causa subjacente do comportamento pode de fato ser ansiedade.

A Associação contra Ansiedade e Depressão dos Estados Unidos (adaa.org) tem recursos maravilhosos e é um excelente lugar para aprender mais sobre ansiedade.

Depressão

Todo mundo se sente triste ou para baixo às vezes, mas indivíduos com transtornos de depressão apresentam uma tristeza persistente que interfere no cotidiano deles. Da mesma forma que no caso da ansiedade, existem vários transtornos depressivos, mas, quando as pessoas falam sobre depressão, quase sempre se referem a transtorno depressivo maior (TDM), que envolve um período de depressão com duração de mais de duas semanas. A depressão é menos comum do que o transtorno de ansiedade em crianças pequenas, razão pela qual vamos abordá-lo em síntese. Muitas crianças com transtornos de ansiedade, no entanto, desenvolvem depressão mais tarde – geralmente na adolescência. A depressão é mais comum em meninas do que em meninos.

A seguir apresento alguns indicadores de que seu filho pode estar sofrendo de depressão:

- Ele fica triste ou choroso frequentemente ou grita muito?
- Ele perdeu o interesse pelas atividades que costumava curtir?
- Está evitando atividades sociais ou amigos?
- Tem dificuldade de concentração?
- Expressa desânimo?

- Parece ter baixa autoestima ou um comportamento muito rígido na avaliação de si mesmo (por exemplo, não sou bom, nunca farei amigos, sou feio)?
- Apresentou alteração significativa em sua alimentação ou padrão de sono?
- Fala sobre querer morrer?
- Aumentou seu nível de irritabilidade ou os acessos de raiva?
- Reduziu sua energia?
- Relata muitas dores ou sofrimentos sem uma causa óbvia?

Você notará que alguns dos sintomas da depressão se sobrepõem com indicadores de ansiedade – por exemplo, irritabilidade elevada, problemas para dormir e reclamações de dores de cabeça ou de estômago. Mais uma vez, isso reflete o fato de que a depressão e a ansiedade, embora tecnicamente diagnosticadas como distúrbios distintos, na verdade compartilham influências genéticas subjacentes. Os indivíduos herdam uma predisposição geral para internalização – uma disposição para internalizar emoções fortes como medo, preocupação ou angústia. Em algumas pessoas, essa disposição se manifesta mais como ansiedade e, em outras, como depressão. Também pode se manifestar de modo diferente na mesma pessoa com o transcorrer do tempo, como ansiedade em um momento e depressão em outro. Por isso é tão importante buscar ajuda logo.

A terapia cognitivo-comportamental (TCC) é um tratamento consolidado e cientificamente comprovado para ansiedade e depressão (bem como para outras condições psicológicas) que se mostrou eficaz. Ajuda as pessoas a reconhecer seus padrões de pensamento, aprender a controlar o pensamento negativo e as preocupações e modificar suas reações comportamentais. Dessa forma, elas compreendem a programação natural do seu cérebro e desenvolvem competências (e, consequentemente, novas conexões cerebrais) que lhes permitem lidar melhor com situações difíceis. Por exemplo, em vez de permitirem que o cérebro grite "PERIGO! TUBARÕES!" e cheguem assim ao pânico, aprendem a reconhecer a hiperatividade do cérebro preocupado (ou cérebro de

pensamento negativo no caso da depressão) e a desenvolver novas reações, mais racionais e adaptativas, fortalecendo as respostas do córtex
pré-frontal para ajudá-las a neutralizar essa tendência natural.

TRANSTORNOS DE EXTERNALIZAÇÃO – DESAFIOS CANALIZADOS PARA O EXTERIOR

Transtorno desafiador de oposição

TDO é um dos transtornos comportamentais mais comumente diag-
nosticados em crianças, que tendem a ter alta Emocionalidade e baixo Esforço de Controle. Enfrentam problemas na administração das
próprias frustrações e raiva, e dificuldade em controlar sua reação a
fortes sentimentos. TDO é definido por um padrão de comportamento
negativo e hostil que dura pelo menos seis meses. Não há nada de
mágico em relação aos seis meses, mas a ideia é garantir que o diagnóstico só seja feito quando houver problemas comportamentais *per-
sistentes*, não apenas por comportamentos desafiadores passageiros
em crianças (porque a maioria dos parentais vivencia, pelo menos, um
pouco disso). TDO é considerado presente em uma criança se ela atende a pelo menos quatro dos seguintes critérios:

- Costuma perder a paciência?
- Costuma ficar zangada e ressentida?
- Discute com adultos?
- Desafia ou se recusa a atender pedidos, ou a cumprir regras de
  adultos com frequência?
- Irrita intencionalmente outras pessoas?
- Culpa, com frequência, os outros por seus erros?
- Costuma ser rancorosa ou vingativa?

Todas as crianças se comportam mal às vezes. No caso do TDO,
faz-se o diagnóstico quando a *duração* e o *grau* do comportamento

desafiador são maiores do que o normalmente observado para a idade e o estágio de desenvolvimento da criança. Novamente, isso não significa a existência de alguma coisa "errada" com ela (embora os parentais, assustados com as explosões dos filhos, preocupem-se com isso); significa apenas que a criança tem alta Emocionalidade e ainda não desenvolveu a competência para controlá-la.

Os tratamentos para TDO envolvem um intenso regime das estratégias que discutimos para crianças com alta Em no Capítulo 5, e incluem trabalhar com os parentais no entendimento de que faltam competências para seu filho, que não apenas tenta ser manipulador ou desafiador; identifiquem os gatilhos; e elaborem estratégias colaborativas de solução de problemas. Crianças diagnosticadas com TDO têm alto risco para TDAH, pois a alta impulsividade maximiza o risco para vários resultados de externalização. Elas também apresentam taxas mais altas de desenvolvimento subsequente de ansiedade ou depressão, provavelmente pelos ciclos de feedback negativo resultantes de agirem de maneiras extremas. E mais, seu comportamento pode desencadear situações desafiantes com colegas, em casa e na escola, causando a internalização de sentimentos de isolamento ou desespero, o que, por sua vez, pode levar a ansiedade ou depressão. Sendo assim, é importante buscar ajuda o quanto antes.

Transtorno de Déficit de Atenção e Hiperatividade

O TDAH é frequentemente descrito como um distúrbio de subcontrole comportamental, ou desinibição comportamental. Em suma, isso significa que crianças com TDAH têm dificuldade em controlar seus impulsos. Meninos são mais propensos a atenderem aos critérios desse distúrbio do que meninas. Por definição, crianças com TDAH têm baixo Esforço de Controle, com cérebros programados de um jeito diferente, conforme discutimos no Capítulo 6. Apresentam mais dificuldade de concentração em tarefas que consideram enfadonhas, tendem a agir antes de pensar nas consequências e muitas vezes são nervosas, ativas e inquietas, mais do que outras crianças da mesma faixa etária. Muitas apresentam problemas de atenção *e* impulsividade, mas também é possível ter, predominantemente, problemas com desatenção *ou* hiperatividade (em vez de ambos).

Aqui estão os indícios comuns de problemas com desatenção (o diagnóstico requer seis ou mais da lista):

- Seu filho não presta atenção aos detalhes ou comete erros por descuido?
- Ele costuma ter problemas para manter a atenção focada em tarefas ou atividades lúdicas?
- Com frequência não ouve quando se fala diretamente com ele?
- Não consegue concluir os trabalhos escolares ou as tarefas domésticas?
- Tem dificuldade para organizar tarefas ou atividades?
- Evita ou não gosta de tarefas que exigem atenção mental constante por um longo período (como trabalho escolar)?
- Costuma perder coisas necessárias para as tarefas e atividades (por exemplo, material escolar, lápis, livros, ferramentas, carteiras, chaves, papelada, óculos, celular)?
- Costuma se distrair com facilidade?
- Costuma se esquecer das atividades diárias?

A seguir estão listados os sintomas de hiperatividade-impulsividade. Para que se faça um diagnóstico, pelo menos seis deles devem estar presentes por pelo menos seis meses, e devem ser prejudiciais e impróprios para o estágio de desenvolvimento da criança:

- Seu filho costuma ficar inquieto ou bater com as mãos ou pés, ou contorcer-se quando sentado?
- Costuma sair da cadeira em situações em que deveria permanecer sentado?
- Costuma correr ou subir em coisas em situações em que isso não é apropriado?

- Costuma ser incapaz de brincar ou de tomar parte em atividades de lazer tranquilas?
- Costuma estar "em atividade", agindo como se fosse "conduzido por um motor"?
- Costuma falar exageradamente?
- Costuma dar uma resposta antes de uma pergunta ter sido formulada?
- Costuma ter dificuldade em esperar a vez?
- Costuma interromper ou se intrometer nas atividades dos outros (por exemplo, intromete-se em conversas ou jogos)?

Além de atender aos critérios comportamentais acima, para um diagnóstico de TDAH ser feito, os comportamentos devem estar presentes em dois ou mais ambientes (por exemplo, em casa e na escola, ou com os parentais e outros cuidadores). Além disso, os sintomas devem estar interferindo no modo de agir da criança (por exemplo, causando problemas em casa ou na escola, ou com amigos).

TRANSTORNO *VERSUS* TEMPERAMENTO

Ao ler a lista de sintomas para cada um dos transtornos comuns da infância, você provavelmente percebeu que eles se sobrepõem com os comportamentos que discutimos no contexto de diferentes características temperamentais geneticamente influenciadas. Por exemplo, ser muito ativo e falar excessivamente são comuns em crianças com alta Ex, mas também são critérios para o TDAH. Ficar frustrado com facilidade ou irritar-se de repente são elementos indicativos de alta Emocionalidade, mas também um sintoma de TDO. Da mesma forma, estar com medo ou irritado é uma característica encontrada em crianças com alta Em, mas também está entre os sintomas listados para transtornos de internalização. Crianças com baixo Ef têm problemas com autocontrole, o que também é uma característica central do TDAH.

Isso pode levá-lo a se perguntar: quando é questão de temperamento e quando é um transtorno? Se está desconcertado, você apenas topou com a realidade de que não há nada sagrado sobre os distúrbios clínicos. Crianças que estão no limite mais elevado dos traços comportamentais são, por definição, mais extremadas, o que pode levá-las a ter problemas em ambientes projetados para a pessoa "média". Os distúrbios clínicos representam padrões de comportamento que foram identificados como causadores de dificuldades. Assim, se está preocupado com seu filho porque o comportamento dele está causando problemas, encorajo-o a *não* perder tempo se perguntando se sua criança atende aos critérios para um distúrbio – lembre-se, esse limite é arbitrário e impreciso. Em vez disso, siga em frente e converse com um médico ou com um terapeuta sempre que o comportamento de seu filho o preocupar.

Tenho visto parentais se angustiarem pensando se devem procurar ajuda para os comportamentos desafiadores dos filhos. Não precisa ser tão difícil. Como parentais, tomamos decisões constantes sobre quando levar nossas crianças para ver um profissional, por exemplo, sempre que elas tossem ou se cortam. Vemos sintomas como dor de garganta ou febre, e decidimos quando são sérios a ponto de merecer uma visita ao médico para uma investigação mais aprofundada, e quando tratá-las com canja e amor extra em casa. Não somos responsáveis por diagnosticá-las antes de irmos ao médico (embora tenhamos suposições sobre o que está errado); apenas sabemos que alguma coisa está errada e procuramos ajuda profissional.

Da mesma forma, quando se trata da saúde mental, devemos seguir uma lógica similar. Decidimos quando, por exemplo, um período de intensificação do medo vai passar, e quando merece uma consulta a um psicólogo. Cada ataque de birra não desencadeia uma consulta com um terapeuta, mas um prolongado padrão de explosões assustadoras pode justificar um exame mais aprofundado. As listas de sintomas para distúrbios comportamentais e emocionais comuns ajudam a identificar áreas potenciais de preocupação, ainda que mesmo elas não ofereçam respostas claras: exigem que os comportamentos se reiterem "muitas vezes" ou "frequentemente" ou "demais," o que é um julgamento.

Assim, *a melhor regra prática a ser usada na decisão de procurar ajuda profissional é verificar se o comportamento causa danos.* O comportamento do seu filho está interferindo no relacionamento com você, com os colegas ou com professores dele? Está reiteradamente tendo problemas na escola? Foi afastado de vários grupos de recreação? Você está tentando tudo o que pode para implementar as estratégias discutidas neste livro (e possivelmente outras) e parece que não está funcionando? Se sua resposta a alguma dessas perguntas for sim, vá em frente e procure ajuda.

Outra coisa a considerar é se o seu filho apresentou alguma mudança comportamental. Se ele é normalmente uma criança com alta Ex feliz, mas de repente começa a passar muito tempo no quarto, não quer encontrar os amigos ou se envolver em atividades que costumava adorar, então vale a pena ir mais a fundo para tentar descobrir o que está acontecendo. Se o padrão de comportamento incomum persiste (uma diretriz geral é de um mês ou mais), então considere a possibilidade de buscar ajuda.

Uma observação final: caso seu filho esteja manifestando algum indício de que pode ser um perigo para si ou para os outros, procure ajuda imediatamente. Isso não quer dizer que, se ele fizer um comentário melodramático ("Se eu não entrar no time, prefiro morrer."), deve telefonar a um psiquiatra. Use sua intuição parental: se a ameaça a si próprio ou aos outros parece real, estenda a mão.

OBTENÇÃO DE AJUDA

"Isso pode ser legal e desejável", você pensa, "mas por onde começo se quiser ajuda para minha criança?" Gostaria que a resposta fosse fácil, mas, infelizmente, a qualidade dos terapeutas varia muito. Você não pode simplesmente abrir a lista telefônica e ligar para qualquer um; afinal, ter uma licença para atuar não garante que o profissional propiciará o tratamento mais eficaz para a criança. A falta de controle de qualidade em psiquiatria e psicologia é provavelmente um estigma que tem cercado as condições de saúde mental – a crença de que não são transtornos "reais" como outras condições médicas. Entretanto, nossa compreensão dos desafios da saúde mental já percorreu um longo caminho. Hoje sabemos que os transtornos mentais são geneticamente influenciados, assim como outros distúrbios biomédicos, e também disponibilizamos tratamentos que funcionam. E você quer ter certeza de que seu filho seja tratado assim.

Compilei uma lista de recursos para ajudá-lo a começar. Não é exaustiva, mas apresenta alguns dos locais que acesso em busca de informações fundamentadas na ciência.

- The National Institute of Mental Health (nimh.nih.gov) – agência governamental norte-americana que financia pesquisas sobre transtornos mentais; o site disponibiliza uma abundância de informações, incluindo como encontrar tratamento.
- The Child Mind Institute (childmind.org) – organização sem fins lucrativos dedicada à saúde mental das crianças; no site, há um excelente blog com informações sobre todos os tipos de desafios de saúde mental em crianças, bem como informações sobre como obter ajuda.
- The American Academy of Child and Adolescent Psychiatry (aacap.org) – o site disponibiliza muitos recursos sobre transtornos de saúde mental e como obter ajuda.
- The Association for Behavioral and Cognitive Therapies (abct. org) – apresenta extensos recursos sobre terapia cognitivo-comportamental (TCC), o tratamento de escolha para muitos transtornos de saúde mental e inclui livros, informações sobre o tratamento e como encontrar um terapeuta.[14]

---

14 Os sites nimh.nih.gov e childmind.org disponibilizam informações em inglês e espanhol. Os sites aacap.org e abct.org disponibilizam informações apenas em inglês. (N.E.)

Lembre-se: você precisa ser um consumidor qualificado ao buscar um profissional de saúde mental. Faça seu dever de casa. Infelizmente, não se pode dizer se alguém será um bom terapeuta (ou seja, aquele que oferece tratamentos com base científica) pela beleza da sala de espera, ou se pela sensação positiva que desperta. Pesquise sobre alguém que está considerando um potencial terapeuta. E pergunte a ele:

- Que tratamento você recomenda?
- Existem evidências científicas que embasem esse tratamento?
- Existem outras opções de tratamento?
- Por que prefere seu tratamento a outros?

Priorize encontrar alguém que trabalhe intervenções com base científica; no entanto, não se esqueça de que desenvolverá uma estreita relação laboral com essa pessoa. Dessa maneira, também é apropriado que considere sua reação ao médico. Sinta que tem um bom relacionamento com o terapeuta – há, na verdade, evidências de que isso é um fator na percepção da possibilidade de a terapia funcionar! Mas lembre-se de que quem agrada a você não necessariamente agrada ao seu filho; conheci uma terapeuta que eu adorava, mas meu filho a achava muito parecida comigo (!), então ele se sentia recebendo dose dupla de "dicas de mãe".

POR QUE ESPERAR?
BUSCAR AJUDA MAIS CEDO DO QUE TARDE DEMAIS

Aqui aflora o ponto principal: se você está se perguntando se deve procurar ajuda, vá em frente e faça isso! Talvez esteja esperando para ver se o comportamento do seu filho melhora por conta própria, ou se encontra maneiras de gerenciá-lo. Essa é a primeira linha de ação normal, mas, se achar que ler sobre o assunto e tentar implementar estratégias comportamentais por conta própria não está funcionando, então não hesite em procurar ajuda de um profissional. Lembre-se de que, quanto antes obtiver ajuda para sua criança, mais cedo ela começará a adquirir competências para administrar os próprios desafios.

Alguns parentais temem o julgamento. Ficam apreensivos em ver um psicólogo ou psiquiatra. Aqui está o problema – os terapeutas adoram trabalhar com gente! Atendem muitas pessoas cujos filhos estão com dificuldades, e não acham que existe alguma coisa errada com quem busca ajuda – também adoram ajudar pessoas! Os terapeutas estão qualificados para criar um ambiente confortável. As pessoas que conheço, que têm mais probabilidade de buscar ajuda profissional, são outros profissionais de saúde mental – sabemos que criar filhos é difícil e todos podemos usar uma ajuda extra, sobretudo de pessoas especialistas na ciência do comportamento infantil.

Outra razão que leva os parentais a esperarem mais tempo é o medo de que o filho seja rotulado. Não querem que o diagnostiquem com TDAH ou um transtorno de ansiedade (por exemplo). Preocupam-se com o estigma que pode envolver um diagnóstico. Na minha experiência, a maioria dos terapeutas está menos preocupada em fazer um diagnóstico do que em ajudar as dificuldades da família e do filho. Quase sempre, são os parentais que estão mais preocupados com a possibilidade de o filho "ter" algum transtorno. A maioria dos médicos está bem ciente dos problemas associados aos diagnósticos clínicos. Reconhecem que os desafios comportamentais das crianças não se ajustam perfeitamente em tudo ou nada. Muitas vezes, os diagnósticos são feitos em primeiro lugar para ajudar com o plano de saúde, com a manutenção de registros e a fatura do tratamento. A maioria dos médicos evita fazer diagnósticos em crianças menores de cinco anos.

Pondere sua preocupação quanto a receber um diagnóstico do seu filho e os danos de deixar desafios comportamentais e emocionais não tratados. Ansiedade, depressão, TDO, TDAH e outros problemas comportamentais e emocionais podem ter consequências adversas graves quando não são tratados, afetando o relacionamento filhos-parentais, a competência de a criança fazer amigos e o desempenho escolar. Esses desafios têm potencial para agravar ainda mais os problemas à medida que as crianças se tornam cada vez mais desanimadas com o lugar delas no mundo. Obter ajuda para o seu filho pode quebrar esses ciclos negativos e dar-lhe as competências de que precisam para desenvolver amizades mais próximas, melhorar o desempenho escolar e, o que é mais importante, estabelecer um relacionamento melhor com vocês, parentais.

Para algumas crianças (e adultos), receber um diagnóstico ajuda a validar que o que estão vivenciando é "real"; ajuda a entender que muitas pessoas lutam contra os mesmos desafios; permite a pessoas e famílias afetadas reconhecer que não estão sozinhas, e perceber que existem tratamentos capazes de melhorar as coisas. Para muitos, um diagnóstico traz esperança, sobretudo quando encarado com a mentalidade construtiva que discutimos no Capítulo 3.

Outra preocupação para alguns parentais é o custo associado à procura de ajuda de um profissional de saúde mental. Opções de custo e pagamento são coisas que devem ser discutidas quando se conversa com potenciais terapeutas. Muitos terapeutas aceitam planos de saúde privados, mas alguns não. Alguns consultórios apresentam honorários variáveis, e alguns particulares até realizam algum trabalho *pro bono*. Se o custo merecer consideração, seja franco com o terapeuta ao perguntar sobre os serviços. Se esse terapeuta ou consultório não cabe no seu bolso, talvez sugira outros profissionais que ofereçam opções de pagamento mais econômicas ou flexíveis.

A realidade é que *todos nós* podemos receber ajuda com a parentalidade. Para alguns, basta leitura e conversas com amigos. No entanto, parentais cujos filhos têm temperamentos mais desafiadores não deveriam hesitar em procurar ajuda extra, sobretudo quando as disposições das crianças interferem na vida delas ou no funcionamento familiar. Encontrar um profissional que faça uma parceria com você para ajudar a implementar estratégias baseadas na ciência em prol de trabalhar a falta de competências do seu filho pode ser uma essencial corda de segurança para o bom andamento da vida.

Mensagens-chave

- Desafios comportamentais e emocionais são muito comuns em crianças, sendo os mais comuns: ansiedade e transtornos comportamentais (transtorno desafiador de oposição, TDAH), seguidos pela depressão.
- A definição dos transtornos de saúde mental é imprecisa. Não há uma linha clara entre a variação comportamental normal e os transtornos comportamentais.
- O elemento indicador mais relevante para se considerar buscar ajuda para a criança é se o comportamento dela está causando danos; em outras palavras, o comportamento está causando problemas em casa, com colegas ou na escola?
- Quanto mais cedo procurar ajuda para os desafios comportamentais ou emocionais do seu filho, mais cedo ele começará a adquirir competências para superá-los. Então, não espere! Muitos problemas comportamentais e emocionais em crianças pioram com o tempo, se não forem tratados.

CAPÍTULO 9

AGRUPAMENTO DE TUDO: UMA NOVA ABORDAGEM DE PARENTALIDADE

É uma brincadeira corrente na minha família: passei mais tempo na sala do diretor desde que tive filhos do que nos mais de vinte anos como estudante. Isso com certeza não fazia parte do meu idealizado plano de vida, vindo da minha experiência como aluna nota A, com vários diplomas em psicologia. Portanto, caso o seu filho não esteja virando a pessoa que você imaginou criar, não se sinta sozinho. Os meus não são perfeitos, e me consideram uma "especialista" em comportamento infantil (meu marido ainda acha isso hilário).

Na realidade, como parental, você é responsável somente por fazer o seu melhor, e *não pelo comportamento do seu filho*. Espere, o quê? Não sou responsável pelo comportamento da minha criança?! Isso parece contraintuitivo. Mas qualquer pessoa que já tenha passado pela experiência de tentar colocar o cinto de segurança em uma criança que se contorce na cadeirinha do carro percebeu a dificuldade de *obrigar* alguém a fazer qualquer coisa – não importa a idade.

Cabe a você ajudar e ensinar seu filho. Mas cabe *a ele* colocar em prática essas lições. Portanto, seja gentil consigo mesmo e com os companheiros parentais. É difícil aceitar que muito do comportamento dos nossos filhos está, em última análise, fora de nosso controle. Podemos orientá-los e moldá-los, mas nunca os controlar. No final, como se comportam e quem se tornam é uma escolha deles. Esse é um fato de que teremos de nos lembrar reiteradamente conforme eles crescem e voltamos ao nosso papel de "moldagem parental", esquecendo-nos de que nossos próprios filhos controlam o destino deles.

Imaginemos, por um instante, a parentalidade em um mundo onde todos nós internalizamos este fato básico: como parentais, não estamos no controle do comportamento dos nossos filhos. Nesse mundo, fazemos o nosso melhor com eles, mas não sentimos imensa culpa quando surtam na loja. Não sentimos o peso do julgamento alheio enquanto nosso filho faz cara feia em uma festa de aniversário. Apoiamo-nos como parentais. Trocamos ideias, mas reconhecemos que cada criança é diferente. Ficamos maravilhados e rimos com outros parentais no grupo de brincadeiras, quando um deles tenta implementar a tabela "mágica" de comportamento de outro, e isso sai pela culatra no filho dele – *e não presumimos que os pais estejam fazendo algo errado.* Apresentamos nossas ideias sobre parentalidade como sugestões, não como doutrinas, reconhecendo que o que funciona para uma criança pode não funcionar para outra, incluindo o irmão! Reconhecemos o fator sorte dos filhos "fáceis" e bem-comportados, sabendo que isso tem tanto a ver com temperamento quanto com a nossa excelente parentalidade. Demonstramos empatia pelos parentais com filhos desafiadores e sabemos que o lançamento genético de dados está lhes dando um suadouro. Em vez de julgá-los, apoiamos os parentais cujos filhos estão agindo mal ou enfrentando dificuldades.

Se esse mundo descrito soa irreal, é apenas por permitirmos que Freud, e nossas mães, e todos os outros "especialistas" que criaram verdadeiros negócios dizendo aos parentais o que deveriam fazer, dominassem a nossa narrativa. Da mesma forma que evoluímos com a ciência e modificamos nosso olhar sobre a causa do autismo (não, não é causado por mães frias), é hora de mudar o modo como vemos todo o comportamento infantil e parar de culpar os parentais quando os filhos não beiram a perfeição. Não é uma má parentalidade que leva nossas crianças a se comportarem mal. Elas são tão somente crianças.

E algumas são naturalmente mais impulsivas, mais emocionais, mais desafiadoras e mais frustrantes do que outras. Ao incorporar a ciência subjacente às diferenças individuais dos nossos filhos, poderemos criar uma cultura de parentalidade mais solidária e menos crítica.

Na literatura sobre desenvolvimento infantil, existe o conceito de parentalidade "suficientemente boa". A ideia é que, como parentais, não devemos seguir um plano preciso para que nossos filhos se saiam bem. A superparentalidade não os transformará em superpessoas. Você não pode alimentar uma criança, geneticamente predisposta a ser baixa, com mais e mais comida, de modo que cresça até 1,80 metro de altura. No entanto, você *pode* subalimentar uma criança de maneira que ela não atinja a estatura completa. Mas, desde que o ambiente esteja dentro de uma variação normal, nossos filhos irão crescer e se tornar pessoas plenas com base, em grande parte, em seus códigos genéticos únicos. Nosso trabalho está centrado em sermos "suficientemente bons" para que eles tenham a chance de florescer.

Sendo bem clara, uma parentalidade suficientemente boa *não* significa que nossas ações parentais não sejam importantes. Parentais têm papel relevante em aspectos fundamentais, que *não constituem apenas as maneiras pelas quais a maioria de nós passa o tempo se preocupando*. Não é se permitimos uma chupeta, ou como treinamos o uso do penico, ou o tempo de tela que autorizamos, que determinará as pessoas que nossos filhos se tornarão. (Embora provavelmente não seja uma boa ideia sentá-los diante da TV o dia todo, todos os dias.) Lembre-se: nossos filhos já têm códigos genéticos programados para transformá-los em seres humanos plenos, com toda a vertiginosa e extraordinária gama de características que acompanham o ser humano. Apesar do que a mídia, nossos parentes e nossos amigos-parentais nos dizem, *a grande maioria das coisas pelas quais nos agoniamos como pais simplesmente não é tão importante para o quadro geral de como nossos filhos serão*. Cabe aos genes deles fazer o trabalho pesado.

Ainda existem muitas maneiras de sermos excelentes parentais, de modo que façamos mais do que "suficientemente bom". E isso implica reconhecer quem é nosso filho pelo projeto genético. Ao aceitar e amar essa criança, você irá ajudá-la a crescer e se tornar o melhor ser possível, reconhecendo que talvez ela não seja a pessoa que você originalmente imaginou que seria.

Compreender o código singular do seu filho ajudará você a passar por um processo flexível de adaptação da parentalidade, o que, consequentemente, auxiliará sua criança a crescer na melhor versão de si mesma. Ajude-a a valorizar e enfatizar seus pontos fortes e trabalhe com ela os desafios. Ao entender os pontos em que você tem ou não controle, recorra a esse conhecimento para ajudar seu filho a conquistar todo o seu potencial. Os desafios afloram quando você tenta "mudar" sua criança. Se passar o tempo todo repetindo o quanto deseja que ela seja alta e tentando alimentá-la à força, você só levará uma criança geneticamente predisposta a ser baixa a se sentir mal consigo mesma. Isso soa óbvio quando se trata de altura, mas vale também para o comportamento.

Espero que neste ponto do livro você esteja se sentindo empoderado! A ciência está do seu lado. Você compreende melhor seu filho e também como seu código genético único molda seu desenvolvimento. Entende como o genótipo influencia o temperamento, as tendências e a interação dele com você. Sente-se menos pressionado porque sabe que inexiste uma maneira perfeita de ser parental. Consegue adaptar de modo flexível sua parentalidade ao seu filho, minimizando frustrações e pontos de estresse, e focando-se no que é mais importante para cada indivíduo. Sabe que está fazendo o seu melhor, mas, em última análise, não controla nem é responsável pelo comportamento e pelos resultados de seu filho. Sabe que indícios procurar e quando buscar ajuda.

Entretanto, talvez esteja se sentindo sobrecarregado. Talvez a ideia de que você tem menos controle sobre o comportamento do seu filho e os resultados da vida lhe soe assustadora, ou o deixe com a sensação de desânimo caso seu filho esteja enfrentando dificuldades. Talvez se questione por que está despendendo tanto tempo e energia focado em seu filho se não tem a competência de moldá-lo da maneira que imaginou.

Se você se sente assim, imagine por um instante que esteja conversando sobre um cônjuge ou um amigo próximo, em vez de o assunto ser seu filho. Provavelmente também investe em passar tempo com eles, mas presume-se que o faça porque ama a pessoa e deseja construir um relacionamento com ela. Você não gasta tempo na tentativa de mudá-la ou moldá-la de acordo com quem deseja que ela seja. Se é feliz no casamento (ou mesmo se ainda continua casado), é bem possível que já tenha abandonado essa ideia há algum tempo, e aprendido a trabalhar os pontos de frustração e a construir um relacionamento que leve em consideração necessidades, desejos e personalidades individuais. O mesmo vale para amizades próximas e duradouras.

Assim como seu parceiro ou seu melhor amigo, seu filho é um ser humano. Menor, com certeza, e que precisa de você para ajudá-lo a crescer interiormente. Mas também é uma pessoa singular, uma pessoa que você conhecerá, com coisas que você ama e coisas que, ahã, não são suas favoritas. Assim como acontece com outros a quem ama, você tem a oportunidade de construir um relacionamento com sua criança, e a qualidade e a natureza desse relacionamento dependerão muito de aceitá-la e amá-la pelo que ela é.

A boa parentalidade não envolve apenas fazer mais. É uma questão de descobrir o que é certo para seu filho – para seu código genético único – à medida que isso se manifesta em todos os estágios de desenvolvimento, caracterizados tanto por estabilidade quanto por mudança. As influências genéticas contribuem muito para o que é estável ao longo do desenvolvimento; contudo, a maneira como essas disposições se desenvolvem e se manifestam em diferentes idades irá mudar. E mudará dependendo não só de como você dá um empurrãozinho em sua criança para uma direção ou outra, mas também de muitos outros aspectos do ambiente. Mudará dependendo das vivências com colegas, professores, treinadores e outros eventos da vida – alguns dos quais você pode influenciar ou não.

Para mim, um dos aspectos mais complicados de ser parental é reconhecer e aprender a aceitar e conviver com a vasta gama de coisas que estão fora do meu controle quanto aos meus filhos. Quando meus amigos e eu estávamos com nossos vinte anos, antes de qualquer um de nós ter filhos, todos nutríamos grandes ideias sobre jogar nossas crianças nas mochilas e continuar caminhando, acampando e viajando pelo mundo (eu morava no Alasca naquela época). Para alguns, funcionou. Outros acabaram atolados em casa com bebês se contraindo de cólicas, ou crianças pequenas tão birrentas que inviabilizavam uma viagem, ou filhos com problemas de desenvolvimento.

Tentar controlar como as coisas se desenrolam com as crianças não leva em consideração fatos básicos sobre a natureza do comportamento humano, o que gera frustração, para você e para o seu filho. Na pior das hipóteses, um trabalho pesado para moldar a criança pode comprometer o desenvolvimento e o relacionamento com ela. Em última análise, filhos precisam aprender a controlar os próprios temperamentos e tendências. E, como parental, uma das melhores coisas que você faz é ajudá-los nesse processo, permitindo-lhes vivenciar os aspectos positivos e os negativos decorrentes da tomada de decisões. Se eles não tiverem a oportunidade de tentar e fracassar, não aprenderão como fazer melhor no futuro.

Como um parental, cabe a você estar lá para apoiar e encorajar o seu filho à medida que ele passa pelo processo de crescimento. Com o transcorrer dos anos, mais peso e potenciais consequências as decisões dele terão; portanto, precisam praticar desde novos. Por mais que amemos nossas crianças, nem sempre estaremos lá para elas. Nem deveríamos estar. Enfim, talvez o maior presente que possamos lhes dar seja permitir que sigam seu caminho rumo a se tornarem seres próprios; deixar seu código genético único cantar; compreender que a música delas talvez seja diferente da nossa; e desfrutar o concerto, mesmo que não seja aquele a que esperávamos assistir.

AGRADECIMENTOS

Agradeço muito às diversas pessoas que tornaram este livro possível.

Ao meu colega Everett Worthington, que foi a primeira pessoa a conversar comigo sobre os detalhes básicos de escrever um livro destinado ao público em geral. Obrigada pela generosidade com seu tempo, compartilhando seu material e iniciando-me nesta jornada.

À minha agente Carolyn Savarese. Você pegou minha pepita de uma ideia e a transformou neste livro! Obrigada por compreender minha visão, ajudar-me a lhe dar forma, levar outras pessoas a verem o potencial dela e por ser minha paladina em todo o processo. Estou em débito com você por tornar meu sonho realidade.

À minha editora Lucia Watson, e a toda a equipe da Avery and Penguin Random House. Vocês tornaram esse processo divertido e tranquilo! Espero ansiosa a aventura que se vislumbra pela frente. Obrigada, Lucia, por acreditar em mim e ajudar no aprimoramento deste livro.

Aos meus pais, Dan e Lynn Dick. Obrigada pelo amor constante, por sempre acreditarem em mim e me encorajarem a ir atrás dos meus sonhos, por serem campeões incansáveis. Vocês sempre foram os primeiros a comemorar minhas realizações e também a estar presentes quando as coisas não corriam como o planejado. Desejo que todos fossem tão sortudos como eu por ter pais como vocês.

Ao meu marido, Casey, que tem enriquecido minha vida de variadas maneiras, inclusive trazendo para ela minha linda enteada, Nora. Você teve a visão do que este livro se tornaria, muito antes de mim. Obrigada pela generosidade, paciência e apoio, por ser um marido e pai maravilhosos, por me desafiar a expandir meu pensamento (mesmo quando eu não quero ouvir isso, o que é comum), por ser meu campeão efusivo e por trazer tanta alegria à minha vida.

Aos meus lindos filhos, Aidan e Nora, tão diferentes e especiais em seu jeito de ser. Mal posso esperar para ver onde suas jornadas singulares poderão levá-los. Aidan, pensei que sabia tudo o que havia para saber sobre parentalidade até você chegar! Obrigada por me tornar mãe, por sua paciência quando não estou presente e por compartilhar esta jornada comigo. Estou muito orgulhosa de ver como você chegou longe e da pessoa que você está se desenvolvendo para ser.

Aos meus irmãos, Jeanine e Bryan, que me acompanharam em todas as minhas aventuras, e aos seus cônjuges, John e April, por terem completado nossa família. Adoro compartilhar com todos vocês a loucura de criar "pessoinhas" com os fortes genes da família Dick.

À família que herdei, minha sogra e cunhada, Susan e Bárbara, obrigada por estarem tão engajadas e empolgadas com todos os meus projetos. Tirei a sorte grande quando me casei com Casey e ganhei vocês como minha família bônus.

Aos muitos amigos que enriqueceram minha jornada na parentalidade. Não vou nem mesmo tentar enumerá-los aqui por medo de deixar alguém de fora – cada um sabe quem é. Obrigada por compartilharem suas histórias e ouvirem a minha, por serem uma fonte de alegria e apoio. A parentalidade é muito mais divertida quando você pode compartilhar o bom, o ruim e o feio com seus amigos! Agradeço em especial a Gretchen Winterstein o feedback construtivo nos capítulos iniciais deste livro; você tem sido sempre amiga em diferentes etapas da vida, desde nosso encontro casual na primeira semana da faculdade. Obrigada também à minha querida amiga Stephanie Davis Michelman, que me permitiu compartilhar um pouco de suas histórias de parentalidade neste livro.

Obrigada aos meus primeiros mentores em genética comportamental, o falecido Irving Gottesman, meu orientador de graduação, que me apresentou a essa área do conhecimento, e Richard Rose, meu orientador de pós-graduação. Ambos tiveram um significado incalculável em minha vida e serei eternamente grata a eles por isso. Obrigada à minha colega, amiga e também mãe, Jessica Salvatore, que leu a primeira versão deste livro e teve a gentileza de me deixar incluir histórias sobre sua própria jornada de parentalidade. À minha equipe de laboratório EDGE (Examining Development, Genes and Environment): obrigada por ouvir histórias intermináveis sobre o meu filho e por satisfazer a minha paixão inesgotável de tentar coisas novas. Agradeço também a todos os pesquisadores que dedicam a vida à geração de conhecimento. Somos um produto de nossas histórias, e a minha é moldada pelas centenas de acadêmicos que me antecederam para criar a pesquisa que moldou meu pensamento, minha educação e, consequentemente, este livro. Saibam que este livro é um tributo a todo o seu trabalho árduo, mesmo se desviando de nossa produção acadêmica típica.

Finalmente, ao meu querido amigo Marshall Lynch. Por onde começo? Sua contribuição para este livro foi tão significativa que talvez você também mereça assiná-lo! Sei que identificará sua influência nele todo, aprimorada por meio dos nossos cafés nas manhãs de sábado, videochamadas em razão da pandemia e incontáveis horas de conversa sobre nossos filhos e vidas. Obrigada por ler cada rascunho de cada capítulo e por ser meu parceiro neste projeto em cada etapa do caminho. Você inspira tudo e todos; este livro se beneficiou tremendamente por estar em sua órbita. Muito obrigada pela amizade.

A você, meu leitor, nas trincheiras criando sua "pessoinha" singular. Eu o vejo. Eu sei o significado dos momentos em que seu "pacotinho de alegria" está desafiando-o. Obrigada por ler até o fim; este livro é para você.

LEITURAS RECOMENDADAS

Como observei no início, este livro pretende ser um guia para os parentais, e não revisão acadêmica bibliográfica. Portanto, sugiro não apenas livros que fornecem mais informações sobre a pesquisa abordada em *O DNA da criança*, mas também leituras suplementares sobre parentalidade que considero úteis.

TEMPERAMENTO

Se você está procurando uma revisão acadêmica da pesquisa sobre temperamento, recomendo enfaticamente *Becoming Who We Are: Temperament and Personality in Development*[15] (Guilford Press, 2012), de Mary K. Rothbart. A dra. Rothbart, professora emérita aposentada, é uma das maiores especialistas mundiais em temperamento. Este livro se assenta em uma revisão aprofundada da vasta literatura sobre temperamento, incluindo muitos dos estudos mencionados aqui. Há também uma extensa seção de referências científicas.

Temperament in the Classroom: Understanding Individual Differences[16] (Paul H. Brookes Publishing Company, 2002), editado por Barbara K. Keogh, Ph.D. O livro apresenta um excelente trabalho de revisão bibliográfica do temperamento e detalha a pesquisa subjacente à atuação do temperamento no ambiente escolar.

---

15 *Tornando-nos quem somos: temperamento e personalidade em desenvolvimento*, em tradução livre. (N.T.)

16 *Temperamento na sala de aula: entendendo diferenças individuais*, em tradução livre. (N.T.)

GENÉTICA COMPORTAMENTAL

Se você estiver procurando publicações acadêmicas com mais informações sobre métodos e descobertas no campo da genética comportamental, recomendo *Genética do comportamento*, 5.ed. (Porto Alegre: Artmed, 2010), de Valerie S. Knopik, Jenae M. Neiderhiser, John C. DeFries e Robert Plomin.

Se você procura uma leitura mais fácil voltada para o público em geral, recomendo o *Blueprint*: *How DNA Makes Us Who We Are* (MIT Press, 2018), de Robert Plomin.

LIVROS SOBRE PARENTALIDADE

Aqui está uma seleção de meus livros favoritos sobre parentalidade – baseados em evidências –, os quais me ajudaram nessa minha jornada. Os pais de crianças com alto Em podem se beneficiar sobretudo com alguns desses livros mais aprofundados sobre estratégias de parentalidade.

Phelan, Thomas W. *A mágica do 1-2-3: um programa simples e eficaz para educar seus filhos e assumir o controle da sua casa*. Rio de Janeiro: Sextante, 2009.

Greene, Ross W. *A criança explosiva: uma nova abordagem para compreender e educar crianças cronicamente inflexíveis e que se frustram facilmente*. São Paulo: Integrare, 2007.

Chansky, Tamar E. *Freeing Your Child from Anxiety: Powerful Strategies to Overcome Fears, Worries, and Phobias*, edição revisada. Harmony Books, 2014.

Kazdin, Alan E. *O método Kazdin: como educar crianças difíceis – sem remédios, terapia ou conflitos*. São Paulo: Novo Século, 2010.

Forehand, Rex; Long, Nicholas. *Como educar crianças de temperamento forte*. São Paulo: MBooks, 2003.

NOTAS

INTRODUÇÃO – Entendendo o DNA da criança

14 **A psicologia do desenvolvimento se refere:** Rothbart, M. K.; Bates, J. E. Temperament. In: Damon, W.; Eisenberg, N. (Orgs.) *Handbook of Child Psychology: Social, Emotional e Personality Development*, 5.ed., vol. 3. Nova York: John Wiley and Sons, 1998, p.105-76.

17 **medicina de precisão:** Collins, F. S.; Varmus, H. A New Initiative on Precision Medicine. *New England Journal of Medicine*, 372, n. 9 (2015), p.793-795.

CAPÍTULO 1 – Inato *versus* adquirido: a ciência está aí

31 **acompanhou quase 1.300 crianças:** Lansford, J. *et al*. Bidirectional Relations Between Parenting and Behavior Problems from Age 8 to 13 in Nine Countries. *Journal of Research on Adolescence*, 28, n. 3 (2018), p.571-590.

35 **Em fins dos anos 1960, uma equipe de pesquisadores:** Heston, L. L. Psychiatric Disorders in Foster Home Reared Children of Schizophrenic Mothers. *British Journal of Psychiatry*, 112 (1966), p.819-825.

35 **Agora sabemos que a esquizofrenia:** Sullivan, P.; Kendler, K. S.; Neale, M. C. Schizophrenia as a Complex Trait: Evidence from a Meta-analysis of Twin Studies. *Archives of General Psychiatry*, 60, n. 12 (2003), p.1187-1192.

35 **desde problemas de alcoolismo:** Kendler, K. S. *et al*. An Extended Swedish National Adoption Study of Alcohol Use Disorder". *JAMA Psychiatry*, 72, n. 3 (2015), p.211-218.

35 **timidez infantil:** Daniels,D.; Plomin, R. Origins of Individual Differences in Infant Shyness. Developmental Psychology, 21, n. 1 (1985), p.118-121.

35 **Pesquisas relativas à adoção também foram fundamentais:** Cadoret, R. J. Adoption Studies. *Alcohol Health and Research World*, 19, n. 3 (1995), p.195-200.

35 **um estudo sueco de adoção examinou o comportamento criminoso:** Kendler, K. S. *et al*. A Swedish National Adoption Study of Criminality. *Psychological Medicine*, 44, n. 9 (2014), p.1913-1925.

40 **Muitos países têm cadastros nacionais de gêmeos:** Hur, Y. M.; Craig, J. M. Twin Registries Worldwide: An Important Resource for Scientific Research. *Twin Research and Human Genetics*, 16, n. 1 (2013), p.1-12.

40 **Trabalho em um estudo:** Rose, R. J. *et al*. FinnTwin12 Cohort: An Updated Review. *Twin Research and Human Genetics*, 22, n. 5 (2019), p.302-311; e Kaidesoja, M. *et al*. FinnTwin16: A Longitudinal Study from Age 16 of a Population-based Finnish Twin Cohort. *Twin Research and Human Genetics*, 22, n. 6 (2019): p.530-539.

40 **um grande cadastro de gêmeos na Holanda:** Lighart, L. *et al*. The Netherlands Twin Register: Longitudinal Research Based on Twin and Twin- family Designs. *Twin Research and Human Genetics*, 22, n. 6 (2019), p.623-636.

40 **Minha atual universidade é o lar:** Lilley, E. C. H.; Morris, A. T.; Silberg, J. L. The Mid-Atlantic Twin Registry of Virginia Commonwealth University. *Twin Research and Human Genetics*, 22, n. 6 (2019), p.753-756.

40 **estudos sobre o consumo de substâncias e transtornos psiquiátricos:** Kendler,K. S.; Prescott; C. A.; Myers, J.; Neale, M. C. The Structure of Genetic and Environmental Risk Factors for Common Psychiatric and Substance Use Disorders in Men and Women. *Archives of General Psychiatry*, 60, n. 9 (2003), p.929-937.

40 **personalidade e inteligência:** Bouchard Jr., T. J.; McGue, M. Genetic and Environmental Influences on Human Psychological Differences. *Journal of Neurobiology*, 54 (2003), p.4-45.

40 **estudos sobre divórcio:** McGue, M.; Lykken, D. T. Genetic Influence on Risk of Divorce. *Psychological Science*, 3, n. 6 (1992), p.368-373.

40 **felicidade:** Bartels, M.; Boomsma, D. I. Born to Be Happy? The Etiology of Subjective Well-being. *Behavior Genetics*, 39, n. 6 (2009), p.605-615.

40 **comportamento eleitoral:** Hatemi, P. K. *et al*. The Genetics of Voting: An Australian Twin Study. *Behavior Genetics*, 37, n. 3 (2007), p.435-448.

40 **religiosidade:** Vance,T.; Maes, H. H.; Kendler, K. S. Genetic and Environmental Influences on Multiple Dimensions of Religiosity: A Twin Study. *Journal of Nervous and Mental Disease*, 198, n. 10 (2010), p.755-761.

40 **atitudes sociais e quase tudo mais em que se possa pensar:** Eaves, L. *et al*. Comparing the Biological and Cultural Inheritance of Personality and Social Attitudes in the Virginia 30,000 Study of Twins and their Relatives. *Twin Research*, 2 (1999), p.62-80.

41 **grande estudo de autocontrole:** Willems, Y. E. *et al*. The Heritability of Self-Control: A Meta-analysis". *Neuroscience Biobehavioral Review*, 100 (2019), p.324-334.

41 **Ansiedade/depressão em crianças de três anos:** Boomsma, D. I. *et al*. Genetic and Environmental Influences on Anxious/Depression during Childhood: A Study from the Netherlands Twin Register. *Genes, Brain and Behavior*, 4 (2005), p.466-481.

41 **Problemas comportamentais em meninos de sete anos:** Haberstick, B. C. *et al*. Contributions of Genes and Environments to Stability and Change in Externalizing and Internalizing Problems during Elementary and Middle School. *Behavior Genetics*, 35, n. 4 (2005), p.381-396.

42 **"Todos os traços comportamentais humanos são hereditários.":** Turkheimer, E. Three Laws of Behavior Genetics and What They Mean. *Current Directions in Psychological Science*, 9, n. 5 (2000), p.160-164.

43 **no final dos anos 1970, pesquisadores da Universidade de Minnesota:** Segal, Nancy. Born Together–Reared Apart: The Landmark Minnesota Twin Study. Cambridge: Harvard University Press, 2012. Veja também: MCTFR – Minnesota Center for Twin and Family Research. *Other Twin Research at the U of M*. University of Minnesota, set. 2016. Disponível em: https://mctfr.psych.umn.edu/research/UM%20research.html. Acessado em: 24 dez. 2021.

CAPÍTULO 2 – Coisa complicada: a influência dos genes em nossa vida

46 **Um dos meus artigos favoritos:** Sapolsky, R. A Gene for Nothing. *Discover magazine*, 30 set. 1997. Disponível em: https://www.discovermagazine.com/health/a-gene-for-nothing. Acessado em: 24 dez. 2021.

48 **mais risco de desenvolver transtornos relacionados ao uso de álcool:** Begleiter, H. *et al*. The Collaborative Study on the Genetics of Alcoholism. *Alcohol and Health Research World*, 19 (1995), p.228-236.

50 **entrelaçamento de predisposições genéticas:** Scarr, S.; McCartney, K. How People Make Their Own Environments: A Theory of Genotype Greater than Environment Effects. *Child Development*, 54, n. 2 (1983), p.424-435.

56 **Em razão de a inteligência ser hereditária:** Plomin, R.; von Stumm, S. The New Genetics of Intelligence. *Nature Reviews Genetics*, 19, n. 3 (2018), p.148-159.

57 **a agressividade é geneticamente influenciada:** Tuvblad, C.; Baker, L. A. Human Aggression across the Lifespan: Genetic Propensities and Environmental Moderators. *Advances in Genetics*, 75 (2011), p.171-214.

59 **chamamos de *interação gene-ambiente*:** Dick, D. M. Gene-environment Interaction in Psychological Traits and Disorders. *Annual Review of Clinical Psychology*, 7 (2011), p.383-409.

CAPÍTULO 3 – Conhecendo seu pelo filho: "as Três Grandes dimensões" do temperamento

77 Em desenvolvimento infantil, chamamos isso de *Qualidade de Ajuste*: Chess, S.; Thomas, A. *Goodness of Fit: Clinical Applications for Infancy through Adult Life*. Filadélfia:: Bruner/Mazel, 1999.

81 A psicóloga Carol Dweck escreveu extensivamente: Dweck, C. S. *Mindset: The New Psychology of Success*. Nova York: Ballantine Books, 2007.

CAPÍTULO 4 – Extroversão: o fator "Ex"

97 uma maneira inesperada à qual os extrovertidos inconscientemente recorrem para obter vantagens: Duffy, K. A.; Chartrand, T. L. The Extravert Advantage: How and When Extraverts Build Rapport with Other People. *Psychological Science*, 26, n. 11 (2015), p.1795-1802.

CAPÍTULO 6 – Esforço de controle: o fator "Ef"

165 ficou conhecido como Teste do Marshmallow: Mischel, W. *O Teste do Marshmallow: por que a força de vontade é a chave do sucesso*. Rio de Janeiro: Objetiva, 2016.

166 estudo longitudinal conduzido na Nova Zelândia: Moffitt, T. E. *et al*. A Gradient of Childhood Self- Control Predicts Health, Wealth, and Public Safety. *Proceedings of the National Academy of Sciences of the United States*, 108 (2011), p.2693-2698.

CAPÍTULO 7 – Além de você e seu filho: predisposições e parcerias

202 revisou mais de 250 amostras: Achenbach, T. M.; McConaughy, S. H.; Howell, C. T. Child/Adolescent Behavioral and Emotional Problems: Implications of Cross-informant Correlations for Situational Specificity". *Psychological Bulletin*, 101, n. 2 (1987), p.213-232.

CAPÍTULO 9 – Agrupamento de tudo: uma nova abordagem de parentalidade

244 conceito de parentalidade "suficientemente boa": Scarr, S. Developmental Theories for the 1990s: Development and Individual Differences. *Child Development*, 63, n. 1 (1992), p.1-9.

ESPERE, TEM MAIS!

Parentais, nossa jornada juntos não acaba aqui. Junte-se a mim em meu site **danielledick.com** [em inglês], no qual encontrará recursos, informações e suporte suplementares para criar seu pacotinho singular de genes.

M&M'S é uma marca registrada da Mars, Incorporated e suas afiliadas / Chipotle é uma marca registrada de Chipotle Mexican Grill / Salem é uma marca registrada da R. J. Reynolds Tobacco Company / Três estranhos idênticos (Three Identical Strangers) é uma marca registrada da NEON Rated, LLC. / Batman é uma marca registrada da DC Entertainment / LEGO e LEGO Squad são marcas registradas do LEGO Group / Harry Potter, Hogwarts, personagens e termos correlatos são marcas registradas da Warner Bros. Entertainment, Inc. / iPhone é uma marca registrada da Apple, Inc. / Pinterest é uma marca registrada do Pinterest / Frozen e Disney são marcas registradas da Disney / Modern Family é uma marca registrada da 20th Television / Google e YouTube são marcas registradas de Google, LLC. / Seinfeld é uma marca registrada da Sony Pictures Television / Vila Sésamo (Sesame Street) é uma marca registrada da Sesame Workshop. Todos os direitos reservados.

Esta obra foi composta em Sabon LT,
Elido e Montserrat e impressa em papel
Pólen Soft 70 g/m² pela Lis Gráfica e Editora.